Carlos G. Vallés S.J.

FREI UND UNBESCHWERT

Der Autor:

Carlos Gonzales Vallés wurde 1925 in Spanien geboren. Als fünfzehnjähriger trat er dem Orden der Jesuiten bei und ging im Alter von 24 Jahren nach Indien. Dort führte er in den sechziger Jahren auf Hochschulniveau die „neue Mathematik" ein und wurde Mitbegründer der ersten mathematischen Fachzeitschrift in einer indischen Sprache (Gujarati). Auch vertrat er Indien auf mathematischen Kongressen, so in Moskau, Nizza und in Exeter.

Auf Gujarati veröffentlichte er mehr als siebzig Bücher über moraltheologische, soziale und psychologische Themen. Für sein Werk wurde er, neben einigen anderen, mit der Ramjitram Gold Medaille geehrt, der höchsten literarischen Auszeichnung des Landes. Auch schrieb er dreißig Jahre lang regelmäßig Beiträge für die größte Tageszeitung auf Gujarati, der GUJARATI SAMACHAR. Der Gujarati Lions Club nannte ihn den populärsten Gujarati Autor seiner Generation.

Zehn Jahre lang lebte er als wandernder Gast, indem er, wie die buddhistischen und hinduistische Mönche, in vielen Häusern der Armenviertel von Ahmedabad um Gastfreundschaft in Form von Obdach und Nahrung bat, jeden Tag an einem anderen Ort. So wurde er bekannt als eine lebendige Verbindung zwischen Ost und West, zwischen Christentum und Hinduismus.

1997 wurde er für seine Arbeit zur Förderung des gegenseitigen Verstehens und der Anerkennung und Einheit zwischen den Völkern verschiedener Rassen, Kulturen und Sprachen in Neu Delhi mit dem Ramakrishna Jaydalal Harmony Award ausgezeichnet.

Heute lebt Carlos G. Vallés in Madrid, Spanien, wo er seine Arbeit als Autor fortsetzt, sowie Vorträge und Seminare im In- und Ausland durchführt und im Internet seine Website unter http://personales.jet.es/cgv (in spanischer und englischer Sprache) pflegt.

Carlos G. Vallés S.J.

FREI UND UNBESCHWERT

Das spirituelle Vermächtnis von ANTHONY DE MELLO
Aufzeichnungen aus seinem letzten Sadhana Workshop

SANTIAGO VERLAG

Titel der englischen Ausgabe: UNENCUMBERED BY BAGGAGE
1987 Gujarat Sahitya Prakash Anand/Gujarat   Indien
Titel der spanischen Ausgabe: LIGERO DE EQUIPAJE: Tony de Mello
- Un profeta de nuestro tiempo 1987 Editorial Sal Terrae
Übersetzt aus dem Spanischen - vom Autor durchgesehene und autorisierte Fassung.
Für die Genehmigung zum Abdruck des Titelfotos von Anthony de Mello danken wir dem
Verlag Gujarat Sahitya Prakash.

Imprimi Potest: A. Sankoorikal S.J.   Prov. of Gujarat   10. August 1987
Imprimatur: + C. Gomes S.J.   Bischof von Ahmedabad   12. August 1987

Die Deutsche Bibliothek – CIP Einheitsaufnahme

Vallés, Carlos G.:
Frei und Unbeschwert: Das spirituelle Vermächtnis von Anthony de Mello
Aufzeichnungen aus seinem letzten Sadhana Workshop / Carlos G. Vallés
1. Aufl. - Goch: Santiago-Verl.; [Norderstedt]: Libri Books on Demand,   2001
ISBN 3-9806468-2-3

Copyright der deutschen Ausgabe
© 2001 Santiago Verlag Joachim Duderstadt e. K.
Asperheide 88   D 47574 Goch
Tel. 02827 5843
Fax: 02827 5842
EMail: santiagoverlag@web.de
www.santiagoverlag.de

Gesamtherstellung: Books on Demand GmbH
Printed in Germany EEC

1. Auflage 2001
Alle Rechte vorbehalten
ISBN 3-9806468-2-3

Inhalt

Ich denke an dich,

TONY

Meister und Freund

VORWORT

Anthony de Mello genoss es immer wieder, die folgende Anekdote aus seiner Jugendzeit bei seiner Familie in Bombay zu erzählen. Als er gegen Ende seiner High-School Zeit seinem Vater eröffnete, dass er die Berufung zu einem geistlichen Leben als Mitglied des Jesuitenordens spüre und als Novize in das Kloster in Vinaláyala eintreten wolle, da entgegnete ihm der Vater: „Ich kann dir nicht erlauben, bei den Jesuiten einzutreten, denn du bist mein einziger männlicher Erbe, und du musst meinen Namen weitergeben!" Ein männlicher Erbe zur Aufrechterhaltung des Familiennamens hat in Indien einen sehr hohen sozialen Stellenwert. Tony wusste das – er gehorchte und wartete ab.
Einige Zeit später wurde seine Mutter wieder schwanger. Sobald sich nach der Geburt die Nachricht verbreitete, dass ein weiterer Sohn geboren war, rannte Tony zu seinem Vater und bat ihn inständig: „Nun hast du doch einen männlichen Erben – und ich kann ins Kloster gehen!" Und so kam es, dass er dort mit dem Segen seines Vaters eintrat.

Diese Episode macht die beiden Werte deutlich, die sowohl seine Laufbahn als auch sein ganzes Leben und seine Arbeit charakterisieren: Seine indischen Wurzeln und seine Bindung an den Jesuitenorden. Diese beiden Trends führten später, wie in seinem Lebenswerk sichtbar, zu einer Kombination tiefer christlicher Erfahrung und dem Charme orientalischen Geschichtenerzählens, was ihm einen Platz unter den originellsten und einflussreichsten christlichen Denkern des zwanzigsten Jahrhunderts einbrachte.
Deutschsprachige Leserinnen und Leser haben immer schon ein großes Interesse an seinen Büchern gezeigt und schätzen sie sehr. In diesem Buch bekommen sie nun zum ersten Mal die Gelegenheit zu einem Einblick in sein Leben und seinen Charakter. Sie lernen Anthony de Mello hier als Lehrer, als Exerzitienmeister und als Freund kennen.

Ich freue mich sehr, dass mein Buch nun auch in deutscher Sprache erscheint. Da ich meine Erziehung und Bildung zuerst im Deutschen Kindergarten und später in der Deutschen Schule in Zaragoza, Spanien, erhielt, ist die Veröffentlichung nun auch insofern eine Genugtuung für mich, zumindest in einer Hinsicht der deutschen Kultur für den großen und guten Einfluss, den sie in meinem Leben ausgeübt hat, dankbar etwas zurückgeben zu können.

Carlos Gonzáles Vallés
Madrid, Spanien, im Mai 2001

1. LONAVLA

„Lieber Carlos, gerade habe ich Deinen Brief an meine Sekretärin gefunden und ihn sofort an mich genommen, um ihn selbst zu beantworten. Ich bin SEHR FROH, dass Du nach Lonavla kommst, um an dem Sadhana Renewal im April teilzunehmen. Ich plane, mit dieser Gruppe meine neusten Ideen zu bearbeiten und freue mich, dass Du dabei sein wirst. Von Deiner Sadhana-Gruppe kommen Leela und Joe Puli und vielleicht auch Isabel Alvarez. Vielleicht kennst Du ja auch einige von den anderen, jedenfalls habt ihr alle die gleiche Sadhana-Vorbildung. Zum ersten Mal wirst Du auch ein anständiges Zimmer haben, denn Dank Marios Einsatz haben wir auch ein neues Gebäude. Mach Dich bereit für eine gute Zeit!
Umarmung, Tony"

Der Brief bewegte mich. Eine ganze Zeit lang hielt ich ihn in der Hand und fixierte die in Großbuchstaben geschriebenen Worte SEHR FROH. Der Brief war eindeutig auf Tonys eigener Canon-Reiseschreibmaschine entstanden. Ja, ich wollte nach Lonavla, weil ich das Bedürfnis danach hatte. Und nun wurde mir schon vor meiner Ankunft das Gefühl vermittelt, besonders willkommen zu sein. Was für ein Talent hatte doch dieser Freund, jedem das Gefühl geben zu können, in seiner Gegenwart etwas ganz Besonderes zu sein! Es gibt bestimmt viele Männer und Frauen auf allen Kontinenten, die das Gefühl haben, zu Tony in einer ganz speziellen Beziehung zu stehen - und sie haben ganz Recht damit. Sein gutes Personengedächtnis, seine warmherzige Spontaneität und vor allem seine fundamentale Begabung, die Gegenwart so intensiv zu leben, als ob weder vorher noch nachher etwas existieren würde, gaben jedem Kontakt zwischen ihm und anderen Menschen eine Tiefe und einen Glanz, die in jeder dankbaren Erinnerung noch lange vorhielten.

Tony und ich waren uns im Verlauf unserer Studien in Vinayálaya kurz begegnet, als ich gerade in Indien angekommen war, und später noch in Poona während der Priesterausbildung. Seit diesem Kontakt verbinde ich den Namen Tony de Mello in meinem Gedächtnis stets mit einem Menschen von fröhlicher, frischer Lebensart. Fortan suchte ich nach Gelegenheiten zu einem Wiedersehen mit ihm. Auch Jahre später war seine Wesensart für mich der Anlass, sofort zu reagieren. In der Zeitschrift *Bombay Jesuit News* las ich zufällig, dass Pater Tony de Mello eine geschlossene, dreißigtägige Exerzitienzeit für Jesuiten durchführen wolle. Hierzu könnten sich alle, ob jung, ob alt, anmelden. Immerhin war ich damals Priester und auch als Hochschullehrer an der Universität von Ahmedabad im indischen Bundesstaat Gujarat zeitlich sehr eingebunden. Doch noch am selben Tag schrieb ich ihm, worauf er mich von Bombay aus anrief um mir zu sagen, wie sehr er sich über mein Kommen freuen würde. Er hatte in Spanien unter der Leitung von Pater Calveras die Methode der ignatianischen Exerzitien nach Ignatius von Loyola kennen gelernt. Dabei hatte er die diesen spirituellen Übungen innewohnende Kraft erfahren und brannte nun darauf, auch andere Menschen daran teilhaben zu lassen. Mit dem typischen Ehrgeiz und Enthusiasmus, der alle seine Vorhaben auszeichnete, wollte er anderen die Freude seiner Entdeckung vermitteln und die Effizienz dieses außergewöhnlichen Weges spiritueller Erneuerung nachweisen.

Aber schon damals hatte er Gegner. Auf dem Weg nach Khandala, wo die Einkehrtage stattfinden sollten, legte ich für die Dauer eines Tages einen Zwischenstopp in Bombay ein. Ein älterer Jesuit, der Rektor eines der Häuser dort war, fand das Ziel meiner Reise heraus. Leider hatte er den schlechten Stil, mir in einem ziemlich harschen Ton seinen Kommentar mit auf den Weg zu geben: „Ja, ja, das ist alles, was Tony zustande bringt: reden, reden, reden. Er ist nur glücklich, wenn er ein Publikum hat, das ihm zuhört! Und da er hier kein Publikum zusammenkriegt, hat er jetzt diese Exerzitien organisiert. Stellen Sie sich das doch nur mal vor! Zwanzig Jesuiten, die einen Monat lang an seinen Lippen hängen werden. Muss das nicht der wahre Himmel für ihn sein? Gehen Sie hin, wenn Sie meinen, dass es sein muss; aber Sie vergeuden Ihre Zeit!" Ich war traurig und zugleich wütend auf diesen frustrierten Mitbruder, der den Anfangserfolg eines jüngeren nicht ertragen konnte. Eifersucht kommt bei uns Jesuiten leider oft vor, und Tony musste sein Leben lang darunter leiden. Für Erfolge muss man bei uns einen hohen Preis bezahlen.

Aufgrund dieser Erfahrung in Khandala wurde ich in die Bewegung der langen Exerzitienkurse (*Retreats*, was wörtlich „Rückzug" bedeutet) hineingezogen. Später arrangierte Tony es so, dass man mich einlud, ebenfalls diese dreißigtätigen Exerzitien durchzuführen, und er sorgte dafür, dass ich diese Einladungen auch annahm. So kam es, dass ich Jahr für Jahr die Sommer-(Mai) und Diwali-(Oktober) Semesterferien der Universität damit verbrachte, in allen Gegenden Indiens solche Retreats durchzuführen. Ich habe diese Aktivität, wie hoffentlich die TeilnehmerInnen auch, als ausgesprochen fruchtbar erlebt. Jahre später, als wir einmal an Tonys Geburtstag eine Eucharistie konzelebrierten, schaute er mich an und sagte: „Einer der Erfolge, über die ich mich am meisten freue, ist, dass ich es geschafft habe, Carlos in diese

Bewegung einzubinden." Diese Tätigkeit wurde für Tony und mich zu einer Begegnung mit der charismatischen Bewegung, mit der wir geradezu spirituelle Abenteuer erlebten. Sie wurde die Basis für einige der spirituell besten und glücklichsten Jahre meines Lebens. Doch mit der Zeit ließ die Intensität nach, mit der wir uns diesen außergewöhnlichen Bewegungen widmeten, was dann auch zeitgerecht und notwendig war. Ich suchte nach einer neuen Richtung für meine spirituelle Entwicklung. Tony, immer hellwach und immer auch selbst auf der Suche nach neuen spirituellen Abenteuern (er liebte es, sich selbst als „Rolling Stone" - einen „rollenden Stein" - zu bezeichnen) hatte damals begonnen, die „*Sadhana*"-Kurse im De Nobili College in Poona anzubieten. „Sadhana" ist ein Wort aus dem Sanskrit und bedeutet grob übersetzt „Spiritualität". Mit diesem Wort wurde Tony von da an sein Leben lang identifiziert. Als einmal ein neugieriger Mitbruder, der davon gehört hatte, einen meiner Freunde fragte: „Kannst Du mir mal sagen, was es mit diesen Sadhanas auf sich hat?", da antwortete dieser: „Sadhana ist Tony, und Tony ist Sadhana!"

Es muss ungefähr um diese Zeit gewesen sein, als mein damaliger Provinzial (niemand anderes als Pater Joe Aizpun, der später als Mitarbeiter im Sadhana Institut in Lonavla zu Tony stieß und dort der religiöse Leiter wurde) zu mir sagte: „Du hast doch auch gehört, dass Tony jetzt diese Sadhana-Kurse in Poona durchführt. Sie sind nützlich als Hilfe zur Selbsthilfe und vermitteln auch, wie man anderen Menschen von Nutzen sein kann. Du bist doch mit vielen jungen Jesuiten in Kontakt. Mir liegt es sehr am Herzen, dass sie die Erfahrung einer geistigen Inspiration machen und eine anständige Führung bekommen. Bei dieser Aufgabe könntest du helfen. Damit du dafür besser gerüstet bist, habe ich mir überlegt, dass ich dich zu einem dieser Sadhana-Kurse schicke. Ich habe schon mit Tony darüber gesprochen, und er hat zugesagt, dass du einen Platz in jedem Kurs bekommst, der dich interessiert. Also, du hast folgende Wahl: Es laufen dort gerade ein ‚Mini-Sadhana', das nur einen Monat dauert, und ein ‚Maxi-Sadhana' von vollen neun Monaten. Ich weiß, dass du mit deinem Lehrauftrag an der Universität sehr beschäftigt bist und überlasse es deshalb dir, ob du gehen willst oder nicht. Aber ich würde mich sehr freuen, wenn du wenigstens an dem kurzen Seminar teilnehmen würdest." Joe und ich waren Freunde seit unserer gemeinsamen Zeit in Spanien und ich nahm mir deshalb die Freiheit, ihm mit einem Zitat aus der Bibel zu antworten: „Joe, wir haben jetzt schon so viele Jahre miteinander verbracht, und du kennst mich immer noch nicht? Du weißt ganz genau, dass es für mich keine ‚Minis' gibt. Ich mache nie halbe Sachen. Entweder nehme ich an dem ganzen Seminar teil, oder ich lasse es. Keine Mini-Sadhanas für mich.

Du kannst mich für die Teilnahme an dem Maxi-Sadhana eintragen lassen, und das noch dieses Jahr." Und so nahm ich mir ein Sabbatjahr frei von meinem Lehrauftrag an der Universität und ging voller Eifer nach Poona.

Tony spürte meinen Elan und meine Ungeduld. Von Beginn an machte er sich daran, sie zu zügeln. Während des ersten Gruppentreffens gab er bekannt, dass die Arbeitseinheiten um zehn Uhr beginnen würden. „Na, sagen wir lieber so um zehn herum, um es informell zu halten." Das bedeutete im Klartext, dass es keine feste Tagesordnung geben würde und unsere Fortschritte ziemlich dem Zufall überlassen blieben, so wie es sich gerade ergibt. Ich protestierte heftig dagegen, mit aller Macht, die ich als Ältester in der Gruppe aufbringen konnte. „Tony! Ich habe meine Zeit nicht gestohlen! Ich habe ein großes Opfer gebracht, um hierhin kommen zu können. Ich möchte genau wissen, wie ich die nächsten neun Monate verbringen und was ich in dieser Zeit tun werde. Ich brauche eine klare Vorgehensweise und einen genauen Zeitplan, so dass ich mit größtem Ernst und Eifer arbeiten kann - und das vom ersten Moment an." Tony hörte mir nachsichtig zu und entließ meine Beschwerde mit einer absichtlich herablassenden Geste: „Oh Carlos, mach dir keine Sorgen: Du wirst dich schon ändern!" Die Gruppe lachte, und ich brodelte vor mich hin. Die Therapie hatte begonnen. Ich habe mich in der Tat verändert und kam schließlich sogar an den Punkt, dieses Jahr als das vielleicht wichtigste meines Lebens zu bezeichnen. Zu demselben Schluss kamen fast alle Menschen, die es erlebt hatten.

Wie intensiv die Sadhanas auch verliefen, sie waren nicht genug und bald begann Tony, „Renewals" (Auffrischungskurse) zu organisieren. An den jeweils fünfzehntägigen Kursen - entweder im Oktober oder im April - konnte jeder teilnehmen, der schon einmal einen Sadhana-Kurs mitgemacht hatte. Dies ließ die Stimmung erneut lebendig werden, die die ersten Veränderungen ausgelöst hatte, und in der jetzt neue Fortschritte stattfinden konnten. Mittlerweile war das Institut nach Lonavla in die Kargheit einer etwas verfallenen früheren Sommerresidenz umgezogen, den schrecklichen Bissen und Stichen von ungewöhnlich großen Mosquitos ausgesetzt, die diese Gegend heimsuchten. Es ist kein geringes Kompliment an Tony und all seine Mitarbeiter, dass sie Jahr für Jahr diese permanente Herausforderung ausgehalten haben, die eine solche vorübergehende Unterbringung mit sich bringt. Als es darum ging, die Notwendigkeit neuer Bauten zu begründen, wurden diese Lebensumstände tatsächlich auch in den offiziellen Berichten zu ihren Gunsten vermerkt. Ich habe zwei dieser Renewal-Kurse in Lonavla besucht, und als ich mich nach dem zweiten von Tony verabschiedete, sagte ich ihm – halb im Spaß – dass ich nur wiederkommen würde, wenn das neue Gebäude endlich fertig sei.

Das war im Jahre 1987. Das Renewal sollte vom 30. März bis zum 14. April stattfinden. Zu dieser Zeit waren die Unterbringung der Mitarbeiter, die Gästezimmer, die Küche, das Esszimmer und auch die Gemeinschaftsräume bereits fertig gebaut und konnten benutzt werden. Natürlich hatte ich mich in Wahrheit längst entschieden, auf jeden Fall am Renewal teilzunehmen, da ich ziemlich stressige Zeiten hinter mir hatte. Aus demselben starken Bedürfnis, meine innere Balance wieder herzustellen, sehnte ich mich nach dem Frieden, den ich während meiner ersten Erfahrung mit einem Sadhana-Kurs dort erlebt und schätzen gelernt hatte. Ich meldete mich sofort an und bekam als Antwort den Brief, den ich zu Anfang dieses Kapitels wiedergegeben habe. Am 30. März holte mich der Kleinbus der Sadhana, eine weitere willkommene materielle Bereicherung des Instituts, vom Bahnhof in Lonavla ab und brachte mich zu den neuen Gebäuden. Fünfundzwanzig Frauen und Männer waren bereit, ihr Sadhana, ihre Intensiv-Einkehrzeit, zu beginnen.

Dann passierte etwas sehr Merkwürdiges. So merkwürdig und ungewöhnlich für mich, dass ich lange gezögert habe, es aufzuschreiben. Noch immer fürchte ich, dass einige Leser von meinem Bericht negativ berührt sein werden. Ich gebe zu, dass das, was ich jetzt schildern werde, leicht als eine Projektion *a posteriori* oder als eine dieser Vorhersagen aufgefasst werden könnte, die erst nach dem Eintritt der Ereignisse veröffentlicht werden. Ich hatte in all diesen Tagen ein sehr intensives Gefühl. Da es, im Nachhinein betrachtet, eine direkte Auswirkung auf dieses Buch hatte, denke ich, dass ich es mir und Ihnen als meinen Lesern schuldig bin, davon zu berichten. Tatsache ist, dass mich bald nach meiner Ankunft in Lonavla (den genauen Moment oder die auslösende Situation kann ich nicht mehr genau erinnern, aber es war zu Anfang des Kurses) ein unheimliches Gefühl überkam, eine ganz bestimmte Vorahnung, dass Tony nach diesem Renewal sterben – und dass sein letztes Sadhana auch sein spirituelles Testament an uns sein würde. Ich weiß, es hört sich wirklich merkwürdig an, und ich habe es tatsächlich bis zu dieser Niederschrift niemandem gegenüber erwähnt, aber dieses Gefühl hat mich nie mehr verlassen. Immerhin hat es mich in der damaligen Situation zu ganz konkreten Handlungen veranlasst, ohne die es nicht möglich gewesen wäre, dieses Buch zu schreiben. Ich hatte mir nämlich damals vorgenommen, während des Seminars keine Notizen zu machen. Ich kannte Tony gut genug und wusste, dass das direkte Zuhören, das Einsinken-lassen von Tonys Ideen und das Einwirken-lassen der ganzen Atmosphäre, die er durch seine Vorträge erzeugte, ausreichten, um meiner Seele Ruhe zu geben und sie gleichzeitig zu stärken. Als aber diese merkwürdige Gewissheit über mich kam, dass dies

Tonys Testament sein könnte, da musste ich mir tatsächlich Papier ausborgen (merkwürdig – ausgerechnet ich, der sonst nirgendwo ohne Notizpapier hingeht, hatte dieses Mal nicht ein einziges Blatt mitgebracht, da ich mir ja fest vorgenommen hatte, keine Aufzeichnungen zu machen). Ich begann, mir sehr genaue Notizen zu jeder einzelnen Sitzung zu machen. Und auf diesen Aufzeichnungen basiert dieses Buch.

Diese Notizen sind natürlich meine persönlichen Aufzeichnungen, gefiltert durch meine eigenen Gedanken und geprägt von meiner eigenen Art und Weise, Tony zu erleben und zu verstehen. Tony pflegte zu sagen, wenn er zu hundert Menschen spräche, dann sei es so, als ob er einhundert verschiedene Vorträge halten würde – so sehr verstehe jeder Mensch seine Worte gemäß seiner eigenen Art des Denkens. Wasser nimmt die Form des Gefäßes an, das es füllt. Ich bin mir dessen völlig bewusst, und eines Tages in Lonavla machte ich ein kleines Experiment. Tony hatte uns ungefähr eineinhalb Stunden lang einen Vortrag gehalten und mit uns diskutiert und dann eine Pause eingelegt. Neben mir saß eine Ordensschwester, die genauso sorgfältig Notizen gemacht hatte wie ich selber. Ich fragte sie in der so leichten Selbstsicherheit, die Sadhana in allen Teilnehmern erzeugt: „Schwester, sollen wir mal unsere Notizen vergleichen? Ich bin einfach neugierig zu sehen, was Sie über Tonys Vortrag geschrieben haben, und ich würde auch gerne eine Rückmeldung haben, was Sie von dem halten, das ich aufgeschrieben habe." Sie lächelte und gab mir ihr Notizbuch. Zum Glück hatte sie ihre Notizen in der klaren und schönen Handschrift einer Frau gemacht, und ich konnte ihre Seiten sehr schnell lesen. Mit meinen hatte sie mehr Probleme, da ich mir schon lange angewöhnt hatte, Lesbarkeit der Geschwindigkeit zu opfern (darin folge ich der Meinung Beethovens, der gesagt haben soll, dass das Leben zu kurz sei, um es mit Schönschrift zu verbringen). Ich beobachtete sie genau und mit einem erwartungsvollen Lächeln, bis sie meine Notizen gelesen hatte. Dann schaute sie auf - und wir brachen gleichzeitig in Lachen aus. Wir wussten, warum wir lachen mussten. Unsere Notizen waren so unterschiedlich, dass eine dritte Person, die dies unvoreingenommen lesen würde, zu dem Schluss kommen müsste, dass es sich um Aufzeichnungen von zwei völlig verschiedenen Vorträgen handelte. Sie hatte in ihrer eigenen Art und Weise notiert, was für sie wichtig war, und genauso war ich verfahren; und da wir zwei ganz verschiedene Menschen waren, waren unsere Notizen ebenso unterschiedlich, obwohl wir beide in derselben Veranstaltung gewesen waren.

Ich bin der Erste, der diese Beschränkung einräumt, und ich spreche sie deshalb ganz offen zu Beginn des Buches an. Aber gleichzeitig und mit demselben Gefühl der Aufrichtigkeit möchte ich meinen Anspruch anmelden, hier eine faire Annäherung an Tonys Gedankenwelt wiederzugeben. Ich fühle mich dazu berechtigt, da Tony einmal während eines gemeinsamen Renewals etwas zu mir sagte, das ich ich nie vergessen werde. Wir hatten unter vier Augen ein langes und sehr persönliches Gespräch geführt, in dem ich ihm meine gesamte spirituelle Entwicklung seit dem ersten Sadhana offenbarte und ihn dabei um seine Kommentare bat. Da sagte er mir mit exakt diesen Worten: „Viele Menschen sind schon durch meine Hände gegangen, Carlos, aber du bist der Einzige, der mich wirklich verstanden hat - auch meine Konzepte und Gedankengänge, bis in ihre letzte Konsequenz." Ich wusste genau, was er meinte und wovon er sprach, und deshalb war mir sein Kompliment um so wertvoller. Auf keinen Fall macht mich dieses Kompliment zu einem perfekten „Sadhaniten" oder gibt mir im Vergleich zu einem anderen Teilnehmer eine besondere Vorzugsstellung. Es wäre dumm von mir, so etwas zu denken. Zu anderen Gelegenheiten lobte Tony namentlich andere Frauen und Männer wegen ihrer Erfolge in den Sadhana-Tagen, ohne dabei meinen Namen zu nennen. Lassen Sie es mich deshalb ganz klar sagen: Ohne dabei nach Rangordnungen oder Präferenzen zu schielen, bin ich mir der essentiellen Grenzen bewusst, die die Aufgabe mit sich bringt, die Gedanken eines anderen Menschen wiedergeben zu wollen. Doch Sie können darauf vertrauen, dass meine Versuche, Tony zu interpretieren, seiner nicht unwürdig sein werden.

Er selbst sagte mir einmal in Lonavla, als ich ihm Mut machen wollte, selbst seine Gedanken und Erfahrungen in einem Buch systematisch niederzuschreiben: „Ich bin kein Schreiber, kein Schriftsteller. Ich bin doch mehr ein Geschichtenerzähler und das ist auch die Art und Weise, wie man mich in Amerika immer bei einem Vortrag vorstellt: Pater Anthony de Mello, der Geschichtenerzähler. Ich schreibe Geschichten und Meditationen, aber keine Essays oder Abhandlungen. Und das, was ich schreibe, hat immer ein offenes Ende ... und dadurch lasse ich den Leser seine eigenen Schlussfolgerungen ziehen." Manchmal scherzten und alberten wir miteinander, wenn wir Spanisch sprachen, das er sehr gut beherrschte. Wir stellten dabei fest, dass er genau wusste, dass das Wort für Geschichtenerzähler im Spanischen durch das Wort „cuentista" wiedergegeben wird, das aber genauso gut „Bluffer" (Lügner, Schwindler) bedeuten kann. Er war bereit, beide Bedeutungsmöglichkeiten für sich gelten zu lassen. Und das macht mein Vorhaben natürlich noch schwieriger. Ich möchte in diesem Buch in ziemlich systematischer Form die Gedankenwelt eines Menschen beschreiben, der es abgelehnt hat, dies selbst zu tun. Diejenigen, die ihn kannten, werden sich mühelos bei einem hier wiedergegebenen Statement an die jeweilige Situation erinnern und ihre eigenen Schlussfolgerungen treffen können, so wie Tony es von ihnen erwartet haben würde.

Tony sagte immer ganz offen, dass jeder seiner Kurse, Seminare, Workshops, Konferenzen und Vorträge für ihn selbst genauso wichtig sei wie für die Teilnehmer. Er wuchs durch diese Veranstaltungen, benutzte sie, um seine Gedanken zu klären, seine Gefühle zu verfeinern und, sich dabei in jedem Fall höchstgradig zu amüsieren. In jede Begegnung brachte er sich mit ganzem Herzen und ganzer Seele ein und entwickelte seine Talente weiter, indem er sie anwendete. Er pflegte zu sagen, so wie andere Sadhana einen Monat, sechs Monate, neun Monate lang erlebten, war er sein Leben lang in diesem Lernprozess. Er verwirklichte das „learning by doing" In demselben Geist habe ich begonnen, in seinem Namen und in seinem Andenken dieses Buch zu schreiben. Indem ich über Tonys Lehren schreibe, möchte ich sie vollständiger und tiefer in mein eigenes Verständnis eindringen lassen. Als ich mich im April von ihm verabschiedete, sagte er mir noch: „Komm nächstes Jahr wieder, zum nächsten Renewal. Wir müssen dafür sorgen, dass wir uns jedes Jahr wiedertreffen, Carlos! Denk daran!" Ich versicherte ihm, dass ich den festen Vorsatz hätte, wiederzukommen – und ich wusste ganz genau, dass es mir damit ernst war.

Nun wird es keine weiteren Renewals mit Tony geben. Alles was mir geblieben ist, sind meine Erinnerungen und Aufzeichnungen (abgesehen natürlich von all dem, das glücklicherweise schon in mein Denk- und Erinnerungssystem übergangen ist, was das Wichtigste ist). Jetzt will ich das Beste daraus machen und so habe ich begonnen, meine Notizen wieder und wieder zu lesen, sie zärtlich zu betrachten, sie immer mehr eindringen zu lassen und sie in eine Art Ordnung zu bringen, um sie schließlich niederzuschreiben. Insofern habe ich dieses Buch genauso für mich wie auch für Sie als meine Leser geschrieben. Diese geistige Übung des Schreibens ist für mich Heilung und Richtungsweisung der allerersten Ordnung für meine eigenen, immer wiederkehrenden Nöte und Bedürfnisse. Was auch immer diese Seiten bei anderen Menschen bewirken können, auch ich selbst werde von ihnen und in ihnen wieder und wieder die Früchte ernten, die zu suchen ich nach Lonavla ging, und die ich am letzten Tag des Renewals für Tony folgendermaßen zusammenzufassen versuchte: „Dieses Mal habe ich in unserem Sadhana eine geradezu fröhliche Bestätigung für meinen eigenen ‚way of life' gefunden; eine größere Klarheit in meiner Sicht der Dinge und eine größere Kraft zu leben – in einem Maße, das über alle meine Erwartungen hinausgeht." Wenn Schreiben gleichzeitig Therapie ist, dann ist dieses Buch mein Sadhana. So trage ich Lonavla immer bei mir.

2. SPRENGSÄTZE

Er gab uns keine Chance. Ich hatte wie alle anderen auch erwartet, dass Tony mit der üblichen Frage beginnen würde: „Was wollen wir in diesen fünfzehn Tagen machen? Was schlagt ihr vor?" Wir alle, die Männer und Frauen in der Gruppe, waren mit der Art und Weise vertraut, wie ein Sadhana normalerweise abläuft. Man konnte also erwarten, dass die TeilnehmerInnen mit konkreten Vorschlägen und persönlichen Fragen antworten würden. Die meisten hätten sich ihre Fragen schon vorher zurechtgelegt und Tony würde aus diesen verschiedenen Themenvorschlägen konvergierende Linien auswählen und den Ablauf der Arbeitseinheiten entsprechend ausrichten. Dieses Mal jedoch machte er alles anders. Oder vielmehr – er stellte zwar seine Standardfrage, aber nur in einer sehr akademischen Art und Weise - als reine „Übung" ohne Weiterführung.

Stattdessen sagte er: „Jeder von euch sucht sich jetzt erst einmal einen geeigneten Partner, mit dem oder mit der ihr euch zusammensetzt und besprecht, welche Erwartungen ihr an diese Tage stellt." Wir taten wie geheißen, stellten dann aber fest, dass er uns nicht wie sonst im weiteren Verlauf anwies, das Ergebnis unserer Zweiergespräche in die Gruppe zu tragen oder ihm zu schildern. Er ignorierte diese Übung und fuhr fort, indem er uns eine weitere anbot ... und dies nicht ohne einen gewissen Humor. Denn nun kam die Anweisung: „Bildet jetzt Fünfergruppen und zwar so, dass jeweils fünf Menschen in einer Gruppe zusammen kommen, die einander gut leiden können und miteinander gut auskommen. Und das jetzt ganz schnell!" Unmittelbar darauf setzte das übliche Durcheinander ein, das solchen Anweisungen folgt und das uns allen schon sehr vertraut war. Die bekannte Angst, als einziger ausgelassen zu werden und keine Partner zu finden, die sofort anbrechende Suche, das Risiko, jemanden anzusprechen, der dieses Angebot ablehnen könnte, das innere Vergnügen, Angebote zur Beteiligung von zwei verschiedenen Gruppen zu bekommen, die Anpassungen im letzten Moment, wenn eine Gruppe plötzlich mit sechs Mitgliedern dastand und eine andere nur mit vier, und am Ende das Resultat, dass die Gruppen sich tatsächlich zusammengefunden hatten: Fünf Gruppen mit jeweils fünf Mitgliedern, exakt die fünfundzwanzig TeilnehmerInnen der Gesamtgruppe. In der Luft lag Erwartung und Neugier. Welches Spiel kommt da auf uns zu? Wohin würde es uns im Verlaufe dieser ersten Gruppenstunde führen?

„Nun sucht sich jede Gruppe einen Namen, eine Bezeichnung, mit der sie sich in Zukunft identifiziert." Meine Gruppe erwies mir die Ehre, meinen Vornamen dafür auszuleihen: Carlos. Die Ehre hielt jedoch nicht lange an.

Denn Tony kündigte mit gespielter Ernsthaftigkeit an: „Die Gruppen, die gerade zueinander gefunden haben, werden sich in Zukunft nach den Mahlzeiten beim Abräumen der Tische und beim Abwaschen abwechseln und jeden Morgen in der Küche Kartoffeln und Zwiebeln schälen." Schon war das Spiel vorüber. Alle lachten befreit und fröhlich und setzen sich wieder hin. Dann begann Tony:

„Ich habe eine genaue Vorstellung von dem, was ich dieses Mal mit euch machen möchte. Ich habe in meinem Leben einen wichtigen Punkt erreicht, an dem ich feststelle, dass sich viele meiner Ideen verändert haben und ich die Notwendigkeit spüre, diese Überlegungen für mich selbst noch besser und klarer herauszuarbeiten. Ich will meine Ideen testen und sie besser in Worte fassen. Dafür brauche ich auch diese Arbeitsgruppe. Jeden Morgen werde ich euch ein bestimmtes Thema vortragen. Ihr werdet darauf reagieren, indem ihr Fragen jeglicher Art stellt, egal, ob sie zum Thema gehören oder nicht, und dann werden wir sehen, wohin wir kommen. Ihr könnt übrigens einige Sprengsätze erwarten. Ich habe schon welche vorbereitet."

Ich war voll gespannter Erwartung, als ich ihn so sprechen hörte. Dass Tony häufig seine Meinungen änderte, war für die, die ihn gut kannten, kein Geheimnis. Schon vor Jahren hatte er dazu gesagt: „Wenn ihr meinen Gedanken folgt, dann macht ihr das stets auf eigene Verantwortung und auf eigenes Risiko, denn ich behalte mir immer das Recht vor, meine Meinungen und Ansichten ohne Vorankündigung zu ändern." Manche Menschen nahmen ihm das übel, und er pflegte auch Beispiele dafür zu nennen. So hatte er Jahre zuvor in den jeweils dreißig Tage dauernden Einkehrzeiten die völlige Armut propagiert, und zwar nicht nur in Form innerer Loslösung von allem, sondern auch als Alltagspraxis. Einige Menschen haben daraufhin, inspiriert durch seine Lehre, allen Komfort aufgegeben und ein wirklich spartanisches Leben begonnen. Als Tony einige Zeit später plötzlich umschwenkte, fühlten sich diese Menschen im Stich gelassen und einige reagierten darauf, indem sie ihn gänzlich ablehnten. (Tony sagte dazu: „Ich habe auf einmal gemerkt, dass meine ‚Armut' in Wirklichkeit zu einem ‚Reichtum' geworden war. Ich merkte, dass mir mein Image als armer Mann so zu gefallen begann und ich darauf so stolz war, dass die Armut tatsächlich ihren Zweck nicht mehr erfüllen konnte.") Er selber machte sich nicht viel aus solcher Kritik. Er vertrat weiterhin die Ansicht, dass ein einfaches Leben und innere Freiheit zusammengehören. Wenn sich jemand unter seinem Einfluss zu einer extremen Verwirklichung dieses Ideals entschlossen hatte, dann sah Tony es als eine Verantwortung dieses betreffenden Menschen an.

Er wusste um seine Überzeugungskraft und warnte selbst immer davor: „Lasst euch von mir nicht hypnotisieren!", wiederholte er oft. Er erinnerte mich dann an die scholastischen Dialektiker des Mittelalters, die in Ermangelung anderer Vergnügungen eine Predigtkanzel auf einem öffentlichen Platz aufstellten, um von dort aus eine Zeitlang trotz aller Gegenargumente irgendeine These zu vertreten, und sich dann einen Spaß daraus machten, plötzlich umzuschwenken und den genau entgegengesetzten Standpunkt mit demselben Erfolg zu vertreten. Tony machte manchmal ein ähnliches Spektakel aus seinen „Rollenspielen". Zuerst trat er als Hilfesuchender auf und stellte sein Problem als absolut unlösbar dar. Doch dann tauschte er die Rollen und zeigte als Berater, dass es einen vernünftigen und einfachen Weg aus dieser Schwierigkeit gab. Kurz: Er war in seinem Denken wirklich nach allen Seiten offen und lebte eine große innere Freiheit. Sie erlaubte es ihm, eine neue Sichtweise der Dinge einzunehmen, wann immer er davon überzeugt war, dass diese neue Sichtweise in sich stimmig und damit für ihn legitim war.

Tony bezeichnete seine Ansichten und Vorstellungen aus der Zeit von vor zehn oder zwölf Jahren als „Sadhana I" und seine gegenwärtigen Meinungen als „Sadhana II". Eigentlich hatte er einen permanenten Veränderungsprozess durchlaufen, aber nun sah er eine klare Trennlinie, und dieser offenbare Kontrast half ihm sehr in seinem Denken. Seine Ankündigungen bezogen sich auf das Abenteuer, vom Basislager des „Sadhana I" aus die Gipfel des „Sadhana II" zu besteigen. Das bedeutete für uns, Tony auf der Basis des Interesses und des Respekts, den seine Person in uns weckte, auf seiner eigenen Entdeckungsfahrt durch alle spirituellen Einsichten, Gefühle und Einstellungen zu begleiten. Für uns ging es nie darum, nur aus reiner Neugier den „aktuellen Tony" kennen lernen zu wollen, oder dies mit spöttischer Ironie zu tun, wie einige Menschen, die ihn weniger mochten, und die zu sagen pflegten: „Kommt, lasst uns mal hören, was Tonys neueste Verrücktheit ist." Für uns war Tonys Ankündigung an diesem ersten Tag unserer gemeinsamen Lonavla-Erfahrung eine willkommene Gelegenheit, den Ursprung seiner neuen Sichtweisen, Erlebnisse und Erfahrungen kennen zu lernen, die mit Sicherheit ernsthaft und umsetzbar sein würden, und wahrscheinlich auch von großer Tragweite in ihren Konsequenzen. Da ich Tonys geistige Entwicklung mit freundlichem Respekt und großem persönlichem Profit verfolgte, fühlte ich mich hiervon in besonderer Weise angesprochen. Ich empfand nach dieser vielversprechenden Eröffnung eine gehobene Stimmung voller Erwartung. Wenn Tony mit so klarer Initiative loslegte, wusste ich aus

Erfahrung, dann würde er alle Erwartungen erfüllen. Und ich sagte zu mir selbst: „Was habe ich für ein Glück, hier zu sein!"

Uns allen war bekannt, dass Tony eine Gruppe brauchte, um seine eigenen Ideen und Ansichten klarer herausarbeiten zu können. Er brauchte einen Resonanzkörper in Form von Reaktionen und sofortigen Rückmeldungen. Dann lief er zur Hochform auf. Er pflegte einem Einwurf aufmerksam zuzuhören, dann einen Moment in offensichtlicher Konzentration zur Decke zu blicken, darauf die betreffende Person zu fixieren (manchmal mit vollem Körpereinsatz, indem er von seinem Stuhl aufstand, diesen quer durch den Raum zog, um sich direkt vor sein Opfer zu setzen, was dieses zum allgemeinen Vergnügen in eine offensichtliche Verlegenheit brachte) und einen scharfen Dialog zu starten. Man konnte sicher sein, dass er genau auf den Punkt kommen und das jeweilige Thema für jedermann (einschließlich für sich selbst) klar herausarbeiten würde. Er wusste selbst ganz genau, dass er am besten in Gruppen funktionierte. Daneben beriet er jederzeit bereitwillig Menschen unter vier Augen und ging dabei überaus großzügig mit seiner Zeit um. Doch er hatte uns von Anfang an gesagt, dass es ihm lieber sei, wenn wir unsere persönlichsten Probleme selbst in der Präsenz der Gruppe vortragen würden, weil er dort besser mit ihnen umgehen könne. Die Dynamik dieser Situation bezeichnete er gerne als „Fußballspiel-Effekt": Ein Fußballspieler wird in einem Freundschaftsspiel ohne Zuschauer wahrscheinlich nicht die allerbeste Leistung zeigen; aber bei einem heißen Wettkampf, in einem großen Stadion voll jubelnder Fans, da wird er sicherlich das Äußerste aus sich herausholen und weit über sich hinaus wachsen. Genau dies traf definitiv auch auf Tony zu. Daher wählte er das Forum einer Arbeitsgruppe, um sich seiner eigenen geistigen Entwicklungsschritte bewusst zu werden. Wir waren sicher, dass er schon lange auf eine solche Gelegenheit gewartet hatte, eine Gruppe für seinen Zweck zu nutzen. Am Ende der gemeinsamen Erfahrung sagte er dann auch in aller Öffentlichkeit, dass er die Gruppe sehr schätze und sie als sehr hilfreich erlebt habe.

Aber es gab noch einen anderen Grund, weshalb diese Einkehrzeit so besonders sein würde. Zu den spirituellen Leitern der Sadhanas gehörten Tony de Mello, Joe Aizpun und Dick McHugh (zusammen mit dem Organisationstalent Mario Correa, der sich um alles weitere kümmerte). Diesmal jedoch war Dick in Rekonvaleszenz von einer hartnäckigen Krankheit und Joe war auf einer Reise durch Indien, um in verschiedenen Jesus-und-Maria-Klöster Kurse zur spirituellen Erneuerung durchzuführen. Das bedeutete, dass Tony sich allein um unsere Gruppe kümmern musste – die ganzen fünfzehn Tage lang. Wir fanden es schade, da Joe und Dick mit ihren sehr unterschiedlichen, aber auch einander ergänzenden Denkansätzen immer eine große Bereicherung unserer Sadhana-Erfahrung waren. Aber es gab auch positive Aspekte, die diesen Verlust wieder gutmachen konnten: Dadurch, dass wir Tony die ganze Zeit über und an diesem wichtigen Punkt seiner Entwicklung alleine genießen konnten, würden wir uns intensiv und ausschließlich auf all das konzentrieren, was er uns mitteilen wollte. Dies würde uns dabei helfen, das Gebotene schneller verstehen und verarbeiten zu können. Genau so geschah es. Der intensive Kontakt mit Tony - vierundzwanzig Stunden am Tag, fünfzehn Tage lang - schaffte eine Atmosphäre, in der jeder Moment von derselben Schwingung geprägt war, jedes Ereignis auf das gleiche Ziel hinwies und selbst eine informelle Besprechung den Prozess der letzten Zusammenkünfte wiederspiegelte. So konnte ich Tony am Ende der Zeit sagen: „Ich habe von diesen fünfzehn Tagen mehr profitiert als von dem anderen Sadhana in neun Monaten." Das war natürlich eine Übertreibung, aber auch eine wahrheitsgetreue Wiedergabe meiner damaligen Empfindung. Wirklich alle Umstände haben damals dazu beigetragen, dieses Sadhana für mich zu einem solch denkwürdigen Ereignis werden zu lassen.

Der Tagesablauf war leicht festzulegen. Die Gruppentreffen und Arbeitseinheiten des Vormittags von 9:00 Uhr bis 12:30 Uhr wurden von kurzen Pausen unterbrochen. Am Nachmittag, nach einer Ruhepause, war entweder Zeit für private Gespräche oder Spaziergänge mit anderen TeilnehmerInnen. Abends besuchten wir gemeinsam den Gottesdienst, bei dem Tony nicht nur selbst mitfeierte, sondern den Platz des Hauptzelebranten einnahm. Zum Abschluss schauten wir uns mehrere Tage lang nach dem Abendessen die Videos seiner Vorträge in Amerika an, speziell die seiner „Satelliten-Vorträge", die auf Wunsch vieler mehrmals wiederholt wurden. Auf diesen Videos ist aufgezeichnet, wie Tony von New York aus via Satellitenübertragung zu ca. 3000 Studenten der verschiedensten Hochschulen Kanadas und der Vereinigten Staaten sprach und Fragen beantwortete. (Diese Videos sind auch in Europa immer noch erhältlich, bitte beachten Sie dazu die Anzeige am Schluss dieses Buches). Manchmal setzte er sich zu uns, wenn wir die Videos anschauten, und bereicherte die Show mit seinen Kommentaren. „Guckt euch das mal an, hier sehe ich aus wie ein Idiot, nur um Unwissen vorzuspiegeln, weil ich diese Frage als zu riskant einschätzte." „Und da, was zum Teufel tue ich da eigentlich mit diesem Glas Wasser in meiner Hand. Ich trinke nicht daraus, und ich setze es auch nirgendwo hin! Ich muss daran denken, so etwas nicht wieder zu tun." „Und dieses Wort da ... das ist mir einfach so rausgerutscht. Das ist eines dieser Worte, die in Amerika im offiziellen Sprachgebrauch des Fernsehens verboten sind. Ich konnte sehen, wie die Leute vom

Aufnahmeteam zusammenzuckten und sich gegenseitig ansahen, als ich es sagte, aber was sollten wir machen, die Show wurde live übertragen und das böse Wort war nun mal gesagt. Später erläuterte man mir, dass man es nicht für nötig befunden hätte, mir vor der Sendung genaue Anweisungen über die „verbotenen Worte " zu geben. Wenn die wüssten, was für eine Umgangssprache ich sonst pflege! Aber nach diesem Erlebnis wurde ich ein ganzes Stück vorsichtiger."

Und so ging es den ganzen Tag. Sogar während der Mahlzeiten genossen wir seine witzige, neckende und ausgelassene Präsenz, die es unmöglich machte zu vergessen, dass Tony dabei war. Wir können wirklich sagen, dass wir ihn vollkommen für uns hatten. Und während ich dies schreibe, überkommt mich ein trauriger Gedanke. Vielleicht hat gerade die Überanstrengung, die sicherlich für ihn damit verbunden war, dieses Seminar die ganze Zeit über alleine durchzuführen, zu seinem tragischen Ende beigetragen. Wie dem auch sei, dieses Buch soll auch eine Erinnerung an die unermessliche Großzügigkeit sein, mit der er sich uns in diesen außergewöhnlichen Tagen hingab. Als einziger sprach er auch bei dem täglichen Gottesdienst zu uns, und als er uns nach einigen Tagen fragte, ob wir dies vielleicht anders gehandhabt sehen wollten, da baten wir ihn einstimmig, in dieser Weise fortzufahren. Bei den Gottesdiensten las er gewöhnlich zwei Meditationen aus einem Manuskript, an dem er gerade schrieb. Während wir leise der Melodie einer Panflöte lauschten, die er sehr mochte, folgte ein langes Schweigen. Er wählte die passenden Stellen sehr sorgfältig aus, um sie während der Gottesdienste von seinem Tonband abzuspielen. Mir fiel eine geschäftige Mitschwester auf, die sich sogar während der Messen Notizen von Tonys Worten machte. So begierig war sie, nicht ein Wort auszulassen. Nach dem Schlusssegen, sie hatte Notizbuch und Stift noch in der Hand, ging ich zu ihr und fragte sie mit gespielter Ehrfurcht: „Schreibst du wirklich alles auf, was Tony während der Messe sagt?" Und sie antwortete ganz ernst: „Ja, es hilft mir." Ich setzte noch mal nach: „Sogar wenn er sagt: ‚Gelobet seiest du, Herr, Schöpfer aller Dinge...', schreibst du das auch auf?" Verlegen lächelte sie, schrieb aber weiter. Und so versuchte eben jeder, das Beste aus dieser Sadhana-Zeit herauszuholen. Ich habe die Meditationen nicht aufgeschrieben, und deshalb werden sie auch im Folgenden nicht erwähnt.

Bei der Einführung am ersten Morgen hatte Tony mehrmals das Wort „Sprengsätze" wiederholt, wobei er jedes Mal seine Stimme erhoben und mit dem Kopf genickt hatte, um einen größeren Effekt zu erzielen. „Ja, ja ... Sprengsätze ... macht euch darauf gefasst, sie kommen!" Damit war klar: Was auch immer Tony sich für diese Tage zu sagen vorgenommen hatte, war für ihn von großer Bedeutung.

3. ÄNDERN – ODER NICHT ÄNDERN

„Früher habe ich euch immer gesagt: Verändert euch! Ändert euch, einfach um der Veränderung willen. Solange ihr keinen sehr wichtigen Grund habt, euch nicht zu verändern, ändert euch! Veränderung bedeutet Wachstum und Veränderung ist Leben; wenn ihr also am Leben bleiben und daran wirklich teilnehmen wollt, dann verändert euch immer weiter. Jetzt aber sage ich euch: Verändert euch nicht. Veränderungen sind ein Ding der Unmöglichkeit, und selbst wenn es möglich wäre, sind sie nicht immer erwünscht. Bleibt erst mal so, wie ihr seid. Liebt und nehmt euch an, so wie ihr seid. Und dann werden Veränderungen, wenn sie denn überhaupt möglich sind, von selbst eintreten, wie und wann immer es von selbst passiert. Seid gut und liebevoll zu euch selbst und zwingt euch nicht."

Da war tatsächlich eine entscheidende Veränderung in Tony vorgegangen - ein wahres Paradox! Sein ganzes Leben lang war er der glühendste Apostel von Veränderungsprozessen gewesen, die er als grundlegend für jeglichen Fortschritt, für jegliches Weiterkommen auf dem Wege persönlichen Wachstums und ganz besonderes im spirituellen Leben bezeichnet hatte. Und nun plötzlich ging er einen vollkommen anderen Weg und wandte sich gegen Veränderung. Eine absolute Kehrtwendung. Er hat sich selbst geändert und sagt uns, wir sollten uns nicht ändern. Um dies ganz klar zu machen fügte er hinzu, dass er selbst ein Beispiel dafür sei, wie sich Veränderungen von allein einstellen. Und das wären die einzig wahren und wirklichen Veränderungen. Also, schon ein Anlass für Konfusion. Tony genoss es, Verwirrung zu stiften, weil er überzeugt war, dass daraus eventuell eine Erleuchtung entstehen könnte. Dieser Gedankengang ist tatsächlich einfacher, als er zunächst scheinen mag, aber definitiv von großer Tragweite.

Tonys wichtigstes Argument gegen Veränderung war jetzt, dass wir dabei meist aus Intoleranz handeln, sowohl uns selbst als auch anderen gegenüber (und das kann natürlich nicht toleriert werden!). Wir wollen Veränderungen, weil wir uns selbst nicht aushalten. Dabei geht es nicht um die Notwendigkeit von Veränderungen an sich, sondern es mangelt schlichtweg an Ausdauer, es erst einmal mit sich selbst aushalten zu können. Wir haben also Schwierigkeiten, gewisse Defizite, moralische oder psychische Schwächen in uns auszuhalten und zu ertragen. Aus Selbstablehnung wollen wir lieber die Wirklichkeit korrigieren, und sei es mit schlecht verborgener Gewalt gegen uns selbst. Wir handeln also aus Scham, Zorn, Ekel oder ganz einfach aus lauter Ungeduld mit uns selbst. Das Motiv für unsere Veränderungswünsche ist in Wirklichkeit das (Wieder-)Herstellen eines Selbstbildes, das wir vor der Gesellschaft und vor uns selbst für respektabel halten. Wir versuchen uns zu ändern, um akzeptiert zu werden, um Erwartungen zu erfüllen, um einem Idealbild zu genügen, das wir uns von uns selbst gemacht haben. Wir sind ungeduldig mit uns und deshalb wollen wir uns zu Veränderungen zwingen. Das kann aber einfach nicht gelingen! Kein Wachstum kann je die Folge von Gewalt gegen sich selber sein.

Die einzige wachstumsversprechende Umkehr zieht ihre Kraft statt aus Selbstablehnung aus Selbstbejahung und Selbstannahme. Umkehr und Veränderung können niemals mit Gewalt erzwungen werden; sie geschehen! Das Paradox bei Veränderungen ist: Sie können nur eintreten, wenn man vergisst, darüber nachzudenken – wenn überhaupt etwas passiert. Aktiver Widerstand gegen uns selbst, gegen irgendetwas in uns führt nur dazu, die Schwächen zu verstärken, gegen die wir eigentlich Widerstand leisten wollen. Das macht eine Veränderung erst recht unmöglich.
Ich will dieses Prinzip anhand meiner eigenen Fallgeschichte erläutern: Ich kam nach Lonavla, weil ich mich zu angespannt fühlte und loslassen, ausruhen wollte. Etliche Faktoren hatten damals dazu beigetragen, meine ohnehin schon strapazierten Nerven zu überlasten, und ich fand mich schließlich reizbar, sprunghaft, unwohl mit mir selber. Ich fand alle anderen Menschen und die ganze Welt unausstehlich – und wurde außerdem noch von Schlafproblemen geplagt. Ich hatte vor, Tony dies alles in der Gruppe vorzutragen und ihn dann durch Therapie, Counselling, Übungen oder was auch immer er an weiteren Ressourcen in seinem Repertoire hatte, auf mich einwirken zu lassen, um mir den Weg der Heilung zu weisen. Ich war wirklich angespannt und vertraute darauf, dass Tony mir die Hilfe angedeihen lassen würde, mit der ich all mein Missbehagen loswerden könnte. Stattdessen sagte er mir, als ich mein Problem in der Gruppe vorgetragen hatte, ziemlich kühl: „Du fühlst dich also angespannt, Carlos. Das ist gut so! Akzeptiere einfach die Tatsache, dass du angespannt bist. In diesen Tagen kann es passieren, dass sich deine Spannung abbaut – oder auch nicht. Geht sie vorüber, ist es gut. Bleibt sie, ist es auch gut. Freude und Glücksgefühl sind mehr als die Abwesenheit von Spannungsgefühlen – so wie das Leben auch mehr ist als die Abwesenheit von Schmerz und Krankheit. Es geht hier um andere Dinge. Du kannst glücklich sein, während du gleichzeitig Spannung fühlst, und du kannst perfekt entspannt sein - und gleichzeitig unglücklich. Du kannst ja noch nicht einmal beurteilen, ob es gut für dich ist, Spannung zu spüren oder nicht. Also, lass es erst mal so stehen. Widme dich dem Leben, geh in unsere Gruppen, beschäf-

tige dich mit all dem, wozu du hergekommen bist und erlaube deinen Nerven, ihren eigenen Weg zu gehen. Die Natur ist weise und kann gut auf sich selbst aufpassen – wenn du sie lässt. Je weniger du dich einmischst, desto besser."

Ich konnte tatsächlich die Weisheit in diesem Rat spüren. Ich fühlte mich angespannt und wollte mich zwingen, loszulassen und zu entspannen. Das verstärkte natürlich noch das Gefühl der Spannung. Wie soll ich denn loslassen und entspannen? Wie lang wird es dauern? Was wird mit mir passieren, wenn ich keinen Erfolg haben und keine Entspannung finden sollte? Paradoxerweise konnte ich nur dadurch ein Nachlassen der inneren Spannung erreichen, wenn ich mir erst einmal selbst erlauben würde, mit einer gewissen Spannung zu leben. Ja, ich bin angespannt, und das ist in Ordnung. Ich gebe mir selbst die Erlaubnis, angespannt und gestresst zu sein. Was soll's? Wer beklagt sich denn? Was ist falsch daran, sich angespannt und gestresst zu fühlen? Eigentlich empfinde ich schon mein ganzes Leben lang immer eine gewisse Spannung, und wenn ich zurückblicke, kann ich nicht sagen, dass ich deswegen bisher ein schlechtes Leben gehabt hätte. Ich könnte genauso weitermachen wie bisher, solange ich lebe. Angespannte und gestresste Menschen aller Welt, vereinigt euch! Lasst uns für unsere Rechte kämpfen und unseren Weg zu leben verteidigen! Wir haben ein Existenzrecht in dieser Welt, und wir wollen diesen Platz mit Würde einnehmen. Lang mögen unsere Nerven leben!

Tony sagte über sich selbst in der für ihn charakteristischen Bescheidenheit (eine ganz authentische und realistische Einstellung und Verhaltensweise): „Früher habe ich mir als Therapeut angemaßt, die Botschaft meiner eigenen Intoleranz zu verbreiten und damit Menschen dazu geführt, sich selbst zurückzuweisen." Der Drang nach Veränderung, der Zwang, Dinge besser machen zu wollen, in der Gruppe diejenigen zu imitieren, die „es geschafft haben" und die im Geheimen als Rollenmodell für alle anderen galten; das Bedürfnis danach, selbst sagen zu können: „Ja, ich habe mich verändert!", und dann dafür zu sorgen, dass die Gruppe dies auch erfährt und anerkennt - all das kann auch zu einer Bürde des Gewissens werden und mehr Schaden als Nutzen bringen. Gegen Ende der neunmonatigen Sadhana Zeit hatten wir damals alle gegenseitige Bewertungen geschrieben und diese ausgetauscht. Das größte Lob, das jemand in diesen Bewertungen einheimsen konnte war die Rückmeldung: „Du hast dich sehr verändert!" Dieser Druck, sich verändern zu wollen, während die Zeit dafür noch gar nicht gekommen war, verursachte Probleme und führte häufig zu Frustration und Selbstablehnung.

Eines war mir gleich im ersten Sadhana bewusst geworden, und ich hatte dies auch am Ende der Einkehrzeit der Gruppe offenbart. Als wir die neun Monate begannen, brachte jeder von uns seine persönlichen Probleme ein, in der Hoffnung, sie in dieser Zeit zu lösen.

Ein harmloses Beispiel: Da sagte also einer der Teilnehmer, dass er jedes Mal erröte, wenn er einem anderen Menschen begegne. Das störte ihn sehr. Er wollte dieses Erröten loswerden. Tony nahm sich seiner mit allen Mitteln an: Es gab Counselling (beratendes Gespräch), Therapie, Übungen, Rollenspiele - die Zeit verging und das Erröten blieb. (Ich erinnere mich übrigens nicht an ein einziges „Problem", das damals tatsächlich „gelöst" wurde.) Als die neun Monate sich ihrem Ende näherten, sprach derselbe Mann sein Problem nochmals an und wollte einen letzten Versuch starten, um dieses Erröten endgültig abzulegen. Da änderte Tony radikal seine Vorgehensweise. Er konfrontierte diesen Mann und sagte ihm gerade heraus: „Bist du bereit, mit deinem Problem zu leben? Wenn du es nicht ändern kannst, dann akzeptiere es. Die Tatsache, dass du dein Problem akzeptierst, wird dir den Weg für eine Problemlösung ebnen, wenn es denn überhaupt eine gibt." Der Unterschied in Tonys Ansatz zum bisherigen Vorgehen war, dass er jetzt an der Stelle begann und den Faden aufnahm, wo er ihn früher fallen gelassen hatte. Akzeptiere die Fakten, versöhne dich mit der Situation, mache Frieden mit dir - und Veränderung und Umkehr werden sich zur rechten Zeit von selbst einstellen.

Die folgende Geschichte kommt nicht von Tony. Ich las sie während jener Tage in Lonavla. Sie wirft ein bezeichnendes Licht auf die psychologische Erkenntnis, dass wir durch unseren Widerstand gegen unwillkommene Züge in unserem Charakter geradezu eine Verstärkung dieser Merkmale provozieren. Ein Psychiater berichtete dort über den Fall eines Klienten mit einem Stotterproblem. Dieser Mann konnte nicht sprechen ohne hochgradig zu stottern. Solange er zurückdenken konnte, hatte er dieses Problem schon. Der Psychiater fragte ihn: „Können sie sich an wenigstens eine Situation in ihrem Leben erinnern, in der es ihnen möglich war, ohne stottern zu sprechen?"

Ja, da gab es eine. Der Stotterer erzählte, dass er als junger Mann einmal einen Bus in solcher Eile bestiegen hatte, dass er keine Fahrkarte mehr lösen konnte. Die ganze Fahrt über hatte ihn der Gedanke besorgt, was wohl passieren würde, wenn eine Fahrkartenkontrolle käme. Damals hatte er bei sich gedacht: „Wenn ein Schaffner kommt, werde ich erst einmal meine Situation ausführlich schildern – und dabei werde ich so schrecklich stottern, dass er schließlich Mitleid mit mir haben und von mir ablassen wird." Tatsächlich hatte er sich vorgenommen, sein Stottern so zu übertreiben, dass der Mitleidseffekt um so effektiver ausfallen müsste. Und wirklich tauchte ein Kontrolleur auf, der Stotterer übte noch einmal schnell die beabsichtigte Rolle, öffnete seinen Mund - und sprach ohne die geringste Behinderung schnell und deutlich. Der Kontrolleur lachte sich eins über diesen „vorgeblichen Stotterer" und verhängte eine saftige Strafe. Der Mann war vollkommen fassungslos. Einmal im Leben hätte ihm sein Stottern wirklich helfen können - und da hatte es ihn im Stich gelassen!

Und genau das war der Punkt. Solange sich dieser Mann seinem Stottern widersetzt hatte, hielt das Symptom an.
Warum passiert das ausgerechnet mir?
Wie soll ich denn damit bloß leben?
Wie soll ich denn bloß mit anderen Menschen verkehren?
Wie soll ich je eine Stellung kriegen, wenn ich nur so behindert sprechen kann?
Wie lange mag dieses Problem wohl andauern?
Alles in ihm protestierte gegen diese unfaire und schmerzvolle Situation. Und das vergrößerte nur das Problem. Sein Stottern nahm zu – genau wie der Hass auf seine Behinderung. Ein nur schwer zu durchbrechender Teufelskreis! Aber dieses eine Mal, als er sich glücklich wähnte über das Schicksal, ein Stotterer zu sein, als er sich geradezu darüber gefreut hatte, dass sein Stottern ihm als fahrscheinlosem Passagier aus einer Schwierigkeit heraushelfen könnte, als er sogar versucht hatte, sein Stottern zu intensivieren und es offensichtlich zu machen, da verschwand das Stottern. In diesem einzigen Moment seines Lebens, in dem er seine Behinderung akzeptiert hatte, war sie verschwunden. Das ist eine wunderbare Illustration, wie die Natur des Menschen funktioniert. Sie wird mit aller Macht jedem direkten Versuch, etwas zu verändern, widerstehen. Und sie wird wie von selbst eine Veränderung ermöglichen, wenn man sie einfach zulässt. Oder sogar in die Gegenrichtung übertreibt. Mit Eseln ist es übrigens genauso.

Wenn jedoch Zwang angewandt wird, um Veränderungen nicht nur bei sich selbst, sondern auch bei anderen Menschen herbeizuführen, wird die ganze Sache nur komplizierter. Tony warnte uns eindringlich davor. Natürlich wollen wir nur, dass sich der andere Mensch zu seinem eigenen Nutzen verändert! Er würde so viel glücklicher sein, wenn er diese von uns angestrebte Veränderung zulassen würde! So, wie er jetzt ist, ist er ein Ärgernis für sich selbst und seine Mitmenschen, er beeinträchtigt seine eigene Arbeit und seine guten Qualitäten kommen nicht zum Vorschein. Und alles nur wegen dieser dummen Unvollkommenheit, die jedermann an ihm kennt, und die nur er selbst nicht in dem nötigen Maße wahrzunehmen scheint. Ist es denn nicht meine Pflicht, ihn darauf immer wieder hinzuweisen? Muss ich ihn denn nicht drängen, muss ich ihn nicht ständig mit den Fakten konfrontieren, die ihn dazu bringen könnten, sich endlich zu verändern und seine Unvollkommenheit zu korrigieren? Oder muss ich, wenn ich dies alles aus irgendwelchen Gründen nicht für ihn tun kann, nicht wenigstens Gott bitten, er möge diesen armen Menschen zum Wohle aller verändern?

Bitte, beten Sie niemals in einer solchen Form. Solch ein Gebet ist nichts anderes als eine getarnte Ablehnung Ihres Mitmenschen. Beten Sie für ihn, ja, und danken Sie Gott, dass es ihn gibt – aber bitten Sie nicht darum, dass er sich in der Art und Weise verändern möge, die Sie sich für ihn ausgedacht haben. Es ist nicht Ihre Aufgabe, die Unvollkommenheit und den Veränderungsbedarf anderer Menschen zu beurteilen oder diese sogar zu verurteilen und Wandel wie auf Rezept zu verschreiben. Lassen Sie Ihren Mitmenschen sein, wie er ist. Akzeptieren und lieben sie ihn auch in ihrem Denken so, wie er ist. Der Wunsch, andere Menschen ändern zu wollen, auch der starke Wunsch, sich selbst zu verändern, kommt letztlich aus einer inneren Intoleranz. Und das ist der Grund, warum wir diese Einstellung als Anmaßung bezeichnen und als eines der Wurzelübel verurteilen. Veränderungen sind dann willkommen, wenn sie nicht einer Grundhaltung der Intoleranz entspringen; aber allzu oft schwingt dieses Element der Intoleranz mit, und das ist eine Einstellung, vor der man nicht genug warnen kann.

Tony sagte: „Könnt ihr euch vorstellen, wie glücklich und zufrieden die Menschen bei der Arbeit, in den Familien und in unseren Gemeinden sein könnten, wenn jeder versuchen würde, seine ständigen Ansprüche aufzugeben und vor allem den Wunsch nach Veränderung anderer? Es könnten geradezu himmlische Zustände ausbrechen. Das Gegenteil ist der Fall: Ständig beklagen wir uns über das Verhalten der anderen Menschen, weil wir an allem etwas auszusetzen haben. Diese Intoleranz zerstört die Harmonie unseres Zusammenlebens in Gruppen."
Unter den Teilnehmern in Lonavla war auch ein Jesuiten-Provinzial, der dazu sagte: „Wenn Glaubensbrüder mit mir sprechen, fällt mir immer wieder auf, wie viel Zeit sie investieren, um mir zu sagen, wie ich andere Menschen behandeln solle. Wie ich korrigieren und kontrollieren, alles Mögliche verbieten und andererseits auch ständig Verhaltensmaßregeln und Anweisungen geben müsse. Jedermann scheint immer genau zu wissen, was alle anderen tun sollten; und jeder möchte gerne, dass diese selbst erlassenen Gesetze von allen anderen befolgt würden - aber eben von den anderen; und nicht etwa in aller Konsequenz auch von ihm selbst." Unser eigener Wunsch nach Selbstverbes-

serung ist die Ursache dafür, dass wir uns so einen scharfen Sinn für Kritik zugelegt haben. Dieser steht uns nun im Wege, wenn wir uns selbst und andere verändern und verbessern wollen. Es ist an der Zeit, dass wir eine größere Perspektive gewinnen und anstelle von ständiger Kritik nun Akzeptanz zur Basis unseres Verhaltens gegenüber anderen und uns selbst machen.

Hinter dieser praktischen Einstellung liegt eine tiefe, religiöse Wahrheit. Wir glauben doch daran, dass Gott uns und alle anderen Menschen geschaffen hat wie auch die ganze Welt. Darum bedeutet das Akzeptieren der Wirklichkeit, so, wie ich sie in mir und um mich herum vorfinde, gleichzeitig die Akzeptanz des Willens Gottes und wird dadurch zu einem Akt der Verehrung seiner göttlichen Majestät. Trotz allem Schmerz und allem Leid, das die Menschheit erfährt, trotz aller Sünden des Menschen und trotz des großen Unheils, das die Natur manchmal mit sich bringt, ist es doch der eigentliche Akt des Glaubens, dass dieses Universum, mit mir als Mensch mittendrin, das Werk Gottes ist! Deshalb ist für mich der beste - und auch einzige - Weg, um einen Zugang dazu zu finden und an meiner Erlösung mitzuarbeiten, erst einmal der, alles als Gottes Geschenk zu akzeptieren. Es geht darum, Ihn in allen Menschen und Dingen zu entdecken und Ihm die Erlaubnis zu geben, Seine Macht, Seine Kraft und Seine Barmherzigkeit durch mich zu offenbaren, begleitet von meiner Dankbarkeit und meinem Willen zur Kooperation. Gottes eigene Meinung über die Welt, so wie er sie geschaffen hat, war laut der Bibel, dass sie wahrlich „sehr gut ist". Und die spätere Präsenz Seines auserwählten Volkes, Seines Sohnes und Seiner Kirche in dieser Welt machen sie zu einem sogar noch liebenswerteren Ort.

„*Mirabiliter creasti et mirabilius reformasti*": Eine wundervolle Schöpfung und eine sogar noch wundervollere Erlösung hast Du geschaffen. Es scheint so als würden wir oft die Wunder vergessen und uns nur noch mit dem Elend beschäftigen. Lassen Sie uns doch lieber die vollständigere, umfassendere Sicht der Welt durch unseren Glauben wiederherstellen, die das Kreuz ebenso einschließt wie die Auferstehung. Wir sind doch alle Anhänger des auferstandenen Christus und müssen lernen, uns zusammen mit unserem Oberhaupt darüber zu freuen. Das Leben mit den Augen Gottes zu betrachten bedeutet auch, es so zu akzeptieren; das ist der richtige Schritt in Richtung geistiger Gesundheit und Würde. Wir befinden uns hier auf ganz solidem Grund.

Ein Akzeptieren der Wirklichkeit bedeutet jedoch keineswegs, dabei Konformismus, Passivität und Apathie zu akzeptieren. Für jeden, der Tony kennen gelernt hat, ist die Assoziation seines Denkens mit diesen Begriffen völlig ausgeschlossen. Wir nehmen die Wirklichkeit so an, wie auch ein Vogel seine Flügel annimmt um zu fliegen. Es ist ganz wichtig zu merken, dass ständiges Klagen über den Typ der Flügel, die einem nun mal zugewiesen wurden, und ständiges Vergleichen mit den Flügeln anderer Vögel letztendlich dazu führen können, dass man am Ende auf dem Boden bleibt – und sich niemals fliegend in die Lüfte erhebt. Akzeptanz bedeutet nicht Bewegungslosigkeit. Es ist vielmehr das glückliche Anerkennen und das genießerische Umarmen von allem, was da ist, in der Absicht, das Beste aus allem zu machen. Es ist diese Einstellung, die schließlich die nötige Initiative und Handlungsbereitschaft stimuliert, mit der man Entscheidungen herbeiführt und Umstände verändert. Wenn ich einen Samen tatsächlich mit seinem Potential als Samenkorn wahrnehme, dann werde ich bereit sein, diesem Samen Wasser zu geben. Wenn ich eine Krankheit als solche erkenne, dann gehe ich zum Arzt und bitte ihn um ein Heilmittel. Wenn ich eine Ungerechtigkeit als solche erkenne, dann wächst in mir die Bereitschaft, gegen die Unterdrückung zu kämpfen und Gerechtigkeit herbeizuführen. Das Anerkennen der Wirklichkeit, die Akzeptanz und das Gewahrsein des „Hier und Jetzt" sind keine Einladung zu einfachem Geschehen-lassen, sondern im besten Sinne eine Einladung zu persönlichem Wachstum und sozialem Wandel. Psychologie widersetzt und bekämpft nicht die Soziologie, sondern verstärkt sie und schafft ihr Raum.

Das Buch „*Ich bin o.k. – Du bist o.k.*" von Thomas Harris hatte einen beträchtlichen Einfluss auf die frühen Stadien der Sadhana, und seine Terminologie ist in die Sadhana-Sprache eingegangen. Unser aller Ziel war es „o.k. zu sein", und die größte Schande war „nicht o.k. zu sein". Tapfer kämpften wir darum, einen Status der „okayness" zu erreichen und fühlten uns ganz schön schlecht, wenn wir es trotz all unserer Anstrengungen nicht schafften, diesen flüchtigen Status zu erreichen. Aus psychologischer Sicht bedeutete dies so viel wie sich gut zu fühlen, ausgeglichen zu sein, gute Laune zu haben, Herr (oder Frau) der Lage zu sein und schließlich sich selbst zu beherrschen und mit allen anderen Menschen befriedigende Beziehungen zu unterhalten. Ein Teil des „Ich bin o.k." war das Anerkennen, dass auch „Du o.k. bist". Das beinhaltete, niemanden zu verachten und sich mit niemandem zu vergleichen. An die Stelle trat das Vermögen, in allem das Gute zu sehen, angefangen bei mir selbst.
Das Eingeständnis „Ich bin nicht o.k." war dagegen wie die schändliche Vorführung eines Sünders vor die Versammlung der Gerechten. Es rief geradezu nach Mitleid und öffentlichem Bußbekenntnis. Bedeutete es doch, kraft- und mutlos zu erscheinen, ein Verlierer zu sein, unausgeglichen, ver-

wirrt und von Minderwertigkeitskomplexen geplagt. Nachträglich betrachtet war dieses „o.k.-sein-müssen" eine Tyrannei und eine unglückliche Belastungen der ersten Sadhana Zeit.

Darum war es so erfrischend, Toni jetzt sagen zu hören: „Die Theorie des ‚Ich bin o.k. – du bist o.k.' ist in Wahrheit eine tödliche Lehre. Sie macht es dir geradezu zur Pflicht, dich immer o.k. zu fühlen, immer in Form zu sein, immer das Leben in vollen Zügen zu genießen - und wenn du das nicht schaffst, dann bist du auf einem schlechten Weg und verdienst die Verurteilung durch die anderen. Dann muss etwas mit dir nicht stimmen.
Ich bin, was auch immer ich bin; ich bin berechtigt, mich so zu fühlen, wie es mir gerade geht, und das ist in Ordnung. Ich brauche also nicht o.k. zu sein, um o.k. zu sein – wenn ihr mir dabei folgen könnt. Es kann ja gut sein, dass ich mich zwar gerade nicht o.k. fühle, und das dies in diesem Moment aber völlig o.k. ist! Ihr müsst euch vollständig aus dieser o.k.-Falle befreien. Tatsache ist, dass ich mir vorgenommen habe, eines Tages ein Buch mit dem Titel zu schreiben: ‚*Ich bin ein Esel, du bist ein Esel*' als ein Gegenmittel gegen diese o.k.-Doktrin. Jemand hat mir sogar schon einmal einen Untertitel für dieses Buch vorgeschlagen: ‚Ein Buch, das dir wirklich einen Tritt versetzt!' Freut euch drauf!"
In dieser Art von Humor steckt viel Weisheit. Wenn ich erst einmal fröhlich akzeptieren kann, dass ich ein Esel bin, dann bin ich von den Dummheiten, die ich trotz langen Trainings und schweißtreibendster Anstrengung immer noch mache, nicht mehr so überrascht oder gequält. Schließlich bin ich ja auch irgendwo ein Esel, und wenn ich als solcher dumme Dinge mache, dann war eigentlich nichts anderes von mir zu erwarten. Gleichermaßen ist jeder Mensch um mich herum genauso ein Esel, und natürlich werden sich alle Menschen wie die Esel verhalten, die sie nun mal sind und immer sein werden. Sie sind als Esel absolut berechtigt, sich wie solche aufzuführen. Das ist die perfekte Grundeinstellung, um mit sich selbst und mit anderen in tiefem Seelenfrieden zu leben. Die umfassende Akzeptanz meiner selbst und aller anderen Menschen, so wie sie sind, nimmt viel von der negativen Spannung aus dem Leben und sät Zufriedenheit und Fröhlichkeit. Zu schade, dass Toni dieses Buch nicht mehr wird schreiben können.

4. LIEBEN - ODER NICHT LIEBEN

Ein weiterer Schwerpunkt der Sadhana Spiritualität sind Beziehungen. Die affektive Seite unserer Persönlichkeit hat in den frühen Jahren unserer religiösen Bildung nicht sonderlich viel Aufmerksamkeit erfahren. Vielmehr wurden diese Persönlichkeitsanteile unterdrückt durch Misstrauen und den Nimbus der Gefahren, von denen zweifellos einige real waren. Unsere Versuche, diesen zu begegnen, führten jedoch häufig zu einem anderen Extrem, nämlich zu Gefühlskälte und Indifferenz. Unter uns waren die wahren Werte die Intelligenz, die großen Ideen, die Vernunft, während die Welt der Gefühle für uns zweitrangig war. Damit vernachlässigten wir jedoch eine entscheidende Seite der Persönlichkeit, nämlich menschliche Wärme, Emotion, Intimität, die nicht nur Teil des Menschen sind, sondern auch Objekt der Gnade und des Erlösungswerks Gottes. Mit unseren affektiven Möglichkeiten erweisen wir Gott ebenso Ehre und beantworten seine Liebe, wie wir dies mit unserer Intelligenz können.

Tony wusste, dass man in sich und in uns als Teilnehmern diese verschütteten Persönlichkeitsanteile wecken muss, um zu einer ganzheitlichen Persönlichkeit des Menschen zu gelangen. Deshalb ließ er in seinen Seminaren auch Ordensleute beider Geschlechter zu, was zu Anfang der Sadhanas Kritik hervorrief. Dies war eine wirkliche Innovation, die sicherlich eine gewisse Gefahr mit sich brachte. Doch vor allem war es eine Einladung, die verschütteten, affektiven Persönlichkeitsanteile in uns unter der vorsichtigen Kontrolle einer verantwortungsbewussten Gruppe und einer wachsamen Leitung zu kultivieren.

Um in dieser geschützten Atmosphäre die affektive Seite mit mehr Leben zu füllen, forderte Tony uns auf, uns erst einmal selbst zu erlauben, Zuneigung wahrzunehmen und zuzulassen, Gefühle auszudrücken und Beziehungen einzugehen, die durch Begleitfaktoren wie Schüchternheit, Zweifel, Eifersucht, aber auch gegenseitige Fürsorge, dazu beitragen würden, uns zu umfassenderen menschlichen Wesen zu machen. Wir lernten, uns unseren Gefühlen zu stellen, sie auszudrücken, aber auch die Gefühle zu beherrschen, sie frei fließen zu lassen, aber ohne von ihnen hinweggeschwemmt und überwältigt zu werden. Wir lernten in diesem Prozess, wie wir leben und wachsen können, indem wir mit Selbstbeherrschung und freundlicher Zuneigung alles annehmen, was wir an Möglichkeiten in uns tragen. Das Gefühlsleben bezog sich aber nicht nur auf Menschen, sondern auch auf Dinge und Geschehnisse. Sie alle wurden einer Neubewertung unterzogen, bei der Fühlen und Denken miteinander verglichen wurden.

„Ich denke" wurde deshalb zu einer verpönten Phrase, während „Ich fühle" der akzeptierte Weg war, um ein Statement zu beginnen. Und doch, einige Male entpuppte sich dies nur als eine verbale Substitution, und die Aktivität des Denkens ging unter dem Deckmäntelchen der Gefühle trotzdem uneingeschränkt weiter.

Tonys Argumente für die Notwendigkeit von Gefühl, Zuneigung und Liebe bewegten sich auf folgender Linie: Was wir uns letztlich alle wünschen, ist doch Freiheit in unserem Verhalten und in unserem Herzen. Wir können uns nicht der Freiheit in die Arme werfen, solange wir nicht ein hohes Maß an Sicherheit in unserem Leben erreicht haben; und um uns sicher zu fühlen, müssen wir erst einmal unseren Selbstwert erkannt haben (Sadhana I). Sich wirklich o.k. zu fühlen bedeutet einzig und allein, als Person, als Mensch akzeptiert und geliebt zu werden. So lag der Akzent nun darauf, Liebe wahrzunehmen und sie anzunehmen. „Nimm es an, lass es zu, lass dich lieben!", war die Parole. Diese Praxis, zwischen Schüchternheiten und Lächerlichkeit, lockerte den Ernst dieses Intensivseminars auf.
„Die Essenz des Christentums", führte Tony weiter aus, „ist doch aus tiefstem Herzen sagen zu können: ‚Gott liebt mich.' Paulus verkündet: ‚Er [Jesus] liebt mich'; und Johannes definierte sich selbst als der ‚Jünger, den Jesus liebte'. Ein Christ ist ein Mensch, der wirklich von sich sagen kann: ‚Jesus liebt mich'." Und dann, indem Tony die Johannesworte vorsichtig abänderte, sagte er: „Wenn ich nicht die Liebe meines Bruders erfahre, den ich sehen kann, wie kann ich dann die Liebe Gottes erfahren, den ich nicht sehen kann?"

Es sind nicht Leistung und Erfolg im Leben, die das Gefühl endgültiger Sicherheit vermitteln. Im Gegenteil, sie können dieses Gefühl unterminieren und damit Ängste erzeugen. Je mehr Erfolg ich habe, desto mehr drängt sich mir doch auch das Gefühl auf, dass ich unbedingt auch weiterhin erfolgreich sein muss, um all die Erwartungen zu erfüllen, die die ersten Erfolge geweckt haben. In diesem Teufelskreis entsteht irgendwo Angst, die Angst verstärkt sich und wird irgendwann unerträglich. Erfolg in der Arbeit ohne eine affektive Balance, die dieser Gefahr begegnen kann, ist für den zwanghaften Arbeiter ein ganz gefährlicher Weg, der häufig zum Zusammenbruch führt. Beethoven zum Beispiel litt sehr darunter, dass die Menschen zwar seine Musik, aber nicht ihn als Menschen schätzten.
Erfolg sagt mir, dass meine Arbeit gut ist, aber die Übermittlung von Liebe in all ihren Formen sagt mir, dass *ich als Mensch* akzeptiert werde, und nur dieser Faktor löst im Menschen ein Gefühl wahrer Befriedigung aus. Ich möchte doch um meiner selbst Willen geliebt werden, und nicht für die Musik oder

die Bücher, die ich schreibe, oder für die Leistung, die ich durch meine Arbeit oder auf Grund der Größe der Organisation, zu der ich gehöre, erbringen kann. Letztlich möchte jeder Mensch diese Zuneigung spüren, Zärtlichkeit kennen lernen und liebenswert sein. Es ist die Erfahrung von Liebe, die mir ein Gefühl der Wertschätzung vermittelt, ein Motiv zu leben und die mir den Grund dafür liefert, mit Zuversicht als menschliches Wesen mitten in der Gesellschaft zu stehen.

Die Tiefe wahrer Liebe liegt in ihrer Bedingungslosigkeit. Das bedeutet, dass sie in keiner Weise durch meine Erfolge oder Misserfolge bei meiner Arbeit oder sonstigen Unternehmungen beeinträchtigt werden kann. Wenn ich mich auf solche Weise von anderen Menschen, von Freunden, geliebt fühle, dann erlebe ich Sicherheit, ein Behütetsein und die Befriedigung, um meiner selbst Willen geliebt zu werden. Mein Wohlgefühl hängt damit nicht von meinen Erfolgen und Errungenschaften ab, und das ist eine immense Erleichterung. Geradezu eine Entlastung, eine Wohltat. Daher der Rat: Liebe wirklich deinen Nächsten, und erlebe dessen Liebe im Gegenzug auch ganz bewusst – „Lass es zu, lass dich lieben" – das wird dir Freude, Balance und Frieden vermitteln.

Das ist wirklich eine wundervolle Lehre. Doch auch hier führte Tony neue und wichtige Veränderungen ein. Als erstes reduzierte er die Wichtigkeit, selbst geliebt zu werden, und verschob den Fokus mehr auf den Punkt, aktiv den Nächsten zu lieben. Wichtig ist nicht, dass ich mich selbst geliebt und akzeptiert fühle, sondern dass ich andere akzeptiere und Liebe für sie empfinde. Indem ich immer auf Liebesbeweise anderer Menschen mir gegenüber laure, mache ich mich von ihnen abhängig - und auf diese Art und Weise gefährde ich mein Sicherheitsgefühl. Wenn ich jedoch den Schwerpunkt darauf verlagere, meinen Nächsten zu lieben, dann ist das Handeln immer in meiner Hand und macht mich unabhängig und frei. Ein Geistlicher in unserer Lonavla-Gruppe, der von allen sehr respektiert wurde, brachte dazu sein persönliches Problem ein: „Ich werde von meiner Gemeinde nicht akzeptiert." Tony antwortete ihm kurz: „Warum musst du dich denn unbedingt akzeptiert fühlen? Wenn sie dich akzeptieren, ist es gut; wenn nicht, ist es doch auch gut. Freue dich darüber, wenn du Annahme findest, die sie dir freiwillig geben, aber laufe diesem „Beliebt-sein" nicht bittend hinterher. Akzeptanz oder Nichtakzeptanz, beide sind in sich in Ordnung. Paradoxerweise ist diese Grundhaltung vielleicht am Ende der beste Weg, um Akzeptanz zu erlangen, wenn überhaupt."

Dann kamen wir zu einer noch tieferen Schicht der Reflexion: Wir lieben niemals eine Person an sich, sondern immer das Bild, das wir uns von der jeweiligen Person in unserer eigenen Vorstellung gemacht haben. Dies ist eine Wahrheit, die verstört. Ich fühle zum Beispiel eine große Zuneigung zu einem Freund, so stark, dass ich mich zu meiner eigenen Überraschung frage: Wie kommt es eigentlich, dass nicht alle anderen diese Person auch so lieben wie ich? Es ist doch so ein wunderbarer Mensch!

Die Antwort ist, dass es sich unzweifelhaft um einen wundervollen Menschen handeln kann, dies aber nicht allen Menschen gleichermaßen auffällt, während es in mir ein überwältigendes und starkes Gefühl auslöst. Ich habe diesen betreffenden Menschen in meiner Vorstellung also idealisiert und liebe und verehre dieses außergewöhnliche „Image", das anderen gar nicht so außergewöhnlich erscheinen mag. Wenn ich den Menschen so wie alle anderen wahrnehmen und ihn so lieben würde, wie er in Wirklichkeit ist, dann müsste ihn doch jeder wertschätzen - was aber offensichtlich nicht der Fall ist. So liebe ich also in Wirklichkeit das Image und nicht die Person. Dann kommt die Krise. Wenn diese Person, die ich in meiner Vorstellung idealisiert habe, durch zunehmendes Alter oder die Beziehungsroutine oder vielleicht auch durch noch besseres Kennenlernen die Qualitäten verliert, die mich ursprünglich angezogen haben, dann fühle ich mich verwirrt und betroffen. Mag ich diesen Menschen denn wirklich noch? Oder doch nicht mehr? Natürlich empfinde ich es als meine Pflicht, ihn weiterhin zu lieben, da ein Freund ja immer loyal sein und Liebe ewig dauern muss. So beschwöre ich verherrlichend das alte Image in meiner Vorstellung herauf, während ich meine Augen vor der tatsächlichen, weniger angenehmen Realität verschließe. In vergeblichem Bemühen werde ich mir selbst - und dem betreffenden Menschen - weiterhin das Sprüchlein aufsagen, dass ich ihn natürlich noch mag, und immer mögen werde.

Tony blieb weiter bei diesem Thema und würzte seine Worte mit trockener Ironie, die fast an Zynismus grenzte, wenn sie nicht durch seinen nie versagenden Sinn für Humor gemildert worden wäre: „Ihr seht, Verheiratete finden dies viel besser und schneller heraus als wir, die wir unseren religiösen Spielregeln unterworfen sind. Ein Mann und eine Frau verlieben sich ineinander (also, sie verlieben sich in ihre respektiven Imagebilder), sie heiraten, und von dem Tag an leben sie zusammen.

Durch die Nähe zueinander finden sie schnell die Realität hinter dem Glitzerschein heraus und fangen an, sich zu wundern, in was sie da eigentlich hineingeraten sind. Allerdings sind sie durch das Band der Ehe aneinander gebunden, und Familie und Gesellschaft helfen ihnen zumindest in einigen

Kulturen, zusammen zu bleiben. Aber sie wissen nach einiger Zeit genau, dass ihre gegenseitige Liebe nicht mehr dieselbe ist, welche sie sich zu Anfang für immer und ewig zu halten versprochen hatten. Bei uns, den Priestern und Ordensleuten, ist das anders. Freundschaften zwischen Männern und Frauen sind sehr viel seltener und deshalb bleiben Illusionen oft länger bestehen. Aber mit der Zeit finden auch wir die Wahrheit heraus, und was anfangs eine Aufregung wert war, wird mit der Zeit oft zu einer Last. Die universelle Folklore über Liebe, Treue und Romantik, die auch wir mit Haut und Haaren in uns aufgenommen haben, hält uns davon ab, diese simple Wahrheit anzuerkennen und sie uns selber einzugestehen, aber sie ist nun mal die Wahrheit. Das bedeutet ja nicht, dass es überhaupt keine Freundschaften mehr geben könnte, aber es zeigt, dass das Konzept einer Freundschaft es wert ist, einer radikalen Reinigung unterzogen zu werden."

Tony brachte auch Fallbeispiele: Als junger Mann hatte er eine Zeit lang zu einer gewissen Person eine starke Anziehung gespürt. Viele Jahre später trafen sich die beiden wieder, und Tony fühlte sich veranlasst, sich zu fragen, wie er denn bloß jemals etwas für diese Person empfinden konnte, die so merkwürdig und unattraktiv, sogar mürrisch und verdrießlich war. Der Kontrast zwischen dem Idealbild, das er sich geformt und in Erinnerung behalten hatte, und der verblassten Realität, die er bei dem Wiedertreffen erlebte, brachte ihn wie jede neue Erfahrung zum Nachdenken. Er dachte nach über die wahre Natur menschlicher Liebe.
Ein anderes Mal begann er eine freundschaftliche Beziehung zu einem jesuitischen Mitbruder, fand aber plötzlich heraus, dass es sich bei diesem nicht etwa um einen Priester, sondern (nur) um einen Laienbruder handelte (der zwar auch ein vollwertiges Mitglied des Ordens ist, mit demselben Recht auf Respekt wie die anderen auch, aber ohne Theologie studiert und die Weihen zum Priester empfangen zu haben). Er spürte, dass sein Interesse an dieser Person spontan abnahm und ärgerte sich deswegen gehörig über sich selbst. Tony hatte höchsten Respekt und große Sympathie für die Laienbrüder im Orden und später waren etliche von ihnen auch persönliche Freunde; warum also sollte diesmal der Statusunterschied eine beginnende freundschaftliche Beziehung beeinflussen? Diese Geschichte erinnerte mich an die eines anderen Jesuiten, der mir erzählt hatte, dass auch er mit einem jesuitischen Mitbruder freundschaftlich verbunden war bis zu dem Tag, an dem er durch Zufall herausfand, dass dieser (indische) Mitbruder aus einer niedrigeren Kaste stammte. Wen also lieben wir, die Person oder das Image?

Ein Sprichwort bringt das Problem auf den harten Grund der Tatsachen: „Liebe ist nichts anderes als raffinierte Selbstbezogenheit." (Love is refined self-centeredness). Tony wiederholte dieses Sprichwort immer wieder. Ich liebe nicht dich als Person, sondern die guten Seiten, den Nutzen und den Ertrag, den ich aus dieser Freundschaft beziehe: nämlich Wärme, Wohlbefinden, Hilfe und Unterstützung. So etwas wie selbstlose Liebe gibt es nicht, ganz im Gegenteil; jede Liebe zwischen Menschen beinhaltet ein gewisses Selbstinteresse. Daraus folgerte Tony nicht etwa, Freundschaften oder sogar die Liebe selbst einschränken oder gering schätzen zu müssen. Ihm ging es darum, Dinge klar beim Namen zu nennen und sich nichts vorzumachen, sondern klarzustellen und zu analysieren, was man denkt und fühlt. „Du kannst tun, was immer du willst, vorausgesetzt, du weißt, was du tust, und nennst es bei seinem richtigen Namen." Was wiederum nicht bedeutet, dass wir jetzt hingehen und anderen Menschen sagen: „Ich mag das Image, das ich mir von dir gemacht habe.", oder: „Während ich dich liebe, liebe ich mich eigentlich hauptsächlich selbst."

Wir können ruhig fortfahren, normale Sprache in normaler Anwendungsform zu benutzen. Worauf es ankommt, ist die Klarheit in unserem eigenen Denken über unsere wirklichen Motive und Absichten. „Ich weiß, ich bin in meiner Liebe zu dir verliebt in das Image, das Bild, das ich mir von dir gemacht habe."
„Ich mache mir klar, dass meine Liebe zu dir auch mit Selbstbezogenheit zu tun hat, die ich in der Sympathie und Zuwendung wiederfinde, die ich für dich empfinde." Das wird sicherlich den Überschwang der Emotionen dämpfen, auf lange Sicht jedoch wird es die Beziehung gesünder und dadurch lang anhaltender werden lassen. Innere Transparenz ist unabdingbar und unersetzlich für jeden tiefer gehenden menschlichen Kontakt.

Und nun das Härteste, das ich je von Tony gehört habe, und das ich hier mit einem Gefühl von Respekt und Ehrfurcht wiedergebe, in Reverenz der Erinnerung an ihn und ohne vorzugeben, dass ich selbst diese Worte bis in die Tiefen verstehe, die sie für ihn gehabt haben müssen. Aber er sagte tatsächlich mitten im Seminar: „Ich bin mir plötzlich darüber klar geworden, dass ich in meinem Leben nie jemanden richtig geliebt habe." Er sagte dies in einer introspektiven und sehr nachdenklichen Art und Weise und verstummte daraufhin für einige Momente, bevor er sich wieder anderen Dingen zuwandte. Weder ich noch sonst jemand von den Anwesenden unterbrach die Stille, um ihn zu fragen, was genau er damit meinte. Und so wurden diese Worte schnell zugedeckt von dem Schleier des Mysteriums. Was auch immer ihn bewogen haben mag, dies zu sagen, und was auch immer diese Worte wirklich für ihn bedeuteten, sie spiegeln nicht wieder, dass Tony normalerweise freundlich, offen und den anderen Menschen sehr zugewandt war. Mit einigen wenigen Männern und Frauen verbanden ihn enge Freundschaften, und herzliche Beziehungen mit vielen anderen. Vielleicht wollte er mit dem oben angeführten Ausspruch etwas ausdrücken, das auf derselben Ebene wie seine Gedanken über die Illusion des „Ich" lag.

Das Nachdenken über dieses Thema nahm ihn in jenen Tagen sehr in Anspruch. Ich werde später noch einiges darüber schreiben. Gemeint ist, dass es keine wahre Liebe geben kann, solange auch nur eine Spur von Selbstbezogenheit, von Ichhaftigkeit vorhanden ist. Vielleicht hatte er auch Krishnamurtis Definition im Sinn, die er uns in jenen Tagen zu verschiedenen Anlässen zitierte: „Liebe ist Klarheit in der Wahrnehmung und sorgfältige Achtsamkeit in der Begegnung." Vielleicht war ihm auch klar geworden, welch positiven Wert das Alleinsein in seinem Leben darstellte, wovon er ebenfalls oft in Lonavla sprach. Ein Alleinsein aus Angst, aus Schüchternheit oder aus Schwäche war und wird immer negativ sein; Alleinsein – nicht Einsamkeit – aus einer inneren Einstellung der Fülle und der Stärke heraus kann dagegen sehr positiv und wertvoll sein. Er sprach sehr engagiert über das Alleinsein des Hirten, der sein Leben auf den Feldern verbringt, ohne Konversation zu benötigen oder Gesellschaft zu vermissen.

Nach meinem persönlichen Gefühl gab es hinter all seinem offenen Lachen und seinem oft lärmenden Verhalten, seiner Unbekümmertheit und Fröhlichkeit immer noch eine tiefere Ebene unberührter Privatsphäre, die sich nie offenbarte und für immer das Geheimnis seines intimen, affektiven Gefühlslebens bergen wird. Vielleicht. Seine Worte werden in jedem Fall sein Geheimnis bleiben.

Einer von Tonys Kollegen, Joe Aizpún, schreibt in einem sehr einfühlsamen Nachruf: „Ich werde Tony immer und zuerst als einen Freund erinnern. Ich habe nicht viele Menschen gekannt, denen Freundschaft so viel bedeutete. Er war in einer bewegenden Art und Weise stolz auf seine Freunde, und manchmal gab er auch genießerisch mit ihnen an. Er konnte auf sehr intensive Weise die Freude seiner Freunde teilen. Wenn wir jedoch in Momenten, in denen das Leben uns Schwierigkeiten bereitete, zu ihm kamen, dann bot er uns eine Wärme des Verstehens, eine Weisheit und eine Unterstützung an, die unverwechselbar und einzigartig zu Tonys Wesen gehörten. Und doch blieb Tony für viele von uns, seinen Freunden, ein Geheimnis. War er vielleicht tief in seinem Innern doch eine ziemlich schüchterne Person? Haben wir als seine Freunde ihn so sehr in die Rolle eines Helfers und Ratgebers gedrängt, dass er es schwierig fand, seine eigene Rolle zu finden und sich zu seinem eigenen verletzlichen Selbst zu bekennen? Diese Verletzlichkeit konnte er wohl bekennen, manchmal sprach er ganz offen darüber, aber nur ganz selten zeigte er sie wirklich. Und so blieb er in gewisser Hinsicht immer distanziert. Er konnte gesellig sein, jede Feier in Stimmung bringen, er konnte umwerfend witzig sein und er war auf unglaubliche Weise fast übermenschlich und selbstverleugnend verfügbar für diejenigen, die ihn brauchten. Aber trotz alledem konnte man fühlen, dass er sich oft in eine private Tiefe zurückzog, zu der nur sehr wenige, wenn überhaupt jemand, je Zugang hatten. War das so, weil er so schonungslos seiner eigenen Vision treu blieb? War das so, weil sein Leben auch eine intensive innere Suche war, die letztendlich jeder nur ganz alleine für sich durchführen kann?

Für viele von uns war Tony ein Weiser. Intensiv fühlte er das Bedürfnis, sich mitzuteilen, seine Vision weiterzugeben. Viele haben von dieser Vision Teile und Einsichten erhascht und dadurch Heilung erfahren, neue Bedeutungen, neue Hoffnung. Aber ich habe den Verdacht, dass nur sehr wenige Menschen wirklich sehen konnten, was Tony sah, und tief in seinem Inneren wusste er es. Und doch war er nie bitter oder frustriert, noch war er herablassend in einer Art von „Ich bin schlauer und weiser als du" Attitüde. Ich denke, dass er sich auf seiner Suche oft sehr einsam gefühlt hat. Und doch ging er immer weiter seinen Weg, weil er von einem ehrfürchtigen Hunger nach Wissen und eigener Erfahrung geradezu besessen war. Die Belohnung, die ihm zuteil wurde, war ein einzigartiges Gefühl für die Ekstase des Lebens und, sogar schon vor seinem Tod, für die Ekstase des Todes."

Als wir über Beziehungen sprachen und er das Prinzip erläutern wollte, dass wir andere auf dieselbe Art und Weise behandeln, wie wir selber mit uns umgehen, gab uns Tony einen weiteren Blick auf seine eigene Biographie frei, den ich hier nicht auslassen möchte.

Er erzählte uns: „Als ich noch Novize war, hörten wir einen Vortrag des damaligen Provinzials, Pater Casasayas: ‚Jetzt, in eurem Noviziat, seid ihr alle glühend - und fast heilig. Später aber, wenn die Jahre lang werden und die Studien euch Mühe machen, verlieren viele ihren glühenden Eifer und werden auch in ihrem spirituellen Leben nachlässig. Deshalb gebe ich euch jetzt einen Test, durch den ihr immer herausfinden und in den kommenden Jahren immer wieder prüfen könnt, ob noch etwas von dieser ursprünglichen Begeisterung und Glut erhalten ist. Wenn ihr also nach all euren langen Studien endlich soweit seid, in die Welt hinaus zu gehen, dann werdet ihr ein Gespräch mit eurem Provinzial haben, um mit ihm eure erste Seelsorgestelle zu besprechen. Wenn ihr dann sagt, dass ihr euch wünscht, in die Missionen geschickt zu werden (dies waren für uns die Missionsstationen in den indischen Dörfern, im Vergleich zu den Schulen und Bildungsstätten in den Städten), wird das der Beweis dafür sein, dass ihr euch eure anfängliche Begeisterung erhalten habt. Wenn nicht, dann wisst ihr, dass ihr euren Geist des Ursprungs verloren habt.' Obwohl ich dachte, dass ich alles vergessen hätte, was der Provinzial damals sagte, ist es schon merkwürdig, dass ich gerade diese Worte immer in der Erinnerung behalten habe. Und als am Ende meiner Studien die Zeit kam, dass ich mit ihm über meinen weiteren Einsatz sprechen musste, da war ich auch bereit, seine Erwartungen zu erfüllen und damit den Test zu bestehen. Mein Provinzial war damals Pater Mann und ich sagte ihm stolz und selbstbewusst: „Ich möchte in die Mission!" Und damit hatte ich es geschafft.

Pater Mann jedoch hatte andere Vorstellungen von meiner Zukunft und schickte mich in die Vereinigten Staaten, um Psychologie und besonders die Methode des Beratungsgespräches (Counseling) zu studieren. Als ich davon zurückkam, war der Provinzial inzwischen Pater Correia Afonso, der mir - bevor ich überhaupt etwas sagen konnte - mitteilte: „Ich sehe in den Unterlagen meines Vorgängers, dass Sie ursprünglich darum gebeten hatten, in die Mission geschickt zu werden. Jetzt brauche ich einen Mann von Ihrer Statur in einer der Missionsstationen, und da schicke ich Sie hin." Ich fand das überhaupt nicht gut. Es war doch meine Aufgabe, diese überaus wichtigen Worte, dass ich in die Mission geschickt werden möchte, selbst zu sagen. Es war doch nicht an ihm, mir das einfach zu befehlen. Ich fühlte mich um meinen Moment der Glorie betrogen. Und doch ging ich in die Mission ... und hasste diesen Job von Herzen. Aber dann kam die Zeit für meine Rache. Ich startete eine Kampagne, in der ich laut proklamierte, dass mehr indische Patres in die Missionsstationen geschickt werden sollen, die bis dahin hauptsächlich von spanischstämmigen Jesuiten besetzt waren. Da ich manipuliert worden war, in eine Missionsstation zu gehen, wollte ich jetzt, dass möglichst viele andere denselben Weg gehen müssten. Ich tat also anderen an, was ich unabsichtlich mir selbst angetan hatte. Und das ist genau, was wir immer tun!"

Noch eine Einsicht in seine Art zu lieben: In dem Jahr, in dem ich das De Nobili College in Poona besuchte, um an dem langen Sadhana teilzunehmen, zelebrierte Tony dort zusammen mit anderen die Eucharistie für die gesamte Studentenschaft. Es war der 15. August, das Fest Mariä Himmelfahrt und gleichzeitig Indiens Unabhängigkeitstag. Er hielt eine wunderbare Predigt, an die sich viele noch genauso gut erinnern wie ich: „Wenn man mich in den ersten Jahren meiner spirituellen Entdeckungsreise gefragt hätte: „Was hättest du denn gerne, das die Leute über dich sagen?" dann hätte ich geantwortet: ‚Lasst sie sagen: Er ist ein heiliger Mann.' Jahre später hätte ich das anders ausgedrückt, ich hätte geantwortet: ‚Lasst sie sagen: Er ist ein liebender Mann.' Und nun hätte ich es am liebsten, wenn die Menschen über mich sagen würden: ‚Er ist ein freier Mann.'" Später an diesem Tag sagte er mir, dass er seine Predigt sehr sorgfältig vorbereitet, ja sogar mit einem Freund durchgesprochen und eingeübt hatte, um sicherzustellen, dass er seine Ideen klar ausdrücken konnte und auch die Einzelheiten seines Denkens exakt zu verstehen wären. Die Entwicklung seiner Werte von Heiligkeit über Liebe bis hin zu Freiheit kann man auch begreifen als eine faire Zusammenfassung klar voneinander abgegrenzter Stadien in seinem Leben. Und immer noch befinden wir uns in der letzten, der Lonavla-Phase und ich frage mich, welches Etikett er wohl dieser Zeit aufdrücken würde. Ganz sicher war dies wieder ein neues und von allen anderen unterscheidbares Stadium.

Oft pflegte er zu sagen: „Liebe ist die Abwesenheit von Angst.", in bester Wiedergabe johanneischen Denkens. „Wahre Liebe vertreibt Angst.", und: „Liebe ist Achtsamkeit, ein Gewahrsein dessen, was ist; der Wirklichkeit." Tony erklärte diese letzte Aussage am Fallbeispiel einer Teilnehmerin der Sadhana Seminare, die sich zu einem Mann in der Gruppe hingezogen fühlte und diesen um seine Freundschaft bat. Der solchermaßen angesprochene Teilnehmer sagte ihr jedoch auf eine sehr höfliche und nette Art und Weise, dass er bereits zu einer anderen Frau aus der Gruppe eine etwas freundschaftlichere Beziehung aufgenommen habe und sich nicht in der Lage sähe, eine weitere Beziehung einzugehen. Die Frau fühlte sich daraufhin zurückgewiesen und vergoss etliche Tränen. Aber dann kam sie zurück in die Gruppe und teilte allen mit, dass sie durch dieses Erlebnis eine neue Erfahrung gewonnen habe: Sie hatte auf einmal wahrgenommen, dass alle Teilnehmer und Teilnehmerinnen in der Gruppe attraktiv und liebenswert für sie waren, ein Aspekt, der ihr vorher nicht klar war.
Übermäßige Konzentration auf eine Einzelperson hatte sie blind gemacht für die innere Schönheit aller anderen Menschen um sie herum.

Aber vielleicht ist es das Wichtigste, was Tony über Liebe zu sagen hatte – und wahrscheinlich der Schlüssel zu den offensichtlichen Widersprüchen, die ich hier wiedergegeben habe (Tony pflegte zu sagen, dass Wahrheit in der Koinzidenz von Gegensätzlichkeiten liegt): „Wahre Liebe ist nur möglich, wenn es dabei keine exklusive Abhängigkeit gibt." Das ist in sich selbst schon ein Paradoxon und bedarf zu seiner Erklärung den Kontext des nächsten Kapitels.

5. LOTUS UND WASSER

„Die Welt ist voller Leiden. Die Wurzel allen Leidens ist das Abhängigsein. Das Heilmittel dagegen ist, alle Abhängigkeiten (attachments) abzustreifen." Der das sagt, ist nicht Buddha, sondern Tony de Mello. Er kannte sich im Buddhismus gut aus und setzte die positiven Gedanken des Buddhismus in seinen Büchern und in seinen Vorträgen effektiv ein. Als mich nach der Zeit in Lonavla ein Freund fragte: „Was hat Tony euch denn diesmal geboten?", konnte ich ihm nur scherzend sagen: „Einen Schnellkurs in Buddhismus!" Das war natürlich übertrieben, aber in meiner kurzen Zusammenfassung lag durchaus ein Stück Wahrheit. Tony bediente sich sehr freizügig buddhistischer Lehrgeschichten, Gleichnisse und Zitate, wenn er einen bestimmten Gedanken erläutern oder einem Argument mehr Kraft verleihen wollte. Wann immer er dies tat, fühlte er sich in Übereinstimmung mit der Anweisung des zweiten vatikanischen Konzils: „Die wahren spirituellen Werte anderer Religionen sind anzuerkennen, zu akzeptieren und weiterzugeben."
Was viele Menschen jedoch beim ersten Hinhören nicht bemerkten, waren die subtilen Veränderungen, die er an den von ihm benutzten Quellen und Zitaten vornahm. Die Worte, die ich zu Anfang dieses Kapitels wiedergegeben habe, sind ein gutes Beispiel dafür. Buddha wird normalerweise zitiert: „Die Welt ist voller Leiden. Die Wurzel allen Leidens ist die Begierde. Das Heilmittel gegen das Leiden ist das Ausmerzen der Begierde." Tony veränderte also „ausmerzen" in „fallen lassen" und veränderte „Begierde" in „an etwas hängen im Sinne von Abhängigkeit".

Die erste Auswechslung wird von den Leserinnen und Lesern willkommen geheißen werden, die sich im vorangegangenen Kapitel 3 über das Verändern wiedergefunden haben und es deshalb noch gut erinnern. Tonys Punkt ist: Wir können keine spirituellen Fortschritte erzielen, indem wir mit Gewalt Dinge „ausmerzen" (etwas, das erstens nicht möglich und zweitens kontraproduktiv ist). Stattdessen müssen wir sie reifen lassen und dann zulassen, dass sie zu ihrer eigenen, rechten Zeit „fallen".

Die zweite Auswechslung ist sogar noch wichtiger. Wenn wir alles loslassen sollen, was wir mit den Begriffen Wunsch (desire), Verlangen, aber auch in gesteigerter Form mit Begierde, Durst (so wie es im Buddhismus als Leidensdurst bezeichnet wird, was sich bis zur Gier steigern kann) verbinden, besteht die Gefahr, dass wir neutral, passiv, unbeweglich und irgendwo auch unmenschlich werden. Ein Mensch ganz ohne Wünsche ist kein menschliches Wesen mehr; und Leiden zu vermeiden, indem man alle Wünsche unterdrückt, ist wie Kopfschmerzen durch Amputation des Kopfes zu bekämpfen. Effektiv, aber eigentlich zu radikal. Übrigens bin ich der Meinung, dass dies auch gar nicht Buddhas Absicht war, und dass das Wort, welches er ursprünglich in der indischen Sprache benutzte (Trishaná = Durst, Gier, ungebührliche und übertriebene Begierde) falsch übersetzt und infolgedessen auch falsch interpretiert wurde. Tony ersetzte es deshalb durch das Wort „an etwas hängen, Abhängigkeit" und gründete auf dieser Aussage dann seinen Ansatz zum Erreichen von Frieden und Glück.

Wenn wir das Wort „Verlangen" als eine Vorliebe für etwas verstehen, dann ist es absolut annehmbar und sogar im menschlichen Leben notwendig. Das Wissen um meine Wünsche und Vorlieben ist wichtig, damit ich sie innerhalb gesunder Grenzen nutzen und ausleben kann. Damit definiere ich auch meinen Charakter und gebe meinem Leben eine Richtung. Es ist dieses „Verlangen", verstanden als an etwas „anhaften" wie die Buddhisten sagen, als „abhängig sein", das zum größten Hindernis auf dem Wege zu innerem Frieden und Glück wird. Abhängigkeit bedeutet ja: „Ich kann ohne das nicht sein.", oder, im Falle menschlicher Beziehungen: „Ich kann ohne dich nicht sein." Letzteres vermittelt uns ein Bild von Abhängigkeit, von Festhalten, von „haben wollen" und „haben müssen", gleichzeitig aber auch von Verlustängsten und Besitzgier. Ein unfehlbarer Weg, um seinen inneren Seelenfrieden für immer zu verlieren. Tony wiederholte deshalb wieder und wieder: „Der eigentliche Grund für das Leiden (ausgenommen natürlich physischer Schmerz) ist Abhängigkeit. Lassen Sie ihre Abhängigkeiten fallen, und sie werden Frieden finden."

Glück ist nicht mit der Erfüllung von Verlangen und Begierden gleichzusetzen. Indem man einem Verlangen nachgibt, befreit man sich nicht von ihm, sondern schafft leicht neue, noch größere Begierde, die nach Wiederholung der Befriedigungshandlung verlangt. Dieser Zyklus wiederholt sich immer wieder, und der Bedarf nach immer größerer und intensiverer Befriedigung wird jedes Mal stärker, da alle irdischen Vergnügungen dem Gesetz des abnehmenden Ertrages unterworfen sind und irgendwann Frustration einsetzt. Daher gilt es, den Kreislauf zu durchbrechen, indem man Abhängigkeiten und Gier fallen lässt. Lernt also, alles in völliger Freiheit zu genießen: Es ist gut, wenn uns Dinge und Emotionen zur Verfügung stehen und uns geboten werden, und wir sie genießen können. Wenn nicht, dann soll es auch gut sein. Der Weg dahin, wirklich alles genießen zu können, bedeutet, sich an nichts zu binden.

Tony hatte dafür einen guten Ausdruck geprägt: „Glück ist Genügen (enoughness)." Das Geheimnis dabei ist, mit dem zufrieden zu sein und es „genügend" zu finden, das sich uns bietet. Wir weisen nichts zurück, aber wir rennen auch nichts und niemandem hinterher. Darin liegt die große Tugend der Genügsamkeit. Der heilige Paulus beschreibt diese Grundeinstellung in seinem Brief an die Philipper: „Ich kann leben wie ein Bettler, und ich kann leben wie ein König, mit beidem bin ich vertraut. Ich kenne Sattsein und Hungern, ich kenne Mangel und Überfluss. Allem bin ich gewachsen, weil Christus mich stark macht." (Phil. 4, 12-13). Diese Einstellung offenbart Vertrauen in die Vorsehung, Akzeptanz und Annahme von Gottes Willen und einen freundlichen Umgang mit der Schöpfung. Die Dinge so nehmen zu können, wie sie sind und wie sie sich uns bieten, bedeutet das Leben der Vögel im Himmel zu imitieren und das der Lilien auf dem Felde. Anzunehmen, was kommt, und das gehen zu lassen, was Abschied nehmen möchte. Gott gibt und Gott nimmt. Sein Name sei geheiligt für alle Zeit!
Wenn zum Beispiel ein Bogenschütze nur schießt, um einen Preis zu gewinnen, dann kann es passieren, dass sich seine Muskeln versteifen, sein Herz flattert und seine Hand nicht stetig ist. Wenn er jedoch absichtslos, mehr zu seinem Vergnügen schießt, wird sich der Bogen leicht anfühlen und die Chance ist groß, dass der Pfeil schnurgerade seinen Weg zum Ziel findet. Die Gier nach dem Preis ruiniert das Spiel. Die Lebensgier ruiniert oft das Leben selbst.

Tony liebte es, einen Vers aus der Bhagavad Gita zu zitieren: „Werfe dich in das dickste Getümmel der Schlacht ... und lass dabei dein Herz bei den Lotusfüßen des Herrn verweilen." Die in der Bhagavad Gita geschilderte Schlacht ist keine normale kriegerische Auseinandersetzung. Als der Krieger Arjuna das Schlachtfeld begutachtet, erkennt er plötzlich einige seiner eigenen Verwandten in den Reihen des Feindes. Seine eigenen Cousins und Onkel, seine Freunde stehen ihm feindlich gegenüber, Waffen in der Hand, bereit zum tödlichen Kampf. Wie kann er nur sein eigen Fleisch und Blut bekämpfen? Wie kann er seine eigenen Brüder töten? Wie kann er sich in ein solch sinnloses Massaker werfen? Er verliert den Mut, lässt seinen mächtigen Bogen sinken und verweigert den Kampf. In diesem Moment greift Shri Krishna ein, Gottheit und gleichzeitig sein Wagenlenker. Er tritt in dem ausdrucksstarken Bild auf, in dem ein Gott den Kampfwagen lenkt, auf dem der Mensch steht, um die Schlacht seines Lebens zu schlagen. Shri Krishna erinnert Arjuna an seine Pflichten als Krieger, an die unparteiische Wirklichkeit von Leben und Tod, an die Freigiebigkeit des Schicksals, handeln zu können, ohne auf die Ergebnisse des eigenen Handels achten zu müssen.

Und dann führt er ihn in das dickste Schlachtgetümmel. Arjuna folgt ihm nun mit leichtem Herzen und größter Losgelöstheit. Dorthin, in das Zentrum der Schlacht, wo gleichzeitig die Lotusfüße des Herrn stehen.

In Indien steht das Bild des Lotus für Schönheit, Symmetrie, für ungetrübte Weißheit und speziell für die besondere Fähigkeit, sowohl im wirklichen als auch im mythischen Sinne mitten im Wasser zu stehen, ohne selbst nass zu werden. Dieses Phänomen der Natur findet in allen indischen Sprachen linguistisch seinen wunderschönen Ausdruck in einem Doppelwort. In Sanskrit reimt sich das Wort „Jal" (Wasser) mit „Kamal" (Lotus), und der Ausdruck „Jal-Kamal" ist die Standardformel, die in allen religiösen Büchern und Predigten an diese essentielle Grundeinstellung der Losgelöstheit, des „nicht an etwas hängens", mitten in den Wassern des Lebens erinnert. Eine poetische Wiedergabe auch dessen, was wir in unserer Kultur meinen, wenn wir, die Bibel zitierend, sagen: „Seid in der Welt, aber nicht von der Welt." Insofern ist der Lotus das Symbol des inneren Losgelöstseins. Wenn diese Vorstellung adjektivisch verbunden wird mit den „heiligen Füßen des Herrn", dann wird damit in poetischer Weise die höchste Wahrheit ausgedrückt: Völliges Losgelöst-Sein, so wie es von der Seele in intimster Kommunion mit der Göttlichkeit erlebt wird. Ein friedvolles Herz, mitten im Schlachtfeld des Lebens. Kein Wunder, dass Tony von diesem Zitat der Bhagavad Gita so begeistert war.

Tony liebte auch ein japanisches Sprichwort, das er uns fast täglich zu rezitieren pflegte. Er sagte es stets sehr langsam auf und machte in der Mitte eine Pause. Es schien mir, als wolle er uns mit seinem wissenden Gesichtsausdruck bedeuten, dass wir alles verstanden hätten, wenn wir denn je diese Worte richtig verstehen würden. Das Sprichwort geht so: „Wenn du es recht verstehst, dann sind die Dinge so, wie sie sind; und wenn du es nicht verstehst, dann ... (Pause) ... sind die Dinge so, wie sie sind." Ärgere und gräme dich nicht über die Dinge des Lebens, lass dich nicht verdrießen. Die Dinge sind, wie sie sind und das Leben ist, wie es ist, was auch immer deine Ideen und Vorstellungen davon sein mögen. Wenn du rebellierst und protestierst, bist du automatisch der Verlierer. Wenn du (wie Luther in seiner Bibelübersetzung sagt) „wider den Stachel löckst", dann tust du nichts anderes, als mit deinem Kopf gegen die Wand zu rennen. Du verletzt dich selbst an den harten Felsen der Wirklichkeit. Wenn du jedoch die Wirklichkeit so verstehst und akzeptierst, wie sie ist, dann stimmst du dich auf die Frequenz des Lebens ein, wirst eins mit der Melodie, gibst dich der Strömung hin, reitest den Sturm ab, wie die Seeleute sagen, und bist mit der Welt in Frieden - und damit auch mit dir selbst.

Hier war das Schüsselwort „verstehen". Als wir Tony dazu befragten: „Wir sehen ja ein, dass es unsere Abhängigkeiten sind, die den Fortschritt behindern. Wie aber stellt man es an, diese los zu werden?", da antwortete er: „Indem ihr sie versteht, durch Verständnis. Ihr werdet nie eine Abhängigkeit durch Anstrengungen, durch Willenskraft, durch heroische Opfer und tapfere Entschlüsse loswerden. Das funktioniert einfach nicht. Die Art und Weise, eine Abhängigkeit loszuwerden und fallen zu lassen, ist, erst einmal die Abhängigkeit als solche zu erkennen. Sich klar zu machen, was sie ist, sie durch und durch zu verstehen. Bekämpft sie nicht, wie ihr einen persönlichen Feind bekämpft – sondern lasst sie fallen wie ein totes Gewicht. Wenn du erst einmal an den Punkt kommst, an dem du einsiehst, dass der Stein, den du für so wertvoll gehalten hast, für ein exklusives Juwel, in Wirklichkeit ein wertloser Kiesel ist, wirst du ihn spontan wegwerfen. Also, mach deine Augen auf und schau genau hin. Erkenne deine Abhängigkeit als solche. Es handelt sich bei deinen Abhängigkeiten nicht um unersetzliche Wunderdinge, auch nicht um wirkliche Vergnügen, wenn du mal ganz objektiv bist - und es hat auch nichts Zauberhaftes. Es handelt sich ganz klar und einfach um folgendes: eine Abhängigkeit, die dich an etwas bindet und dir dieses Objekt der Begierde als etwas Wunderbares erscheinen lässt! Aber es ist ein Haken, der dich hält, eine Kette. Mach die Augen auf und sieh hin! Nicht mehr, aber auch nicht weniger. Kein Grund für Scham, für Wut oder Ungeduld. Damit erreichst du nichts, und noch weniger, wenn du ungeduldig wirst und dich zur Eile antreibst. Im Gegenteil: Sei freundlich zu deinen Abhängigkeiten und du wirst sehen, wie ihre Wichtigkeit abnimmt; wenn du sie hingegen bekämpfst, dann werden sie in ihrer Wichtigkeit, ihrer Bedeutung weiter wachsen und immer stärker werden. Gehe auf leichte Art und Weise mit ihnen um. Verstehe sie. Und dann schau zu, wie sie fallen ... von selbst ... und zur rechten Zeit."

Tonys Lieblingsgeschichte: Ein Mönch fand auf seinen Wanderungen einen wirklich wertvollen Stein und steckte ihn ein. Eines Tages traf er auf seiner Wanderung einen anderen Reisenden. Als sie bei einer Rast ihre Rucksäcke öffneten, um ihre Nahrungsvorräte miteinander zu teilen, da erblickte der Reisende das Juwel und fragte den Mönch ganz spontan, ob er ihm diesen Edelstein nicht geben wollte. Und der Mönch gab ihm den Stein. Der Reisende verabschiedete sich überglücklich ob dieses unerwarteten Geschenkes. Dieser Stein war so wertvoll, dass der Verkauf ihm Reichtum und Sicherheit für den Rest seines Lebens bringen würde. Nach einigen Tagen jedoch lief der Reisende dem Mönch hinterher, fand ihn schließlich, und gab ihm den Stein zurück. Dann bat er ihn eindringlich: „Dieser Stein ist sehr wertvoll, das weiß ich. Nun aber bitte ich dich darum, mir etwas zu geben, das sehr viel wertvoller ist als dieses Juwel. Gib mir das, was dir ermöglicht hat, mir den Stein zu geben."

Hier handelt es sich natürlich um etwas, das nicht so leicht gegeben oder erhalten werden kann. Es ist nicht einmal ganz genau zu definieren oder so ganz einfach zu verstehen. Denn hier geht es um etwas, das gelernt, akzeptiert und in der Tiefe verstanden werden will. Nur wenn man mit den Augen des Glaubens schaut, sieht man durch den scheinbaren Wert der Dinge hindurch und entdeckt ihre intrinsische Wertlosigkeit.

Wir haben ein gutes Beispiel in der Paulusgeschichte, als Paulus die Dinge, die er in der ersten Phase seines Lebens so hoch schätzte, plötzlich als wertlos abtut. Wenn dies im Leben geschieht, dann folgt das „Loslassenkönnen" ganz von selbst. Tony folgte hier einer klassischen Vorgehensweise. In der besten Tradition der Prediger aller Zeiten konnte er den Menschen – verbunden mit der Tatsache des Sterbens und des Todes – vor Augen führen und damit erklären, welches Licht dieses unvermeidliche Schicksal auf die vergängliche Natur aller irdischen Dinge wirft. Wiederholt erklärte er: „Betrachtet die Dinge vom Standpunkt eures Skeletts aus", und dramatisierte sogar noch weiter: „Ich sehe mich in meinem verschlossenen Sarg liegen, nur noch Knochen, Monate nach meinem Tod. Irgendjemand klopft an meinen Sarg. Klopf, klopf –

‚Tony, bist du da?' –

‚Ja, natürlich!'

‚Kriegst du mit, was man jetzt hier oben auf der Erde über dich sagt? Sie reißen dich in Fetzen und behaupten alle möglichen falschen Dinge über dich!'

‚Was geht es mich an? Bitte, lass mich in Ruhe. Es ist sehr friedlich und angenehm hier. Bitte stör' mich nicht.'

Wenn ich erst einmal die Dinge von der Warte meines ‚Skelettzustandes' aus betrachte, dann berühren mich weder Lob noch Beleidigungen, noch irgendetwas anderes. Alles An-etwas-hängen, alle Abhängigkeiten haben sich von meinen glücklichen Knochen gelöst. Seid also freundlich im Umgang mit eurem Skelett - und ihr werdet Weisheit erwerben."

Noch ein weiteres Gleichnis von Tony: Der Chirurg. Tony pflegte ihn als das perfekte Beispiel zu bezeichnen. Der Chirurg legt in die Operation, die er durchführt, all sein Wissen, all seine Fertigkeiten, seine Kraft und sein Interesse – aber gleichzeitig operiert er ohne jegliche Emotion, ohne Vorurteil oder Abhängigkeit, die sonst seine Arbeit gefährden könnten. Tu, was du tun musst und bleibe dabei im Zustand innerer Ruhe. Diese Einstellung rettet Leben.

Keine Abhängigkeit – und keine Abwehr, keine Gegenwehr. Zulassen, dass Dinge kommen und auch wieder gehen. Das Wasser fließen und den Wind wehen lassen. Lass es zu, dass der Klang der Melodie sich ungehindert ausbreiten kann.

Tony liebte Musik und sprach immer sehr gefühlvoll davon. „Eine klassische Symphonie – die perfekte Erfahrung. Eine Symphonie hat keine Absicht und keine Bedeutung. Man kann sie nicht festhalten und man kann sie nicht beschleunigen. Man muss nicht bis zum Ende warten, um sie genießen zu können. Man nimmt jede Note, jeden Akkord dankbar auf, in dem Moment, in dem er kommt. Und so lässt man den einen vorbeiziehen, um den nächsten in einem ununterbrochenen Strom willkommen zu heißen. Jeder Versuch, den Ablauf der Dinge zu stoppen, jedes Anhaften an einer einzelnen Note, ruiniert die ganze Symphonie.

Kennt ihr die Geschichte von Mulla Nasruddín? Der spielte einmal auf einem öffentlichen Platz Geige und die Menschen versammelten sich um ihn, um ihm zuzuhören. Da passierte etwas Merkwürdiges: Er begann auf einmal nur noch eine einzige Note zu spielen, immer nur dieselbe, die ganze Zeit. Die Zuhörer versuchten ihn zu stoppen und fragten ihn: ‚Warum spielst du nur immer die eine Note? Du hast doch vier Saiten auf der Geige und mehrere Finger zum Greifen. Hör doch mal auf die anderen Straßenmusikanten, die alle eine Vielzahl an Melodien beherrschen. Das ist sehr viel unterhaltsamer.‘ Der Mulla antwortete: ‚Diese armen Idioten! Sie alle sind immer noch auf der Suche nach der perfekten Note – ich aber habe sie gefunden!‘

Würden wir solch ein Konzert wirklich genießen können? Da ist es doch kein Wunder, dass die Menschen das Leben nicht genießen."

Wie ich schon angekündigt habe, kann dieses Konzept des Loslassens auch helfen, Tonys Vorstellung von der Liebe zu begreifen. In seiner Vorstellungswelt war es paradoxerweise nicht möglich, einen anderen Menschen zu lieben, solange man zu ihm eine übermäßige Anhänglichkeit spürte, eine Abhängigkeit von ihm. Er definierte Liebe sogar als das Loslassen aller Anhänglichkeit. Nur wenn ich aufhöre, dich festzuhalten, zu krallen, dich zu brauchen, dich zu besitzen ... dann kann ich beginnen, dich wahrhaft zu lieben. Das übrige sind gegenseitige Abhängigkeiten, gegenseitige Forderungen, eigentlich Zeichen innerer Armut, die im Gegensatz zur Liebe stehen. Liebe verlangt nach Freiheit und Freiheit verliert man durch Abhängigkeit und Anklammern. Durch seine charakteristische Natürlichkeit ermöglichte Tony den Zuhörern, sich nie peinlich berührt zu fühlen, auch wenn er Dinge aus seinem eigenen Leben preisgab. So erläuterte er diese Einstellung mit der Schilderung der eigenen Erfahrungen im Umgang mit seiner besten Freundin. Er erwähnte sogar ihren Namen (sie war in der Gruppe anwesend) und erzählte, indem er sie direkt anschaute: „Früher war es so: Immer, wenn wir uns trafen, fühlte ich mich wie unter einem Zwang, das Beste aus diesem Zusammensein zu machen. Bevor wir uns trennten, hatte ich das Gefühl, dass wir unbedingt genau verabreden müssten, wann und wo wir uns wieder treffen. Jetzt ist es anders. Ich genieße ihre Gegenwart, wann immer sie bei mir ist – aber wenn wir Abschied nehmen, sagt keiner von uns ein Wort über das nächste Zusammentreffen. Wir genießen einander, wenn wir zusammen sind, wir halten es aber auch gut aus, wenn dies nicht möglich ist. Wir treffen uns, wann immer es die Umstände erlauben, aber ohne Zwang und ohne Verpflichtung. Je geringer die gegenseitige Anhänglichkeit und Abhängigkeit, um so größer ist die Liebe."

Den Tod seines Vaters erlebte er als eine ähnliche Erfahrung. Er hatte sich sehr um seinen Vater gekümmert, als dieser alt war, und hatte ihm in jeglicher Form geholfen, seine letzten Jahre so gut wie irgend möglich zu verbringen. Als er starb, trug er es mit einem Gefühl heiterer Gelassenheit. Beim Begräbnis seines Vaters zeigte er sich sehr nüchtern, unemotionell und sachlich. Einige hielten es fast für gefühlskalt. Er zeigte öffentlich keine große Trauer, ließ dies auch nicht zu und vermittelte damit, dass er dieses Kapitel des Lebens sanft aber endgültig abgeschlossen hatte. In seiner Erinnerung blieben keine Narben.

„Ist es denn überhaupt möglich, alle Abhängigkeiten fallen zu lassen?", fragte ihn jemand. Er antwortete: „Ich weiß es nicht, aber je mehr wir fallen lassen können, desto besser ist es."

6. KONDITIONIERUNGEN

„Wir alle tragen in unseren Köpfen ein Modell der Wirklichkeit herum, das durch Tradition, Erziehung und Training, Konvention und Umgangsformen sowie durch Vorurteile gestaltet wurde. Wenn die Ereignisse in unserem Leben und das Verhalten von Personen, mit denen wir zu tun haben, diesem Modell entsprechen, fühlen wir uns wohl; wenn nicht, dann fühlen wir uns leicht ,auf dem falschen Gleis' und entsprechend unwohl. Der Grund für unser Unbehagen, bis hin zu offenem Ärger, ist aber doch in Wirklichkeit nicht die betreffende Person oder Situation, sondern letztlich das jeweilige Modell der Wirklichkeit, das jeder von uns mit sich herumträgt. Dieses Modell unterliegt in seiner Entstehung dem Zufall und ist willkürlich. Verstehe das, und du wirst dich nie mehr über irgend etwas ärgern."

Damit hatte Tony etwas Wichtiges gesagt, das er Tag für Tag wiederholte, bis allen klar war, dass dies eines der Grundthemen des gesamten Seminars war. Mein Ärger, mein Unbehagen hat seinen Ursprung also nicht in der Wirklichkeit, so wie sie sich außerhalb von mir darstellt, sondern in meiner inneren Konditionierung. Durchbreche diese Konditionierung - und der Ärger und das Unbehagen verschwinden. Meine Art und Weise zu denken und die Dinge zu betrachten, meine Prinzipien und meine Urteilsfähigkeit, sogar meine Vorlieben, mein Geschmack sind das Resultat eines langen Prozesses, der in diesem ganz speziellen Umfeld von Familie, Schule, Kirche und Gesellschaft meine Lebenswirklichkeit widerspiegelt. Diese Rahmenbedingungen haben meine Vorstellung von der Welt geformt und meine Gedanken kanalisiert. Sie haben festgelegt, wie ich mich „spontan" (das bedeutet natürlich, mit „vererbter Spontaneität!") zu Fakten, Tatsachen und Situationen verhalte. Dies mag ganz nützlich und sogar notwendig sein, drängt mir aber zuweilen auch Perspektiven und Ansichten auf, die nicht unbedingt notwendig sind. Es kann sein, dass ich sie dennoch mein ganzes Leben hindurch mit mir herumtrage und ihnen erlaube, mich zu beeinflussen. Solange die erworbenen Gewohnheiten es mir gestatten, fühle mich froh und glücklich – und ich fühle mich schlecht, wenn ich mich laut meinem Set von Konditionierungen schlecht fühlen soll. Diese Erfahrungen resultieren also nicht aus der objektiven Realität, sondern aus einer inneren Verbiegung. Folglich kann ich mich jederzeit ändern, wenn es sowohl zu meinem eigenen als auch zum Nutzen und Wohlergehen anderer vorteilhaft ist. Die Erkenntnis, dass mein Ärger und Unwohlsein seinen Ursprung in mir selbst hat, ist der erste Schritt, um einen Heilungsprozess in Gang setzen zu können.

Tony bekräftigte seine Argumente in diesem Punkt: „Etwas, das dich ärgert, muss nicht notwendigerweise auch andere Menschen ärgern. Dies weist doch nach, dass der Auslöser deines Ärgers und Unwohlseins nicht aus der objektiven Realität stammt, sondern daraus, wie du diese Wirklichkeit erlebst und verarbeitest. Wenn nämlich der Ursprung nicht in dir gelegen hätte, hätte es deine Mitmenschen genauso betroffen; aber die pure Tatsache, dass andere Menschen nicht genauso denken und fühlen wie du, beweist doch, dass der Ursprung in diesem Falle in dir selbst zu suchen ist. Das Wirklichkeitsmodell in deinem Kopf ist also anders als dasjenige in den Köpfen anderer Menschen. Deshalb wurdest du durch diesen Auslöser in besonderer Weise betroffen, was für die anderen nicht gilt.

Ein verheirateter Mann in Indien würde sehr wütend, wenn er einen Gast zu sich nach Hause einladen würde und dieser schliefe mit der Frau des Gastgebers. Ein Eskimo jedoch würde über dieses Verhalten eines Gastes nicht in Wut geraten – ganz im Gegenteil, er würde vielmehr seinen Gast dazu einladen. Diese beiden Männer, beide verheiratet, verhalten sich auf unterschiedliche Art und Weise, weil sie auf verschiedene mentale Modelle der in ihren jeweiligen Kulturen als normal und angemessen geltenden Verhaltensweisen zurückgreifen. Das äußere Geschehen ist in beiden Fällen dasselbe, aber die innere Verarbeitung und Auffassung dessen, was geschieht, weicht voneinander ab. Verändere deine Wahrnehmung, und du wirst auch deine Reaktion verändern. Was ich mit diesem Beispiel sagen will, ist, dass du nicht deinen inneren Ärger, dein Unwohlsein immer außen liegenden Gründen anlasten musst, denn in Wahrheit kommt es aus deinem Inneren. Aus deiner Konditionierung.“

Ein Diamant erscheint uns wertvoll, von einigen afrikanischen Stämmen jedoch wird er als wertlos eingeschätzt. Wir mögen keinen Schlamm, aber Kinder lieben es, mit ihm zu spielen. Alles ist abhängig von dem Bild, das wir uns in unserem Kopf geformt haben – dem jeweiligen Modell, der Konditionierung, der Programmierung. Die große Schlussfolgerung ist also, dass alles Leid (wovon physische Schmerzen wiederum ausgenommen sind) nicht aus objektiven Ursprüngen resultiert, sondern aus unserer inneren Programmierung. Mein Denkapparat wurde so programmiert, dass er gewisse Dinge genießt und andere abwehrt. Und er wird seiner Programmierung blind folgen. Wenn ich mich also in einer Situation befinde, in der mir etwas nicht behagt oder in der ich mich an etwas störe, dann muss ich eigentlich nur die Programmierung ändern - und das Gefühl des Unbehagens, der Störung wird verschwinden.

Tony kam in zwei Etappen zu dieser Schlussfolgerung, in Sadhana I und Sadhana II. Deshalb werde auch ich zwischen beiden einen Unterschied machen. Schon in Sadhana I hat Tony darauf bestanden, und mit wiederholter Eindringlichkeit gesagt: „Niemand ist die Ursache dafür, dass du dich verärgert und unsicher fühlst; du ärgerst dich selbst!" In diesem Punkt war er absolut gnadenlos. Wenn Menschen sich beklagten: „Soundso ärgert mich, geht mir auf die Nerven, fällt mir lästig", dann wies er solche Art Klagen an sie zurück, indem er etwa fragte: „Seit wann hast du denn diesem Menschen die Erlaubnis gegeben, dich zu ärgern oder dir auf die Nerven zu gehen? Seit wann hast du denn einem anderen Menschen die Macht über dein Leben übergeben? Du hast also jemand anderem den Schlüssel zu deiner Freiheit und zu deinem Leben gegeben, und nun bist du amüsiert, wenn dieser andere dich aufheitert, und du bist verärgert, wenn dieser andere Mensch dich ärgert, nicht wahr? Was für ein Mensch, was für eine Person bist du denn selbst?" Tony zeigte solchen Menschen gegenüber kein Erbarmen. Seine eigenen Missstimmungen und Sorgen auf jemand anderen zu projizieren war für ihn lediglich ein Fluchtweg, ein defensiver Mechanismus, ein Verlagern meiner eigenen Verantwortung auf jemand anderen. Ich mache mich damit selbst klein, mache mich zu einem hilflosen Opfer, das nichts weiter tun kann, als geduldig das Leid zu ertragen, das andere über mich bringen. Diese feige Grundeinstellung wurde von Tony unbarmherzig demaskiert, angeklagt und zurückgewiesen.

Typische Beispiele: „Er hat mich beleidigt, er hat mich ignoriert, er hat mich betrogen, er hat mich verletzt." Typische Antworten: „Wenn es irgendwelche Schritte gibt, die gegangen werden müssen, um jegliche Art von Angriff, Aggression oder Schaden abzuwenden, die andere gegen dich hegen, so gehe diese Schritte und kläre die jeweilige Situation in einer Auseinandersetzung von Mensch zu Mensch. Es kann jedoch nie der richtige Weg sein, sich mit gefalteten Händen tatenlos in das eigene Elend zu ergeben und sich bei den vier Winden über die Ungerechtigkeit zu beklagen, die dir widerfährt, und dabei auch noch zu erwarten oder gar zu verlangen, dass andere mit dir sympathisieren oder sogar deine Partei ergreifen. Auf gar keinen Fall. Wenn du leiden willst, dann leide eben, aber übernimm die Verantwortung für deine Situation, deine Gefühle und dein Leiden. Mach dir klar, dass alles nur in dir selbst seine Ursache hat, in deiner Wut über die eigene Unfähigkeit, Machtlosigkeit und Feigheit und in deiner Selbstverachtung und Selbstablehnung, oder in dem Gefühl der Niederlage, ohne je gekämpft zu haben und dem daraus resultierenden Frust. Du selbst machst dir das Leben zur Hölle - und nicht jemand anders."

Tony genoss es, die folgende Szene in einem Rollenspiel als Monolog umzusetzen: Er steht in einer Warteschlange, ungeduldig darauf wartend, endlich an die Reihe zu kommen, als sich plötzlich jemand von hinten vordrängelt und sich vor ihm einreiht. Tony beginnt zu weinen, nimmt irgendeinen Gegenstand, der ihm gerade ihn die Hände fällt, um sich damit selbst zu prügeln (natürlich keine harten Gegenstände, um sich nicht selbst zu verletzen). Er trommelt sich damit auf den Kopf, während er herumjammert: „Guckt euch diesen Mann an ... er verletzt mich, er fügt mir Schaden zu ... er ist unfair zu mir ... er hat sich vorgedrängelt und hat kein Recht, sich so zu verhalten ...; ach ich Armer, wie viel muss ich leiden!" Die Moral von der Geschichte: Wenn sich jemand vordrängelt, sag ihm erst mal in moderatem Ton, was du beobachtest und bitte ihn, sich an die ihm zustehende Stelle zu begeben; wenn er dir zuhört, sich überzeugen lässt und tatsächlich zurückgeht, hast du einen Punkt gewonnen. Wenn er jedoch androht, gewalttätig zu werden, dann sage dir selbst einfach, dass es immer noch besser ist, einen weiteren Menschen vor dir in der Schlange auszuhalten, als physischen Schaden zu erleiden, und versöhne dich mit deinem Platz in der Warteschlange. Auf keinen Fall flüchte dich in diese „Er macht mir das Leben zur Hölle"-Stimmung mit der Rechtfertigung, dass die Ursache dafür allein bei dem anderen liege. Denn dies ist ein sehr häufig gespieltes Spiel, Auslöser für viel, viel Elend in dieser Welt.

Tony wiederholte dies immer wieder und legte großen Wert darauf. Aber nun, in Sadhana II, ging er noch einen Schritt weiter. In Sadhana I hatte er gesagt: „Es ist nicht der andere Mensch, der dir das Leben zur Hölle macht, du bist es selbst!" Nun, im Sadhana II, führte er diesen Gedanken noch weiter aus: „Nicht nur, dass du dir selbst das Leben zur Hölle machst, deine innere Programmierung ist die Ursache dafür." Das heißt, ich finde nicht bewusst Ausflüchte und Entschuldigungen und gebe anderen die Schuld für mein Leiden, sondern es ist die Programmierung meiner Psyche, die mich so handeln lässt. Schuld ist das Modell, das Geschichte und Tradition geformt, fixiert und schließlich in mein Bewusstsein so eingebaut haben, dass ich nur noch in dieser Art und Weise denken und handeln kann. Man hat mir beigebracht, dass ich mich schlecht fühlen muss, wenn ich im Leben erfolglos bin. Dass ich eingeschnappt sein muss, wenn ich mich nicht geliebt fühle. Dass ich bedauern und Reue fühlen muss, wenn ich einen Fehler gemacht habe. Und schließlich, dass ich trauern muss, wenn ein Freund stirbt. Und genau nach diesem Programm fühle ich mich schlecht, tun mir Dinge leid, bin ich eingeschnappt und schmolle, trauere ich und neige mein Haupt pflichtbewusst unter den unendlichen Leiden, die zu ertragen mir beigebracht wurden und glaube dann auch noch, dass es meine heilige Pflicht ist, mich so zu verhalten.

Aber das stimmt nicht. Es gibt keine so geartete heilige Pflicht. Da ist allein eine vorgefertigte Struktur in meinem Denkapparat, die mich dazu zwingt, mich in gewissen Situationen und zu gewissen Gelegenheiten gut zu fühlen und in anderen schlecht – und das Ganze in einer sehr willkürlichen Art und Weise. Diese Struktur bestimmt also mein Lebensglück oder mein Leid, abhängig davon, woher gerade der Wind weht. Ich bin ein Sklave meiner Konditionierung.

Tony: „Man hat mir beigebracht zu glauben, dass ich ohne Geld nicht glücklich sein kann. Das ist eine Illusion. Lass diese Illusion fallen und du wirst dich auch ohne Geld ganz wohl fühlen, so wie viele Menschen tatsächlich leben. Mein jetziges Gefühl ist, dass ich Freiheit brauche, um glücklich zu sein. Als ich noch im Noviziat war, hatte ich praktisch überhaupt keine Freiheit und war dennoch sehr glücklich. Ich begann erst, mich unglücklich zu fühlen, als man mir sagte, dass ich nicht glücklich sein könne ohne Freiheit. Es beschämte mich, dass ich tatsächlich eine ganze Zeit meines Lebens meiner Freiheit beraubt gewesen war. Wir brauchen menschliche Gesellschaft, weil wir so konditioniert worden sind. Tatsächlich behaupte ich, dass Freundschaften für ein wahres Glücksgefühl nicht unbedingt notwendig sind. Freundschaften können im persönlichen Wachstumsprozess hilfreich sein, aber es müssen von ihnen nicht notwendigerweise Glücksgefühle ausgehen. Ich fühle mich schuldig, wenn ich es nicht schaffe, in meinem Leben ein regelmäßiges, andächtiges Gebetspraktikum einzuhalten, weil man mir dies seit meinen zarten, frühen Jahren religiösen Lebens eingehämmert hat. Im praktischen Leben habe ich jedoch für mich herausgefunden, dass Gott weit über meinen Gebetspraktiken steht und ich mit ihm auch auf meine persönliche Weise eine sehr zufriedenstellende Beziehung haben kann, selbst wenn mein Gebetsleben anderen nicht als Modell dienen kann. Wie viel Schuld, Zurückweisung, Selbsthass, Frustration und Leiden kommt von den Bildern, den Vorstellungen, die in meiner Psyche eingraviert sind! Genauso funktioniert der tyrannische Anspruch, diesem Image immer genügen zu müssen. Wenn ich es schaffe, mich davon zu befreien, dann könnte mein Leben tatsächlich sehr viel glücklicher, zufriedenstellender und friedlicher sein, als es jetzt ist.“

Das Schlüsselwort zwischen uns war jetzt also: „Lass deine Illusionen fallen." Es ist eine Illusion zu glauben, man brauche diese eine Person, dieses Objekt, diesen Erfolg, diese bestimmten Umstände, diese Reaktion, diesen Ausgang, diese Befriedigung, diese Sicherheit, diese unumstößliche Wahrheit, um glücklich zu sein. Dies alles sind nichts als Illusionen, die unsere Psyche aufgrund von Indoktrination und Gewohnheit geschaffen hat. Es ist die wohlgemeinte Gehirnwäsche, der man uns seit unserer Kindheit ausgesetzt hat – zweifellos zu unserem Besten – die aber unseren Ruin mit verursacht hat. Es ist die Gehirnwäsche, die uns zwang, gewisse Dinge zu lieben oder an ihnen zu leiden oder zu glauben, wir könnten nicht ohne sie auskommen. All dies ist reine Illusion. Wir können sehr wohl ohne sie auskommen und trotzdem glücklich sein. Wenn es gelingt, sich von der Überzeugung frei zu machen, alle diese Dinge seien notwendig, dann bleibt man selbst ganz überrascht zurück und sieht, wie leicht es sich ohne all diesen Ballast lebt.

All diese „Illusionen" sind in Wahrheit nämlich nichts anderes als ein anderer Ausdruck für das „An-etwas-haften und das Abhängigsein", mit dem wir uns bereits beschäftigt haben. Beide Etiketten beziehen sich auf eine Person oder ein Objekt. Und man hat uns glauben gemacht, wir könnten nicht ohne sie oder ohne es leben. Beide sind jedoch nur Arbeitshypothesen meiner Psyche. Und beide kann man nur loswerden durch die innere Realisation ihrer wahren Natur, als Illusionen, als Träume oder Fantasien. Hinschauen, die Augen wirklich weit aufmachen und verstehen. In dem Moment, in dem eine Illusion als solche erkannt wird, kann sie sich von selbst offenbaren und verschwinden. Dies ist der Weg und es gibt keinen anderen. Logik, Argumente, Übungen oder Gewalt bringen hier nichts. Beobachtet lediglich genau die Arbeitsweise eurer eigenen Psyche und macht euch klar, dass all euer Leiden seinen Ursprung letztlich in der eigenen Programmierung hat. Die Illusion als solche zu erkennen führt dazu, dass sie sich auflöst. Die Diskette mit dem Betriebssystem, der Datenspeicher in unserem inneren Computer ist auf diese Art und Weise wie ausgewechselt. Ein Leiden weniger im Leben. Bleibt dabei, euch eure Illusionen klar zu machen und sie genau zu beobachten - und dann die innere Programmierung zu verändern. Haltet euren Geist frei von all dem Rost, all dem Staub und Schmutz, der sich während der Jahre angesammelt hat, und Gesundheit und Glück werden in euer Leben zurückkehren.

Ein japanisches Sprichwort lautet: „Nicht der Lärm stört dich; du störst den Lärm!" Das bedeutet: Ich ärgere mich und fühle mich gestört, weil jemand in meiner Nähe Lärm erzeugt und ich mich deshalb nicht auf meine Arbeit konzentrieren, nicht lernen oder nicht schlafen kann. Der Lärm ärgert

und stört mich. Ich werde ungeduldig und wütend, ich verfluche den Lärm und diejenigen, die ihn erzeugen, aber ich kann den Lärm nicht stoppen, weil er von fleißigen Arbeitern erzeugt wird, die lediglich ihren Job machen, indem sie etwas reparieren – und dabei auch noch im Recht sind, denn sie tun ja ihre Pflicht. Und dennoch fühle ich mich gestört und werde immer wütender auf sie – und auf mich selbst. Ja, auch auf mich selbst, denn ich weiß ja eigentlich, dass da draußen Menschen arbeiten, die zufälligerweise am selben Ort leben wie ich und dass viele andere sich dort draußen durch den Lärm überhaupt nicht gestört fühlen. Sie können sogar arbeiten und schlafen, wenn ein Erdbeben an uns vorbeigeht, während bei mir schon ein Moskito ausreicht, um mich zur Weißglut zu bringen. Warum muss ausgerechnet ich denn so fühlen? Wie kann es ein, dass die anderen dabei so ruhig und unbehelligt bleiben können? Und wann hört dieser verdammte Lärm dort draußen endlich auf? Explodiert gleich mein Kopf, oder soll ich jetzt aufstehen und nach draußen gehen, um denen die Meinung zu sagen, bevor ich platze?
Das ist schon ein ganz schönes Dilemma, in dem ich mich da befinde. Eines ist sicher: Es ist nicht der Lärm, der mich stört, denn andere Menschen in diesem Haus hören denselben Lärm und fühlen sich nicht gestört. Was also stört mich, wenn es nicht an dem Presslufthammer liegt, sondern nur an meinen Nerven, die auf Hochglanz poliert blank liegen? Oder, noch einen Schritt weiter: Was bedeutet es denn, wenn ich sage: meine blankliegenden Nerven? Handelt es sich nicht in Wirklichkeit um die Einstellung, die man schon seit meiner Jugend in meinen Geist eingraviert hat, dass ich nämlich eine sehr sensible Person sei, die für sich und ihre Arbeit absolute Ruhe und eine ungestörte Privatsphäre brauche, Lärm nicht ausstehen könne - und dass es eben in einem zivilisierten Umfeld keinen solchen Lärm geben dürfe? Dass mir schon von der Charta der Vereinten Nationen ein Menschenrecht darauf zugesichert wurde, eine lärmfreie Existenz führen zu dürfen, frei von Dezibel und von Presslufthämmern in der Nachbarschaft meiner empfindlichen Ohren? All das ist natürlich barer Unsinn. Ich habe eine Konditionierung erfahren, dank derer ich auf Lärm mit Abwehr reagiere, so, wie andere Menschen konditioniert worden sind, Lärm ertragen zu können, und noch andere diesen sogar mögen und gar nicht mehr ohne einen gewissen Geräuschpegel leben wollen; ich weiß, dass es solche Menschen gibt.

Mit großer Gegenwehr komme ich zu dem Schluss: „Ja, ich gebe zu, ich bin auf diese Art und Weise konditioniert worden, und das ist der Grund, warum ich jetzt Lärm als intolerabel empfinde. Für mich selbst wünsche ich zwar, dass es nicht so wäre, aber nun, da der Schaden einmal angerichtet ist, muss ich damit leben. Meine Nerven sind, wie sie nun einmal sind und es ist zu spät in meinem Leben, um alles noch zu ändern. Alles, was mir übrig bleibt, ist zu leiden, ohne Hoffnung auf Erleichterung. Ich kann nur meine Ohren verstopfen, Schlaflosigkeit ertragen und für immer und ewig durch meine Übersensibilität auf jegliche Art von Lärm behindert sein – und mich schlicht und einfach in mein Schicksal ergeben."

Wenn ich wachsen will, dann muss ich diese Art von Verteidigungsstrategien sofort ablegen. Es ist wahr, dass ich eine Konditionierung erfahren habe, die mich in der oben beschriebenen Art und Weise fühlen lässt. Aber wenn ich dies erst einmal erkannt habe, dann kann ich diese Situation heilsam verändern, sobald ich die Konditionierung ändern kann. Ich kann die Diskette oder die Festplatte in meinem inneren Computer neu bespielen oder, noch besser, ich kann meinen inneren Computer ganz von diesem Datenmüll befreien und meinen Geist von diesen Konditionierungen. Es ist niemals zu spät, um den künstlichen Horizont zu verändern, den man mir aufgedrückt hat, und mich zur wahren Natur zurückzubegeben, zur Wirklichkeit, wie sie tatsächlich ist. An diesem Punkt werde ich feststellen, dass mich in Wirklichkeit nicht der Lärm stört, sondern dass tatsächlich „ich den Lärm störe". Ganz gleich, ob er nun von dem unvermeidbaren Einsatz eines Presslufthammers durch fleißige Arbeiter verursacht wird, die ihre Arbeit machen, oder von der vorsätzlichen und unverantwortlichen Lärmentwicklung eines Jugendlichen auf seinem Mofa, bei dem er den Schalldämpfer ausgebaut hat – alles ist Teil der Wirklichkeit, der Realität, die mich umgibt. Diese Realität ist wirklich, ob nun gut oder schlecht, und wenn ich sie zurückweise, weil sie nicht mit meinen Wünschen und Nöten, meinen Bedürfnissen und Erwartungen übereinstimmt, dann bin ich es, der die Wirklichkeit stört und damit auch die Geräuschentwicklung, die Teil dieser Wirklichkeit ist.

Der Realität zu widerstreben ist, wiederum mit Luther gesprochen, „das Löcken wider den Stachel", also das Anrennen gegen Unvermeidliches; und die einzige Person, die Schaden erleidet, bin ich selbst. Wenn ich es lerne, meinen Horizont zu erweitern und meine Sicht der Dinge zu ändern, mich mit den Fakten des Lebens zu versöhnen, die ich doch nicht ändern kann, wenn ich also den Lärm zu akzeptieren lerne, dann werde ich es auch schaffen, mich wieder auf meine Arbeit zu konzentrieren und sogar bei Lärm zu schlafen. Japanische Weisheit.

„Ich kann nur immer wiederholen", insistierte Tony, „dass alles Leiden nur durch die Programmierung des Denkens verursacht wird. Gebt niemandem die Schuld, auch euch selbst nicht. Es ist lediglich die Maschinerie in uns, die falsch eingesetzt und programmiert wurde, und die man fast mit einer gewissen Zärtlichkeit wieder neu einstellen muss. Beobachtet euch selbst ganz genau dabei. Demaskiert eure Illusionen. Stellt alles in Frage. Macht eure Hausaufgaben. Niemand außer euch kann dies bewerkstelligen, und niemand außer euch selbst kann überhaupt das Verlangen spüren, diese notwendige Aufgabe durchzuführen. Aus diesem Grund geht bei so vielen das Leiden immer weiter: Dieses Zurücksetzten des Betriebsystems ist ein hartes Stück Arbeit, denn es verlangt Reflexion, Introspektion, Zeit und Mut. Und dies vor allem: Geduld und Ausdauer. Es ist bestimmt nicht die Arbeit eines einzigen Tages. Eine Illusion nach der anderen muss fallen. Und unser privates Lagerhaus an Illusionen ist so voll, dass es eine lange Zeit dauern kann, bis wir alles durchforstet haben. Aber auch hier gilt: Je mehr Illusionen ihr zu Fall bringen könnt, desto besser. Ihr müsst nur endlich anfangen, euch mit euch selbst zu beschäftigen."

Eines möchte ich noch über Tony sagen – und das steht hier am richtigen Platz: Er arbeitete sehr hart an sich selbst. Ich meine damit nicht, dass er sich auf seine Vorträge gut vorbereitete, dass er Gleichnisse und Geschichten sammelte, seine Bücher schrieb (ich bin selbst Autor und weiß, was Schreiben für ein harter Job sein kann); ich meine hiermit seine direkte Arbeit an sich selbst, um sich zu vervollkommnen. Immer hat er erst an sich selbst ausprobiert, was er später anderen empfohlen hat: durch Selbstanalysen, eigenes Einbringen in Rollenspiele und Übungen, Anfordern und Annehmen von Feedback, Ausprobieren von Experimenten und das ewige Denken, Prüfen, Erforschen. Immer wieder sehe ich ihn vor meinem geistigen Auge allein mit sich, manchmal stundenlang auf der Terrasse des neuen Gebäudes in Lonavla. Ich wusste, dass er sich dort nicht irgendwelchen Tagträumerein hingab. Er war konzentriert damit beschäftigt, zu planen, Pläne in die Tat umzusetzen und zu meditieren. Eines Tages sagte er uns: „Gestern sagte ich euch noch, dass alles Leid eigentlich Selbstmitleid ist. Dann sagte mir jemand von euch jedoch, dass dies nicht notwendigerweise so wäre. Letzte Nacht habe ich lange darüber nachgedacht und jetzt bin ich zu der Auffassung gelangt, dass er Recht hat. Es gibt etliche Fälle, in denen wirkliches Berührtsein, Leid und Trauer nicht Selbstmitleid ist. Ich korrigiere hiermit, was ich gestern noch gesagt habe."

Während der langen Jahre, die ich ihn kannte, habe ich auch einige Einblicke in seine eigenen Vorgehensweisen bei der Bewältigung persönlicher Krisen erhalten, die er wie jeder andere Mensch durchleben und durchleiden musste. Ich zitiere hier einige: „Wenn ich das Gefühl habe, dass ich mich verliere und nicht mehr weiter weiß, dann lasse ich mein Bewusstsein leer werden und bete auf diese Art und Weise zur großen Mutter."

„An einem der vergangenen Tage verfiel ich plötzlich wieder in die Situation des verängstigten Kindes und begann ziellos durch den Garten zu wandern. Was mich in dieser Situation gerettet hat, war das ‚Jesusgebet' verbunden mit rhythmischem Atmen."

„Wenn ich mich schlecht fühle, so richtig schlecht, dann gehe ich stundenlang und ganz alleine auf lange Wanderungen."

„Ich habe herausgefunden, was für mich der beste Weg ist, um meine eigenen Krisen zu bewältigen: anderen bei der Überwindung ihrer Krisen zu helfen."

In einem seiner Bücher erzählt er die Geschichte eines Gurus, der die völlige Erleuchtung erlangt hatte. Seine Schüler fragten ihn, was sich für ihn alles verändert hätte, jetzt, da er die höchste Stufe der Erleuchtung erreicht hatte. Der Guru antwortete: „Vor der Erleuchtung litt ich unter Depressionen; nach meiner Erleuchtung habe ich immer noch Depressionen." Obwohl Tony wusste, dass wir alle seine Bücher gelesen hatten und die Geschichten kannten, wiederholte er gerade diese in Lonavla gleich zwei Mal. Ich konnte mir nicht helfen, aber ich fühlte, dass sie eine besondere Bedeutung für ihn hatte.

7. LEIDEN, UM LEIDEN ZU BEENDEN

„Niemand will wirklich geheilt werden!" Diesen Vorwurf wiederholte Tony immer wieder, obwohl alle Anwesenden heftig protestierten: „Wir alle haben unsere beruflichen Tätigkeiten unterbrochen, um neun lange Monate bei dir zu bleiben, wir kommen Jahr für Jahr zu den Renewals wieder, wir scheuen keine Mühe und beteiligen uns an all der Arbeit, all den Übungen, allen Trainings und Projekten, die du dir für uns ausdenkst ... und noch immer sagst du, dass keiner wirklich geheilt werden möchte!" Aber Tony verteidigte seinen Standpunkt: „Fragt doch einfach jeden Psychologen, jeden Therapeuten, jeden Psychiater, jeden Berater - und ihr werdet sehen, dass sie mir recht geben. Es ist doch in diesen Berufen eine allgemein bekannte Tatsache, dass die Klienten die Hilfe nicht suchen, um geheilt zu werden. Was sie hauptsächlich anstreben, ist eine Verringerung und Erleichterung ihrer Symptome! Wie um sich selbst zu beweisen, dass sie sich sehr wohl aufgerafft und etwas für sich getan haben, indem sie einen Experten konsultieren. Außerdem wollen sie einige Tricks lernen, die sie dann an sich und anderen ausprobieren. Oder, und das passiert ziemlich häufig, sie beweisen sich selbst damit, dass sie jenseits jeglicher Heilungsmöglichkeit sind und es niemanden gibt, der ihnen wirklich helfen kann. Ganz selten nur begegnet man einem Menschen, der wirklich geheilt werden will, der nach völliger Befreiung strebt, nach völligem Loslassen, nach völliger Freiheit von aller Konditionierung und der bereit ist, sich all den Mühen zu unterwerfen und auch den Preis zu zahlen, um diesen Status zu erreichen. Auch auf diese Situation trifft der Bibelspruch: ‚Viele sind berufen, wenige aber sind auserwählt. Müht euch, durch die enge Tür einzutreten!', genau zu

Tony hat damit in moderner Form eine traditionelle Meditation des Ordensvaters St. Ignatius wiedergegeben, der in einem seiner klassischen Texte die religiös orientierte Menschheit in drei Klassen aufgeteilt hat. Er erläutert diese Klassen am Beispiel von drei Paaren von Geschäftspartnern, die jeweils zu einem großen Geldgewinn gelangt sind, welcher ihnen nicht nur aus Gottes Liebe zugefallen ist (auch Ignatius hatte seine eigene feine Art der Ironie!) und die nun ihr Gewissen bereinigen und „ihren Frieden mit Gott machen" wollen.

Das erste Paar sagt, dass es natürlich alles wieder in Ordnung bringen will und absolut bereit sei, dafür beizeiten das Nötige zu tun ... im Moment des Todes. Wieder die Ironie des Ignatius, doch nicht ohne einen Hauch von Wirklichkeitssinn. Er gibt hier ein Beispiel für das typische Verhalten, Dinge aufzuschieben. Ja, natürlich wollen sie irgendwann etwas für sich tun, aber doch nicht jetzt – jetzt passt es gerade gar nicht – also morgen, später, „schau´n ´mer mal". Das bedeutet in Wahrheit, ja – aber nein. Der Patient hat zwar eine gewisse Vorstellung davon, geheilt zu werden – ist aber nicht bereit zur Operation. Das zweite Paar geht ein bisschen weiter ... anscheinend. Sie sind bereit, etwas loszulassen. Zwar nicht ihr Geld, aber ihre Abhängigkeit davon. So halten sie zwar an ihrem Kapital fest, versprechen aber gleichzeitig, es nur zu guten Zwecken, weise und gesetzeskonform einzusetzen. Keiner von diesen wird „seinen Frieden mit Gott machen". Nur das dritte Paar ist wirklich bereit, sich von allem zu lösen. Das bedeutet, sich von dem ganzen halbseiden erworbenen Geld zu trennen, das Gewissen zu entlasten und die Beziehung zu Gott auf eine solide Basis zu stellen. Es gibt nur ganz wenige, die dazu bereit sind. Nur wenige Menschen wollen also tatsächlich geheilt werden, und das war auch Tonys Botschaft.

Er hatte ja schon ausgiebig über Abhängigkeiten, Illusionen und Konditionierungen gesprochen. Und er wiederholte noch einmal, dass niemand wirklich davon befreit werden wolle. Wir sind abhängig von unseren Abhängigkeiten, umgarnt und beeindruckt von unseren Illusionen und gewöhnt an unsere Konditionierungen. Es ist nicht leicht, diesem Teufelskreis zu entkommen. Freiwillig und auf einfachem Wege geben wir ihn nicht auf. Auch dann nicht, wenn wir uns darum bemühen, wie zum Beispiel durch Teilnahme an einem Sadhana-Kurs. Wir gehen Kompromisse ein, binden den Prozess an Zeitpläne, begnügen uns selbst mit halbherzigen Maßnahmen und mageren Ergebnissen. Doch nur wer sich diesem Prozess mit ganzem Herzen widmet, ohne sich selbst Grenzen zu setzen oder die persönlichen Kosten zu beziffern, vermag etwas zu erreichen, das auf dem Wege der Befreiung wirklich der Mühe wert ist. Tony nutzte jede Gelegenheit, uns darauf hinzuweisen, dass wir in Bezug auf unser spirituelles Vorhaben mit äußerster Großherzigkeit verfahren müssten. Er wusste, dass ein wahrhaft freier Mensch für die Gesellschaft in jeglicher Hinsicht einen großen Segen darstellt, und er bemühte sich nach Kräften, den Menschen zu ihrem vollen Potential zu verhelfen. Das heißt mit anderen Worten, er forderte uns auf, selbst die Grundlagen zu schaffen, um gleichzeitig eine tief spirituelle und psychologisch gesunde Persönlichkeit zu entwickeln. Das war seine Absicht.

Er erläuterte uns nun, wie dieses Vorhaben umzusetzen sei. Als erstes definierte er ganz deutlich seinen generellen Ansatz, um geistige Gesundheit und spirituelle Tiefe zu erreichen, und das ohne jegliche Abkürzungen, einfache Tricks oder vorfabrizierte Formeln. Er gab dem Ganzen auch einen Namen: „Leiden, um Leiden zu beenden." Die Idee selbst ist einfach genug: Vergnügen ist in Ordnung, es gefällt uns und wir fühlen uns gut dabei – aber diese vergnüglichen Zeiten lehren uns nichts. Leiden wohl. Jedes Leiden birgt eine Lektion in sich, und wenn wir lernen, von diesen Lektionen zu profitieren, so wie sie sich in unserem Leben bieten, dann sind wir auf dem rechten Weg zu Wachstum und Reife. Die Hindernisse auf unserem Wachstumsweg, die wir bereits kennen gelernt haben, sind unsere Abhängigkeiten, Illusionen und Konditionierungen. Dem Leiden fällt in diesem Prozess die Rolle des Helfers zu, um verborgene Hindernisse aufzudecken. Wenn ich etwas als störend empfinde, dann bedeutet das, dass ich auf irgendeine Abhängigkeit, Illusion oder Konditionierung gestoßen bin. Das Leiden des Gewissens wirkt wie physischer Schmerz. Wenn etwas schmerzt, sei es an Leib oder Seele, dann ist dies stets ein Hinweis auf einen bösartigen Prozess. Meine Chance liegt darin, mir dessen gewahr zu werden, das Problem zu demaskieren und schließlich loszuwerden. Auf diese Weise betrachtet ist Leiden der Königsweg zur Gesundheit.

„Die Tragödie unseres Lebens ist nicht (in Tonys Worten) das Leid, das wir erleben, sondern die Chance, die wir verpassen, wenn wir auf falsche Art leiden. Wir nehmen häufig die Gelegenheit, durch Leiden zu wachsen, nicht wahr. Wir wachsen mehr durch Abwehr und Gegenwehr als durch Akzeptanz, denn Akzeptanz ist häufig ein Nährboden für Selbstzufriedenheit oder gar Gleichgültigkeit, während Zurückweisung und Abwehr unsere Aufmerksamkeit auf die Gebiete in uns richtet, die der Korrektur bedürfen. Mein bester Guru ist der Mensch, der mich ärgert, denn dadurch werden mir meine eigenen Probleme mit mir selbst offenbar. Freut euch also, wenn ihr schmerzhafte, negative Gefühle verspürt. Wenn ihr ihnen nachspürt, werden sie euch der Befreiung näher bringen. Jedes spirituelle Wachstum erfolgt letztlich durch Leiden. Wichtig ist nur zu wissen, wie man Leiden nutzt, um Leiden zu beenden. Lass dich nicht ablenken vom Leiden, rationalisiere das Leiden nicht, rechtfertige es nicht, vergiss es aber auch nicht und vor allem, vernachlässige es nicht. Der einzige Weg, mit Leiden vernünftig umzugehen, ist ihm offen zu begegnen, genau zu beobachten, was passiert und es damit zu verstehen. Welche falsche Illusion steht hinter meinem Leiden? Welche Abhängigkeit aus meiner Sammlung von Süchten hat sich angegriffen und bedroht gefühlt, als dieses Leid am Horizont sichtbar wurde? Welche Konditionierung hat es verletzt? Hierin liegt also meine goldene Chance, mich selbst kennen zu lernen, meine Schwächen zu überprüfen und mein Leben zu verbessern. Stattdessen verfallen wir oft ins Gegenteil: Wir geben anderen die Schuld für unsere Leiden und beklagen uns über unsere Rivalen, über die Gesellschaft, den Staat und die Regierung und schließlich über Gott selbst. Wir suchen unseren Ausweg in Selbstmitleid oder Bitterkeit oder flüchten uns gar in einen Nervenzusammenbruch. Manchmal ertränken wir auch unsere Depressionen in harter Arbeit oder Zynismus. Diese Fluchten schaden uns gleich doppelt, statt uns zur Heilung zu verhelfen. Wenn wir nur lernen würden, wie wir aus unserem Leiden Nutzen ziehen könnten, würden wir in unserer spirituellen Entwicklung schnellere Fortschritte machen!"

Um es anders auszudrücken: Jedes Mal, wenn ich Leid erfahre, widersetze ich mich ein Stück weit der Wirklichkeit, der Realität. Leiden bedeutet auch, die Realität nicht wahrzunehmen und abzuwehren. Ich habe die Realität durch meine Abhängigkeiten, meine Illusionen und Konditionierungen verdunkelt, und jetzt verletzt sie mich, wenn sie sich mir so präsentiert, wie sie wirklich ist und wie ich es verlernt habe, sie wahrzunehmen. Die Frage, die man sich also in dem Moment stellen muss, wo Leiden auftritt, lautet: Gegen was wehre ich mich eigentlich? Und nicht: Was ist falsch mit der Welt? Besser: Was ist mit mir nicht in Ordnung? Jedes Mal, wenn ich mich durch etwas verstört fühle, wenn ich leide, mich über etwas aufrege, mich unter Druck fühle, ist irgend etwas mit mir nicht in Ordnung. Dann weiß ich, ich bin nicht richtig eingestellt auf das, was mir da begegnet. Ich bin nicht auf derselben Frequenz mit den Dingen um mich herum, und deshalb widersetze ich mich ihnen. Finde heraus, um was genau es sich dabei handelt. Diese Analyse wird Licht in den Prozess bringen und den Weg zu spirituellem Fortschritt öffnen.

In der Gruppe nahm Tony sich auch Zeit für eines meiner Probleme: „Sagtest du nicht, du leidest unter Schlafproblemen? Und dafür machst du deine Nerven verantwortlich, deine Arbeit, den Krach und die Hitze. Willst du nicht lieber mal einen Moment nachdenken? Welchen Aspekt der Wirklichkeit vermeidest du? Da ich dich kenne, fällt mir die Antwort leicht: Du kannst nicht ertragen, dass du nicht die völlige Kontrolle über dich selbst hast. Dir hat man beigebracht, dein eigenes Leben zu beherrschen, deinen Geist und deinen Körper einer strikten Disziplin zu unterwerfen und immer für dich selbst verantwortlich zu sein. Und nun kommt dieses wichtige Thema, nämlich dein täglicher Schlaf, und auf einmal bist du nicht mehr der Herrscher über dich selbst. Du willst schlafen – und kannst es nicht. Diese Situation ist für dich absolut unerträglich. Du wehrst dich gegen diesen Verlust von Kontrolle und widersetzt dich diesem Geschehen mit aller Kraft. Und das Ergebnis ist eine weitere schlaflose Nacht. Auch beschäftigst du dich damit, dass du in Wirklichkeit ‚Zeit verschwendest‘, während du schlaflos im Bett liegst. Da du ein geradezu zwanghafter Arbeiter bist, ist schon allein die Idee, dass du dich von Zeit zu Zeit hinlegen musst, ein Ärgernis. Du versuchst also, die ‚verschwendete Zeit' in ‚genutzte Zeit' zu verwandeln, indem du wenigstens in der Zeit, in der du wach liegst und nicht schlafen kannst, betest oder Pläne schmiedest. Beten und Pläne schmieden ist an sich in Ordnung.

Weil du dich aber diesen Tätigkeiten hingibst, nur um aus dieser ärgerlichen Zeitverschwendung „Schlaf" das Beste zu machen, also gleichzeitig innerlich gegen den Schlaf protestierst, machst du die Situation nur noch schlimmer. Auch vergleichst du dich selbst mit anderen Menschen, von denen du weißt, dass sie fest eingeschlafen sind, sobald ihr Kopf auch nur das Kissen berührt. Du bist eifersüchtig auf sie und rebellierst gegen diese vermeintliche Un-fairness. Andererseits hast du Angst, dass der Mangel an Schlaf deine Gesundheit angreifen und damit deine Arbeitskraft beeinträchtigen könnte. Du fühlst dich allein schon bei dem Gedanken peinlich berührt, dass du morgen den ganzen Tag über vor allen Menschen gähnen musst, wenn du jetzt in der Nacht nicht genug Schlaf kriegst. Das führt dazu, dass du dich noch mehr unwohl fühlst. Kein Wunder, dass du nach der Schlaftablette greifst, um all diesen Schmerz und den Ärger zu vermeiden. Und in dieser Handlung drückt sich endgültig die Tatsache aus, dass du in Wirklichkeit die Situation nicht wahrhaben willst und abwehrst, was dich nur um so mehr in Schwierigkeiten bringt. Die Schlaftablette wird dir vielleicht für die betreffende Nacht zu einigem Schlaf verhelfen, hat aber sehr viel bedeutsamere und schädlichere Nebenwirkungen. Sie verstärkt nämlich deine innere Konditionierung gegen die Schlaflosigkeit und blockiert die Einsicht, diese Situation zu akzeptieren. Indem du es bekämpfst, hast du dein Problem vergrößert. Die Folge davon ist natürlich eine verstärkte Angst: Werde ich nächste Nacht wieder eine Tablette nehmen müssen? Werde ich vielleicht irgendwann abhängig? Wie lange wird meine Schlaflosigkeit andauern? Und wohin wird mich diese Situation führen? Wie wir sehen, handelt es sich hier sehr wohl um ein Problem, das dich als ganzen Menschen berührt; und alles kommt aus deiner eigenen Konditionierung.

Deine programmierte Psyche verbietet dir nämlich zu denken, dass du, auch wenn du nicht Schlafen kannst, dich dennoch ganz glücklich und zufrieden fühlen könntest und befiehlt dir statt dessen, die Schlaflosigkeit zu bekämpfen. Du wehrst dich gegen dein Schlafdefizit - und dadurch machst du alles nur noch schlimmer und das Problem größer. Also, verweigere dich der Schlaflosigkeit nicht mehr. Versuche nicht, der Unbequemlichkeit zu entkommen. Vertraue einfach deinem Körper, der genau weiß, wie viel Schlaf er sich nimmt und auch wann, wenn du ihn nur in Ruhe lässt und ihn seiner eigenen Weisheit überlässt. Ich warne dich aber, denn auch dies ist ein harter Weg. Komm also mit deinen Widerständen in Berührung. Beobachte sie. Akzeptiere sie. Lass zu, dass deine Nächte so sind, wie sie eben sind und genauso deine Tage. Und sei nicht gar so begierig, dein Problem zu lösen. Du kannst glücklich sein, auch wenn du nicht gut schläfst. Noch irgendwelche Fragen?"

Dies mag genügen, um einen Eindruck von dem zu vermitteln, was Tony meinte, wenn er sagt: „Nutzt das Leiden, um Leiden zu beenden". Es geht also darum, das Leiden willkommen zu heißen, weil es die Aufmerksamkeit für unsere Schwächen weckt und uns alarmiert, damit wir uns besser um unsere inneren Bedürfnisse kümmern. Denn es treibt uns dazu, nach einem Heilmittel für unsere Defizite zu suchen und bietet uns die richtigen Mittel und Wege dazu, nämlich die Realität so zu sehen, wie sie ist: die Wirklichkeit anzunehmen und ihr ins Gesicht zu schauen. Dieses Vorgehen wird die Wurzel des Leidens beseitigen, anstatt nur die Symptome zu lindern. Eine andere Ausdrucksform für das, was wir in diesem Kapitel besprochen haben, ist: „Leiden beenden durch Verstehen." Sehen, wissen, realisieren. Nimm den Blick des Glaubens so an, wie er auf die Realitäten des Lebens fällt.

Und wiederum Tony: „Gute und frohe Erfahrungen machen das Leben freudvoll und vergnüglich; aber die schmerzhaften Erfahrungen sind es, die zu Tiefe, innerer Festigkeit und Wachstum führen. Das soll nicht bedeuten, dass wir uns mit Absicht Leiden suchen sollen oder sogar Schmerzen provozieren; es gibt wahrlich genug Leid im Leben, dem wir unser eigenes hinzufügen können. Die Botschaft dieses Kapitels ist: Leid einzusetzen und zu nutzen, wenn es sich für einen noblen Zweck anbietet. Lassen Sie diese Chance nicht vorübergehen. Sagen Sie nie: Wenn dieses Leid vorübergeht, dann werde ich wieder fröhlich sein. Nein. Wenn Sie mit den Dingen des Lebens, so, wie sie sich Ihnen jetzt darstellen, nicht zufrieden sind - dann werden sie es niemals sein. Wenn Sie solange warten wollen, um sich frei zu fühlen, bis Sie aus dem Gefängnis entlassen werden, werden Sie sich nie frei fühlen. Lernen Sie, frei zu sein und sich frei zu fühlen, solange Sie im Gefängnis sind - dann können sie überall und jederzeit frei sein."

8. OHNE SCHULD UND NICHT ZU TADELN

„Betrachte nie andere Menschen als gut oder schlecht! Betrachte einfach alle Männer und Frauen als total eigensüchtig, gierig, lasterhaft, dumm – und dabei als unschuldig, als ohne Schuld und als nicht zu tadeln." Diese Worte sagte Tony damals in Lonavla nicht nur einmal, sondern mindestens zehnmal. Dahinter stand eine seiner Lieblingsideen, eng verknüpft mit der über die Konditionierung des Menschen, die in den letzten Kapiteln erläutert wurde. Die zugrunde liegende Idee ist, dass Menschen immer so handeln, wie es unter den gegebenen Umständen ihrem besten Wissen und Können entspricht – und dass sie insofern in jeder Hinsicht ohne Schuld u handeln und folglich ohne Tadel. Es kann aber sein, dass ihre lebenslange Konditionierung ihnen eine Denk- oder Vorgehensweise darüber nahe legt, was in der betreffenden Situation „das jeweils Beste" sei, die uns – mit einer völlig anderen persönlichen Konditionierung – zu Zeiten dumm oder verbrecherisch erscheint. Damit leugnet Tony nicht die Existenz des freien Willens in den Taten der Menschen, sondern er hebt lediglich die Rolle hervor, die die jeweilige Konditionierung in ihren Handlungsweisen spielt. Er beabsichtigt damit einen Weg zu zeigen, wie wir unsere eigenen Handlungsweisen und die anderer Menschen besser verstehen können, so unangenehm wir diese bisweilen auch empfinden mögen. Wir wollen dabei den Zwischenraum zwischen dem typisch „Guten" und dem „Bösen" reduzieren, einer Sichtweise und Klassifizierung, die wir alle verstärkt aus den „Schwarz-Weiß"-Bildern von Spielfilmen übernommen haben (die wir Menschen schließlich selbst ersonnen und gedreht haben!). Wir teilen die Menschen nach unseren Kriterien in „Gute" und „Schlechte" ein (durchaus auch garniert mit biblischen Bildern, um den Kontrast noch zu verschärfen) ohne dabei zu merken, dass wir uns die Rolle Gottes anmaßen, mit tristen Konsequenzen sowohl für unser soziales Leben als auch für unsere eigene Entwicklung.

In einem seiner Bücher spricht Tony darüber, wie die Welt wohl aussähe, wenn alle guten Menschen weiß wären und alle schlechten Menschen schwarz ... was würde wohl passieren? Dann kämen die Kinder wohl gescheckt oder gestreift auf die Welt! Das ist der Punkt.

In der christlichen Tradition ist bekannt, dass viele Heilige sich selbst als die schlimmsten aller Sünder angesehen haben. Und dies nicht aus übertriebener Bescheidenheit oder Heuchelei, sondern aufgrund ihres Wissens und in aufrichtiger Anerkennung all ihrer verschiedenen Persönlichkeitsanteile, die ihnen durch das Licht der Gnade deutlicher bewusst waren. Sie wussten, dass sie die Schattenseiten in ihrem Leben nur durch die Gnade Gottes nicht auslebten. Jedoch erkennen und identifizieren sie sich damit und erkennen ihre Seelenverwandtschaft in aller Deutlichkeit, wenn andere Menschen diesen negativen Seiten Raum geben. Ein Sufi-Sprichwort beleuchtet dieselbe Idee aus einer anderen Perspektive: „Ein Heiliger ist nur bis zu dem Moment ein Heiliger, in dem er erkennt, dass er ein Heiliger ist." Kennen wir nicht alle die Situation, in der wir uns selbst schon gesagt haben: „Wenn Gott mich nicht bewahrt hätte – dann wäre mir das auch passiert...!", wenn wir von Freunden oder uns nahestehenden Personen gehört haben, dass sie Schlimmes getan oder, christlich gesprochen, gesündigt haben? (Da – schon fangen wir an, zu be- und zu verurteilen!)

Betrachten wir den heiligen Augustinus: Er hatte in der ersten Hälfte seines Lebens sehr wohl erfahren, was es heißt, der Versuchung zu erliegen. Und er wusste auch nach seiner Bekehrung und seiner Weihe, dass er immer noch derselbe Mann war, der er immer gewesen ist: immer noch genauso fähig zur Untreue wie auch zur Heiligkeit. In einem Stoßgebet machte er sehr deutlich, dass er die Glaubenstreue in der zweiten Hälfte seines Lebens mit derselben Aufrichtigkeit verstand wie seine Glaubensferne in der ersten Hälfte: *„Domine, ut occasio deesset tu fecisti!"* (Du warst es, Herr, der die Gelegenheit zur Sünde vorübergehen ließ!) Wenn sich die rechte Gelegenheit, die Versuchung, wieder ergeben hätte, so wäre auch die Sünde, das der Versuchung Erliegen, wieder geschehen. Denn der Mensch, der in Versuchung geführt werden kann, ist immer noch derselbe. Erst wenn sich die Umstände und die Einstellungen verändern, verändert sich auch das Verhalten. Wir „anständigen" Menschen unterscheiden uns also von den „offenbaren Kriminellen" (Tonys Wortlauf) nicht so sehr in dem, was wir sind, sondern in dem, was wir tun. Im Grunde genommen sind wir ziemlich dieselben Menschen. Alle sind wir potentielle Heilige und potentielle Sünder. Aber die Lebensumstände und die innere Einstellung führen einige von uns eben dazu, sich auf eine bestimmte Weise zu verhalten – und die anderen, das Gegenteil davon zu tun. Es gibt hier weder Raum für Angeberei noch für Verurteilung und Verdammung. Auch die, die nach unserer Auffassung pervers und bösartig scheinen, handeln in Wirklichkeit nicht aus abgrundtiefer Bosheit, sondern aus Ignoranz. Mit dieser Meinung fühlte sich Tony auf dem sicheren Boden der Evangelien: „Sie werden Euch töten, weil sie glauben, dass sie damit Gott einen Dienst erweisen." (Joh 16,2), „ ... denn sie wissen nicht, was sie tun." (Lk 23,34), „ ... und ich bin der Größte aller Sünder ..., aber ich habe in Unwissen gehandelt." (Paulus: 1 Tim 1,13). Und dann gibt es noch die „verborgenen Sünden". Das sind nicht die, von denen keiner erfährt, sondern die, die dem Sünder, der sich für gerecht hält, selbst nicht bewusst sind, wie David in Psalm 18. „Mein Gewissen wirft mir nichts vor, doch das heißt nicht, dass ich ohne Sünde bin", sagt wiederum Paulus. Diese biblische Demut bildet sowohl in dogmatischer als auch in psychologischer Hinsicht das Fundament, um alle Menschen so anzunehmen, in Hoffnung und Demut, wie wir auch uns selbst annehmen.

Tony berichtete uns von einer kleinen Übung, die er einmal mit einer Gruppe von Menschen aus geistlichen Berufen durchgeführt hatte. Er gab ihnen die Aufgabe, anonym auf einem Blatt Papier fünf Situationen niederzuschreiben, in denen sie aus purer Bosheit gehandelt hätten. Alle Seiten kamen zurück – blanko und unbeschriftet. Niemand konnte von sich sagen, jemals etwas aus reiner Bosheit getan zu haben. Und dies ganz ehrlich, nach einiger Gewissenserforschung, ohne Angst vor Zurückweisung haben zu müssen, ohne falsche Bescheidenheit und ohne die Notwendigkeit, etwas verbergen zu müssen. Ja, diese Übung wurde mit Menschen gemacht, die einen religiösen Hintergrund haben, aber wenn man dasselbe Experiment mit einer Gruppe von Menschen, die gesellschaftlich als Übeltäter gelten, durchführen würde, dann kämen auch dort die Seiten unbeschriftet zurück. Niemand handelt aus reiner Bosheit. Selbst der Terrorist, der eine Bombe legt, die ganz bestimmt auch unschuldige Menschen umbringen wird, glaubt immer noch, damit eine Pflicht zu erfüllen, bei der er selbst große Risiken auf sich nimmt. Er handelt im Interesse seiner Gruppe oder seines Landes oder sogar weil er meint, er „diene Gott damit". Auch wenn eine Tat vor den Augen der Welt noch so verabscheuungswürdig ist, ist sie dies nicht vor dem Gewissen des Ausführenden – ja, dieser Person kann sie immer noch in aller Aufrichtigkeit verdienstvoll und nutzbringend erscheinen. „Richtet nicht", sagte Jesus sehr eindringlich zu seinen Jüngern ... mit wenig Effekt.

Der Unterschied zwischen einem Terroristen und einem Sozialarbeiter besteht darin, dass Letzterer etwas tut, das für die Gesellschaft von Nutzen ist, während der Terrorist der Gesellschaft eher schadet, und deshalb lobt die Gesellschaft den einen und verurteilt den anderen. Und sie tut Recht damit, den einen dafür zu belohnen, der Gesellschaft zu helfen, und den zu reglementieren, der ihr schadet. Die Gesellschaft macht jedoch an einem Punkt einen Fehler, und wir alle mit ihr. Wir übertragen unser Urteil über die Handlung (hilfreich, schädigend) auf die Person (gut, schlecht). Und auch die Konsequenzen solcher Handlungen beurteilen wir je nach ihren Motiven als hinnehmbar oder nicht hinnehmbar. „Verurteile die Sünde, aber nicht den Sünder" ist ein altes Prinzip, das auch heute seine Bedeutung nicht verloren hat.

Ein weiterer Gesichtspunkt, von dem aus Tony dieselbe Frage betrachtete: Mit jedem Schaden, den man anderen zufügt, schadet man auch sich selbst, und das wissen wir im Grunde unseres Herzens ganz genau. Vielleicht macht uns die Leidenschaft in dem Moment, in dem wir handeln, blind, und wir verletzen andere mit geradezu irrsinniger Gewalt; aber irgendwo wissen wir, dass diese Schläge sich irgendwann gegen uns richten und dass wir auf lange Sicht gesehen uns selbst Leiden bereiten, wenn wir die Ursache für das Leiden anderer sind. Wer das Schwert erhebt, wird durch das Schwert umkommen. Meinen Mitmenschen und Nachbarn zu verletzen, bedeutet, sich früher oder später in der einen oder anderen Hinsicht selbst zu schädigen.

Da nach dieser These niemand vorsätzlich in selbstschädigender Absicht handelt, handelt auch niemand nur aus dem Motiv heraus, anderen als Selbstzweck Schaden zufügen zu wollen. Denkt man diesen Gedanken weiter, so handelt niemand aus reiner Bosheit, selbst wenn die äußerlichen Ergebnisse seiner Handlungen dies so erscheinen lassen. Das wahre Motiv einer Handlung, das dem Beobachter vielleicht verborgen, dem Handelnden aber bewusst bleibt, ist es, so zu handeln, wie es im jeweiligen Moment am zweckmäßigsten erscheint. Dabei spielt immer der Aspekt der Weltsicht, der Erziehung, Formung und Konditionierung des betreffenden Menschen eine Rolle. Und dies beinhaltet (in „tiefstgründiger Analyse" und mit sich selbst als erstem Opfer der eigenen Bombe), dass sein Vorgehen in seinem eigenen Verständnis für die Allgemeinheit von größtem Nutzen ist.
Niemand schlägt einen anderen Menschen nur um des Schlagens willen, es sei denn, er ist psychisch krank. Jedes Mitglied einer Gruppe (sogar, wenn es sich bei dieser Gruppe um die Gattung Mensch als solche handelt) weiß, dass seine eigene Wohlfahrt vom Wohlergehen der Gruppe abhängt, und darin liegt die eigentliche Absicht all seiner Anstrengungen, so missgeleitet sie auch sein mögen. Niemand sägt wissentlich den Ast ab, auf dem er selbst sitzt. Die Auswirkungen der Handlungen eines Menschen können sehr sonderbar sein, da das menschliche Denken und die menschliche Psyche zu außergewöhnlichen und sehr merkwürdigen Dingen fähig sind. Das Urmotiv aller Handlungen ist jedoch der Selbsterhalt, der notwendigerweise den Erhalt aller anderen mit einschließt. Deshalb ist Bosheit um der Bosheit Willen ausgeschlossen.

Im normalen Ablauf des Lebens müssen wir unweigerlich immer wieder Einstellungen und Verhaltensweisen anderer bewerten und sogar beurteilen, sobald sie uns selbst betreffen. Aber dabei müssen wir sorgfältig unterscheiden zwischen einer praktischen Beurteilung dessen, was diese Person und ihre Handlungen in diesem Moment für mich bedeuten, und der moralischen Beurteilung dieses anderen Menschen. Ich kann die Leistung und Handlungsweise von Menschen in derselben Art und Weise und mit derselben Neutralität bewerten, wie ich auch die Leistungen einer Sekretärin oder eines Reisebüro-Mitarbeiters einschätze (dies sind Tonys Beispiele): Dieser Mitarbeiter macht seinen Job gut, ist pünktlich, effizient, verlässlich; oder, im Gegenteil, ist ineffizient, faul und für mich nutzlos. Diese praktischen Einschätzungen der Arbeit eines Menschen werden meine Umgehensweise mit der betreffenden Person beeinflussen. Ich werde danach meine Entscheidung treffen, ob ich mit diesem Reisebüro-Mitarbeiter noch weiter zu tun haben will, oder ob ich mir ein anderes Reisebüro suche. In jedem Fall werde ich auf die Verurteilung der Person als solcher verzichten. Niemals richten wir über einen Menschen. So wie Jesus die Ehebrecherin nicht verurteilte und richtete (Joh 8,3).

Eine wichtige Konsequenz aus dem oben gesagten: Wenn Menschen sich auf eine Art und Weise verhalten, die uns nicht gefällt oder uns gar verletzt, dann haben wir eigentlich immer noch keinen Grund, dagegen zu protestieren oder uns über ihre Handlungsweise zu beklagen. Ganz sicher tun wir gut daran, uns vor Schaden, den wir als Konsequenz ihrer Handlungen erleiden könnten, zu schützen und uns dagegen zu verteidigen. Aber wiederum, wir haben nichts gegen die andere Person als solche. Natürlich hätte ich Grund zu protestieren, wenn meiner Auffassung nach mein „Feind" aus „Bosheit" gegen mich handeln würde, nur um mir Schaden zuzufügen. Jedoch handelt er in Wirklichkeit gar nicht aus diesem Beweggrund heraus. Er schützt lediglich seine eigenen Interessen und schafft ihnen Raum, indem er das tut, was er für das Beste in Bezug auf sich und die Gesellschaft hält, so, wie er sie versteht. Kurz, er verhält sich „völlig selbstsüchtig, gierig, lasterhaft und dumm - dabei aber ohne Schuld und nicht zu tadeln". So verstanden kann ich ihm am besten aus dem Weg gehen. Wenn ich nämlich sage: „Das sollte er mir aber nicht antun", dann müsste die Antwort sein: „Doch, genau so sollte er handeln, denn so, wie er die Dinge sieht und wie er die Situation versteht, ist dies für ihn das einzig vernünftige Vorgehen, so hart es auch für dich sein mag, diese Begleitumstände einsehen und zugeben zu müssen. Lerne daraus, nie einen Menschen als solchen zu beschuldigen."

Und noch eine weitere Konsequenz: Es gibt nichts zu vergeben. Alle Entschuldigungen, Verzeihungen, Rechtfertigungen und Erklärungen, die wir zwischen uns austauschen, sind in Wirklichkeit bedeutungslos. Denn niemand hat mich (in meinem Wesenskern, als Mensch) angegriffen und verletzt, warum also sollte ich auf eine Entschuldigung warten? Was auch immer ein Mitmensch mir angetan hat, er tat es aus dem Motiv, dem Denken und Empfinden heraus, dass er in diesem Moment das Richtige für sich tat; wie also kann ich meinen Anspruch motivieren, dass er seine Worte zurücknehmen oder seine Handlungen mir gegenüber rechtfertigen soll? Wenn man jemanden um Verzeihung bittet, und sogar wenn man Verzeihung erlangt, wird damit in jedem Fall anerkannt, dass hier Schuld im Spiel war, Bosheit und Übelwollen. Wenn wir aber erst einmal erkennen, dass dies in Wirklichkeit gar nicht der Fall ist, gibt es auch keinen Raum mehr für Vergebung. Vergebung hätte dann nur noch die Funktion, ein Zerwürfnis oder eine Unstimmigkeit zu betonen. („Wie wahr das ist!", dachte ich in dem Moment, als ich Tony dies sagen hörte. Einmal in meinem Leben hat man mich dringend aufgefordert, mich bei einem Professor zu entschuldigen, weil ich seine Vorlesungen verpasst hatte. Pflichtbewusst habe ich es getan, und großzügig vergab er mir – und von diesem Moment an hassten wir einander herzlich bis zum heutigen Tag.) Es bedarf keiner Verzeihung, wenn es keine Schuld gibt; und die Schuld existiert nicht, weil es keinen Vorsatz gab. Wahre Vergebung ist nichts anderes als die Einsicht, dass es tatsächlich gar nichts gibt, was der Vergebung bedarf.

Einen weiteren wichtigen Punkt erklärte Tony, als jemand die unvermeidliche Frage danach stellte, sehr nachdrücklich. Wir haben gesagt, dass Menschen, die sich in einer unerfreulichen oder sogar schädigenden Weise verhalten, dies aus ihrer Konditionierung heraus tun. Das Zusammenspiel von Gewohnheiten, Vorurteilen und Glaubenssystemen verführt die Menschen dazu, die Dinge auf eine ganz besondere Art und Weise zu sehen und sich entsprechend zu verhalten. Dasselbe kann man natürlich auch von Menschen behaupten, die sich anderen gegenüber angenehm und hilfreich verhalten: Sie tun dies, weil ihre ererbte und übernommene Art, Dinge zu sehen, Situationen wahrzunehmen und darauf zu reagieren, ihnen dieses Verhalten möglich macht. Könnten wir also sagen, dass es so etwas wie eine „negative Konditionierung" gibt, die Menschen dazu verführt, sich negativ zu verhalten? Und folglich auch eine „positive Konditionierung", die Menschen anleitet, sich positiv zu verhalten? Die Antwort ist: Nein. Jegliche Konditionierung ist in sich selbst negativ. Aufgrund einer Konditionierung können zwar Dinge geschehen, die wir als angenehm, als positiv erleben. Umgekehrt lehnen wir eine Konditionierung zu negativem Verhalten ab. Doch im Grunde ist keine der Konditionierungen zu befürworten. Denn jede Konditionierung ist eine gewisse Verformung des Geistes, eine Induzierung von Vorurteilen, ein kontrollierendes Prüfen, eine Zensur, eine Gehirnwäsche (egal ob in guter oder schlechter Absicht). Eine Konditionierung, welcher Art auch immer, ist gegen die Würde des Menschen, gegen die Freiheit des Geistes und damit gegen die Gesundheit des Individuums und folglich die der Gesellschaft. Das Fallenlassen und Überwinden aller Konditionierungen (oder so vieler, wie wir eben können) ist der Weg zu innerem Frieden und universeller Harmonie.

Es ist wichtig zu verstehen, dass hinter dieser Einstellung ein ganz fundamentales Vertrauen in die Natur des Menschen und in Gott, der diese Natur erschaffen hat, zu finden ist. Dieser religiöse Optimismus erlaubt uns, der menschlichen Person als solcher Vertrauen zu schenken, ihre Instinkte zu akzeptieren und ihre Integrität gegen jeden Versuch einer mentalen Unterwerfung zu verteidigen, woher diese auch immer kommen mag. Der Mensch ist besser, als man ihm zu sein beigebracht hat. Ja, es gibt zwar im Herzen des Menschen so etwas wie Erbsünde und Triebhaftigkeit; aber genauso existieren, und zwar in viel größerer Fülle und Freigiebigkeit, die Gnade Gottes und die Gotteskindschaft all seiner Geschöpfe. Im Glauben an den Menschen liegt damit gleichzeitig der Glaube an Gott und das Vertrauen auf ihn.

Ich möchte unterstreichen, wie sehr diese Lehre mit Tonys generellem Verständnis des Menschen, des menschlichen Lebens und von Gott übereinstimmt. Kein Grund für Vergebung, kein Richten, keine Schuldzuweisung ... das ist die logische Konsequenz dieser Grundeinstellung zum Menschen, zur Natur und zu allen Dingen, die in ihr enthalten sind und die uns dazu bringt, die Dinge so anzunehmen, wie sie sich uns darstellen. Die Realität willkommen zu heißen und wahrzunehmen, dass niemand mich als Individuum verletzt, dass Menschen im Grunde keine Veränderung brauchen und dass ich in Ordnung bin, so, wie ich bin. Dass Glaube und Vertrauen die Basis eines glücklichen Lebens sind, mehr als Protest und Rebellion.
Um den klaren Weg zu Wachstum und Erfüllung zu finden, benötigen wir die Fertigkeit, Missverständnisse zu vermeiden. Genauso muss das Sprechen über den Menschen in einer Art und Weise geschehen, die in der Grundeinstellung zu uns selbst begründet liegt (und nicht über soziale Revolution, die nur die Geschichte vielleicht zu rechtfertigen und zu benötigen vermag). Dies beinhaltet eine Integration all dessen, was jemand ist und was er durch sein Leben verkörpert, einschließlich der schmerzvollsten Aspekte des Seins.

Dies ist die tiefe Bedeutung von Jesu bedingungslosem Gebot: „Widersetzt euch dem Bösen nicht." (Mt 5,39) In aller demütigen Bescheidenheit, die uns zeigt, wo wir an die Grenzen unseres Verstandes stoßen wenn wir versuchen, die tiefe Bedeutung zu verstehen, was Jesus mit diesen Worten alles sagen wollte, weist dieses Gebot Jesu auf einen tiefen Seelenfrieden und einen Gleichmut des Geistes hin. Das gilt trotz aller Kämpfe, die wir in unseren Herzen austragen, wenn wir dieses ewige Gebot in die Wirklichkeit umsetzen und mit der Pflicht vereinbaren wollen, Ungerechtigkeit zu bekämpfen und der Unterdrückung Widerstand zu leisten. In der tiefen Bedeutung dieses Gebotes liegt auch unser evangelisches Erbe, das uns stets begleitet, bei allem, was wir tun. Infolgedessen können wir unsere Handlungen fruchtbar und unsere Anwesenheit, unser Dasein, segensreich gestalten. „Richtet nicht" , „Wehret dem Bösen nicht" , „Auch ich verurteile dich nicht", „Geh in Frieden"; dies sind göttliche Segnungen für das demütige Herz des Menschen.

9. GLÜCK? PECH?

Die Deklaration, dass alle Menschen im Grunde ohne Schuld und nicht zu tadeln sind, hat Tony nicht von der Aufgabe befreien können, unzählige Fragen über moralische Probleme und menschliches Verhalten zu beantworten. Er stürzte sich freudig auf diese Herausforderung, weil er davon überzeugt war, erst das Gewissen eines Menschen formen zu müssen, um dann die ganze Person zu formen. Ein Gewissen, das erst dann in seine Hände geriet, nachdem es durch Zwang, Skrupel, Angst und Vorurteile deformiert worden war. All das musste so gereinigt werden, dass der psychische Friede einer Seele die Basis und die Grundbedingung eines spirituellen Friedens werden konnte. Tony führte diese wichtige Mission mit großer Bestimmtheit und Deutlichkeit und mit großer Sensibilität aus, immer darauf bedacht, was der betreffende Mensch in dem Moment ganz konkret benötigte – und was er ertragen konnte. Er war sich seiner Autorität und seiner Verantwortung als Schiedsrichter in Bezug auf Gewissensbildung voll bewusst, trotz all seiner Witze und seines Lachens, die seine Interventionen lebendig machten.

Tony sah seine primäre Aufgabe in der Beschäftigung mit dem „Jetzt" und mit der jeweiligen Person, die gerade vor ihm stand. Keine Hypothesen, keine Mutmaßungen, keine künstlichen Situationen oder abstrakten Möglichkeiten. Nur das „Hier und Jetzt." Der Mensch und seine Fallgeschichte. Fragen wie zum Beispiel „Was würdest du tun, wenn ...?" oder „Was würdest du einem Menschen raten, der ...?" waren nicht erlaubt. Wenn du ein Problem hast und den Mut und das Zutrauen, dieses Problem in der Gruppe vorzutragen, dann mach es! Wenn du dich aber aus irgendeinem Grunde nicht „outen" möchtest, dann übertrage das Problem in ein Rollenspiel. Das bedeutet, sprich und agiere hier, als ob du die Person wärst, die das betreffende Problem hat und eine Antwort sucht, und denke und handle, wie du dir vorstellst, dass diese Person es machen würde. Der Austausch muss von Person zu Person geschehen und gegenwärtig sein. Du sitzt hier nicht auf einem bequemen Stuhl in einem theologischen Seminar, sondern befindest dich in einer Lebensschule, und deshalb müssen sowohl die Probleme selbst als auch die Art und Weise, in der sie präsentiert und bewältigt werden, aktiv und sehr lebensnah sein. Die beste Methode, um ein Problem zu verstehen und es zu lösen besteht darin, es auszuleben und lebendig zu inszenieren.

Als zweite Grundbedingung muss allein dem Klienten die Verantwortung für eine Entscheidung oder auch für die Wahl eines konkreten Handlungsschrittes zufallen und von ihm übernommen werden. Dies schließt die Möglichkeit mit ein, jegliche Schritte abzulehnen. Tony legte diese Bedingung mit absoluter Strenge jedem auf, der ihn konsultierte: Niemand wird dir sagen, was du tun sollst, niemand wird in deinem Namen Entscheidungen fällen, die nur du treffen kannst. Es wird Rückmeldungen geben, Ratschläge, Resonanz, Reaktionen vielfältiger Art, auch Theorie und Doktrin wenn nötig, aber die letzte Verantwortung kann niemals delegiert werden. Hier wurde die „klientenzentrierte Therapie" voll verwirklicht, die sanft die gestellten Fragen zum Klienten zurückgeführt und seine Gefühle widerspiegelt, um ihm dabei zu helfen, seine eigene Situation so lange weit klären, bis er selbst einen Ausweg gefunden hat. Das bedeutet nicht, dass Tony sich mit einer passiven Rolle zufrieden gab, wenn er jemandem die Richtung wies (man kann sich überhaupt nicht vorstellen, dass Tony jemals eine passive Rolle gespielt hätte!). Er wusste sehr wohl, wie man angreift, wie man jemanden, der fliehen möchte, in die Ecke drängt, sogar wie man jemanden konfrontiert und beleidigt, wenn dies nötig war, um einen trägen Geist aufzuwecken. Aber er handelte stets mit großem Respekt vor dem Menschen, wenn dieser an den Punkt gelangte, an dem er über sich hinauswächst und all seine Möglichkeiten und Optionen abwägt, um dann eine auszuwählen. Das ist die Essenz einer moralischen Handlung, die jeder Mensch akzeptieren muss. Dies ist eine Ehrfurcht erweckende und wunderbare Last, die da heißt, die Verantwortung für sich selbst zu übernehmen. Jeder Mensch muss sein eigenes Leben leben und die Verantwortung dafür tragen.

An diesen beiden Grundbedingungen orientierte sich das allgemeine Prinzip, nach dem Tony vorging, wenn es um die Abwägung moralischer Alternativen und von Gewissensprobleme ging. Es war ein einfaches und praktisches Gesetz: Schade niemandem und helfe denen, denen du helfen kannst. In der komplexen Welt all der Spielregeln und Prinzipien des menschlichen Verhaltens bringt die strenge und kurze Zusammenfassung „füge niemandem Schaden zu" eine große Ruhe, ein großes Licht, Frieden und Kraft, die das Leben leichter machen und Verhaltenweisen rationalisieren, mit einem Hauch von gesundem Menschenverstand und einer Prise frischer Luft. Dieser Grundsatz ist genug, um Klarheit in die meisten Entscheidungsabläufe zu bringen und reicht in punkto Lebensmoral für die meisten Menschen in der Praxis ihres täglichen Lebens aus. Als ein praxisnaher Führer durch den Dschungel moralischer Entscheidungen ist dieses generelle Prinzip sicherlich nützlich und hilfreich; als theoretisches Prinzip wirft es Schwierigkeiten auf, und Tony war sich dessen wohl bewusst. Wir haben uns dahingehend verständigt, dass es darauf ankommt, Schaden zu vermeiden und Hilfe zu fördern. Die theoretische Schwierigkeit ist nun: Wer entscheidet darüber, was für meinen Mitmenschen unter ganz konkreten Umständen ein „Schaden" ist – und was „Hilfe"? Und weiter: Wer bin ich, dass ich diese Unterscheidung jetzt und hier treffe? Und noch weiter: Wenn ich mir also schon darüber nicht klar werden kann, wie werde ich dann meine Verhaltensweise zu meinen Mitmenschen definieren? Wenn ich entscheide, was für meinen Mitmenschen zuträglich ist und was nicht, dann werfe ich mich selbst zu seinem Richter auf. Genau das wollten wir aber gerade vermeiden. Wenn ich meinen Mitmenschen darüber erst mal befragen will, dann muss ich in Kauf nehmen, dass ich in vielen Situationen gar nicht die Chance dazu haben werde. Selbst wenn mein Gegenüber mir eine Auskunft gäbe, könnte ich mich nicht darauf verlassen, denn niemand ist ein guter Richter in eigener Sache, also auch nicht der Mitmensch in seiner Sache. Und wenn ich Gott darüber zu befragen hätte, dann müsste ich zu den Textbüchern und den Gelehrten zurückgehen, zu den Meinungen und den Diskussionen, die zweifellos von Wert und für die Menschen wichtig sind, die sich mit ihnen studienhalber beschäftigen. Aber für den sprichwörtlichen „Mann auf der Straße" enthalten sie meist keine konkrete Hilfe bei der Lösung seiner Probleme. Sie bewegen sich eher außerhalb seines Horizontes, wenn er darüber nachdenkt, in welche Richtung er den nächsten Schritt seiner Wanderung durch das Leben lenken soll. Eine genauere Betrachtung dieser Frage wird uns helfen, neue Aspekte in Tonys Art und Weise des Denkens und Handelns zu entdecken.

Tonys wohl bestbekannte Geschichte ist die, die er an das Ende seines ersten Buches *Sadhana, a Way to God* (deutsch: *Mit Leib und Seele meditieren*) gesetzt hat. Sie ist ihm so wichtig, dass er sie in seinen Büchern *The Song of the Bird (Warum der Vogel singt)*, *Wellsprings* und *One Minute Wisdom (Eine Minute Weisheit)* wiederholt. Es ist gleichzeitig die am wenigsten verstandene Geschichte, weshalb ich sie hier noch einmal zitiere: „Eine chinesische Weisheit erzählt von einem alten Landarbeiter, der für die Arbeit auf den Feldern ein altes Pferd besaß. Eines Tages lief ihm das Pferd weg. Die Nachbarn kamen, um ihn zu trösten und sein Pech zu bedauern. Er antwortete darauf: ‚Pech? Glück? Wer weiß das schon?' Eine Woche später kehrte das Pferd zurück. In seiner Begleitung kam eine ganze Herde Wildpferde. Diesmal gratulierten ihm die Nachbarn zu diesem Glück. Doch wieder war seine Antwort: ‚Glück? Pech? Wer weiß das schon?' Als nun sein Sohn versuchte, eines der Wildpferde zu zähmen, fiel er vom Pferd und brach sich ein Bein. Jeder hielt das für ein großes Pech. Aber nicht der Alte, der wieder nur sagte: ‚Pech? Glück? Wer weiß?' Ein paar Wochen später marschierte das Militär in das Dorf ein. Jeder taugliche junge Mann, den sie nur finden konnten, wurde zum Kriegsdienst eingezogen. Als sie den Sohn des Alten mit seinem gebrochenen Bein sahen, da nahmen sie ihn nicht. War das nun Glück, Pech, wer weiß? Alles, was oberflächlich wie etwas Schlechtes und Nachteiliges aussieht, kann sich als etwas Gutes herausstellen. Und alles, was gut erscheint, kann in Wirklichkeit negative Auswirkungen haben. Wir sind dann weise, wenn wir Gott die Entscheidung überlassen, was Glück und was Unglück ist; und wir Ihm dafür danken, dass für jene, die Ihn lieben, alles zum Besten gedeiht."

Ich hatte immer geargwöhnt, dass in dieser Geschichte mehr stecke, als der pure Augenschein offenbart. Tony mochte die Geschichte sehr und erzählte sie oft, auch wenn er wusste, dass seine Zuhörer sie schon kannten. Es war, als ob er sie dazu veranlassen wollte, sich immer tiefer in diese Geschichte zu versenken. Er selbst erzählte sie immer so, dass das Ende offen blieb. Das war seine Ehrenbezeugung vor der christlichen Hoffnung, dass „alles gut wird". Dazu zitierte er bezeichnenderweise die hoffnungsvollen Worte des gekreuzigten Jesus an die große englische Mystikerin Juliana von Norwich: „Am Ende [...] wird alles gut ausgehen!" Was für ein Beispiel von christlichem Optimismus, dass Gott alles so lenkt, dass zum Schluss wirklich alles gut wird - und das trotz all der nicht zu leugnenden Schwierigkeiten, durch die die Welt hindurch muss – und wir mit ihr. Mein Gedanke war, dass diese Geschichte auch den Schlüssel zu Tonys Morallehre und seiner Art und Weise, menschliches Verhalten zu lenken, enthalten könnte. Dies wollte ich mit ihm besprechen. Die Gelegenheit dazu ergab sich während eines langen Spazierganges, den wir beide eines Abends in Lonavla unternahmen. Als ich auf mein Thema zu sprechen kam, brach er sofort in breites Lächeln aus: „Aber natürlich, ist das nicht offensichtlich? Das Merkwürdige ist doch, dass alle diese Geschichte hören oder lesen – und keiner scheint den wahren Punkt zu finden. Sie beschäftigen sich doch alle nur mit der Schlussfolgerung, dass Gott das Gute aus dem Bösen schaffen kann, was ja auch ganz wahr und tröstlich ist und den Glauben der Menschen an die göttliche Vorsehung und ihr Vertrauen in das Leben mehrt.
Eine sehr dem Wortlaut folgende und auch schöne Frucht dieser Geschichte, aber bestimmt nicht ihre hauptsächliche Botschaft. Die hat sehr viel mehr mit unseren Moralvorstellungen und unserem Verhalten zu tun. Erst haben wir ja die dicken Bücher unserer Moraltheologie auf eine praktische Spielregel reduziert: Füge niemandem Schaden zu. Das war ja auch ein großer Schritt, der konform geht mit der Einstellung Jesu, als er das ganze Gesetz und die Propheten auf das Doppelgebot reduzierte: Liebe deinen Gott und deinen Mitmenschen. Die Liebe zu Gott manifestiert sich für uns in der Liebe

zu unseren Mitmenschen, und die praktische Anwendung der Nächstenliebe ist: Füge deinen Nächsten keinen Schaden zu und, wenn möglich, sei ihnen eine Hilfe. Diese Lösung befreit uns von den Fesseln der Kasuistik, von Skrupeln des Gewissens und Details der Gesetzgebung. Darin verwirklicht sich eine noch größere Freiheit. Wenn die Umsetzung der goldenen Regel meines Verhaltens bedeutet zu tun, was für meinen Mitmenschen gut ist und zu unterlassen, was ihm schadet - und ich außerdem entdecke, dass ich ja eigentlich nie genau wissen kann, was sich für ihn als gut oder schädlich erweist, dann gibt mir dies doch eine völlige Freiheit in meinem Verhalten, nicht wahr?

Viele Menschen haben Angst vor dieser Freiheit und das ist der Grund, warum sie diesen Punkt in der Geschichte nicht sehen wollen. Es geht hier ganz und gar nicht darum, eine unverantwortliche Beliebigkeit zu rechtfertigen; der gesunde Menschenverstand wird dies verhindern und das soziale Leben wird auch normal weitergehen. Denn wir müssen doch, wenn wir ganz ehrlich sein wollen, zugeben, dass wir wirklich nicht wissen, was für einen Menschen gut oder schlecht ist. Unter Beachtung unserer demütig empfundenen Grenzen sollte uns das eigentlich in dem Moment, wo wir Entscheidungen treffen müssen, einen ganz großen inneren Frieden vermitteln. Denn wir haben jetzt nicht länger die volle Last der Verantwortung, immer und für jeden das Richtige tun zu müssen – und für das universelle Wohlergehen der ganzen Menschheit verantwortlich zu sein! Unsere Rolle besteht vielmehr darin, uns in aller Aufrichtigkeit unseres Gewissens und innerhalb der Grenzen unserer Handlungsmöglichkeiten dem anzunähern, das uns als die ‚Kunst des Möglichen' in jeder Option als das jeweils Beste erscheint – Gott aber ist der Eine, dem wir überlassen können, in Seiner Weisheit und Vorsehung das Negative in positives zu verwandeln. Wenn wir dies nur richtig verstehen würden, würde die moralische Last unseres Gewissens erheblich verringert. Hierin liegt die Botschaft dieser auf den ersten Blick einfachen Geschichte. Glück? Pech? Wer weiß das schon? Und wenn wir es schon nicht wissen, warum sollen wir uns dann Sorgen darüber machen? In jedem Fall ist es doch schon Glück für uns, wenn wir die Botschaft dieser Geschichte verstehen, nicht wahr?"

Wir diskutierten diese Geschichte immer weiter, während wir steten Schrittes die schönen Wege um Lonavla herum liefen. Ich war zu dem Schluss gekommen, dass sie eines der universellen Gleichnisse darstellt, wie man sie in fast allen Literaturen der Welt findet. Auch ich selbst war schon auf ähnliche Gleichnisgeschichten gestoßen, jeweils mit unterschiedlichen Handlungen, aber mit derselben Kernbotschaft; nämlich in einer Sufi-

Geschichte, einer Derwisch-Geschichte und natürlich auch in einer indischen Geschichte. Ich erzählte Tony diese indische Geschichte, die ihren Erzählrahmen in einem der klassischen Dialoge zwischen dem Herrscher Akbar (dem aus einem populären, demokratischen Gefühl heraus immer der schlechtere Part einer Diskussion zufällt) und seines Wesirs Birbal (der mit seinem Humor und seiner Schlagfertigkeit den Geschichten immer mit einer unerwarteten Wendung zu einem happy-end verhilft) findet. Sie geht folgendermaßen: Eines Tages gingen Akbar und Birbal zusammen im Wald zur Jagd. Als er sein Gewehr abfeuerte, brach sich Akbar den Daumen und hatte große Schmerzen. Birbal verband die Wunde und bot seinem Herrscher zum Trost einige philosophische Gedanken an: „Majestät, niemals wissen wir, was für uns wirklich Glück oder Pech ist, was gut oder schlecht." Der Herrscher hatte keine Lust, sich in dieser Lage auch noch weise Geschichten anzuhören, wurde wütend und warf seinen Wesir in einen ausgetrockneten Brunnen. Dann lief er alleine weiter und suchte sich seinen Weg durch den wilden Dschungel, wo er eine Gruppe von Waldbewohnern traf. Diese waren ihm nicht freundlich gesonnen, umzingelten ihn, nahmen ihn gefangen und brachten ihn zu ihrem Häuptling. Der Stamm war mit den Vorbereitungen zu einem Menschenopfer beschäftigt, und Akbar schien das von Gott gesandte Opfer zu sein. Der Oberpriester untersuchte das Opfer und bemerkte dabei den Verband um seinen Daumen. Sofort verwarf er die Idee, Akbar als Menschenopfer darzubringen, denn das Opfer musste makellos sein. Akbar wurde dadurch natürlich sofort klar, wie Recht Birbal doch gehabt hatte. Er empfand Reue, und als die Waldbewohner ihn freigelassen hatten, rannte er zurück zu dem Brunnen, in den er seinen Wesir geworfen hatte. Er half ihm heraus und bat ihn um Vergebung für das, was er ihm ungerechter Weise angetan hatte. Birbal jedoch antwortete: „Du brauchst dich nicht zu entschuldigen, weil du mir gar keinen Schaden zugefügt hast. Ganz im Gegenteil, du hast mir einen großen Gefallen getan, denn du hast mein Leben gerettet. Hättest du mich nicht in den Brunnen geworfen und wären wir zusammen diesen Wilden in die Hände gefallen, so hätten sie zweifellos mich als Menschenopfer auserwählt und ihrem Gott geopfert, weil ich makellos bin. Du siehst, wir können nie genau wissen, was wirklich gut oder schlecht für uns ist."

Tonys Kommentar dazu: „Wenn alle Kulturen in solch einem Punkt übereinstimmen, dann liegt darin umso sicherer eine tiefe Wahrheit und sie haben uns damit etwas Wichtiges zu lehren. Mir scheint die Lehre aus dieser universellen Geschichte zu sein, dass wir weder unser Leben noch unsere Entscheidungen, weder unser Versagen noch unsere Erfolge, nicht einmal unsere moralischen Verfehlungen und unsere großen Verdienste zu ernst nehmen sollen. Lass uns, was immer wir tun, mit leichtem Herzen und frohem Geist tun, und so wird sich am Ende alles zum Guten wenden. Glück? Pech? Wer weiß das schon?"

Aber dann hatte ich für Tony noch eine kleine Überraschung. Kurz bevor ich nach Lonavla aufgebrochen war, hatte ich einen Text des heiligen Augustinus entdeckt. Ich war mir sicher, dass er Tony gefallen würde. Dies war der rechte Moment, ihm diesen Text zu zitieren. Ich habe ihn im Kommentar des heiligen Augustinus zum ersten Johannesbrief gefunden und in der Textstelle heißt es: „Wünschst du deinen Freunden, dass sie ein gutes Leben haben? Du tust gut daran. Wünscht du deinen Feinden den Tod? Das ist nicht richtig. Denn vielleicht ist ja das gute Leben, das du deinem Freunde wünschst, für ihn ganz unnütz, während der Tod, den du deinem Feind an den Hals wünschst, sich für ihn als Vorteil erweist. Niemals wissen wir, ob die Fortsetzung des Lebens für irgendjemanden gut oder schlecht ist." Augustinus schien die Moral dieser Geschichte sogar auf das Leben selbst anzuwenden. Leben? Sterben? Gut? Schlecht? Wer weiß das denn schon?

Tonys Kommentar, als ich ihm die Geschichte erzählt hatte: „Schlechte Logik, aber gute Theologie!" Schlechte Logik deshalb, weil wir nicht wissen, ob eine bestimmte Handlung für einen anderen Menschen von Nutzen oder von Vorteil ist, warum also sollten wir diese dann überhaupt ausführen? Wenn aber die Überlegung, dass der Tod vielleicht für meinen Feind etwas gutes bedeutet, mir erlaubt, ihn nicht umzubringen, so ist dies gute Theologie und zeugt von gesundem Menschenverstand. Das ist unsere Situation: Wir wissen nie genau, was für uns oder für irgend jemanden gut oder schlecht ist, aber wir können munter fortfahren, das zu tun, was uns in jedem Fall das Angemessenste zu sein scheint, ohne damit unseren Geist zu belasten oder unser Herz durch Sorge zu beschweren. Das ist in Wahrheit der Sinn dieser Geschichte von dem alten chinesischen Landarbeiter. Und das ist auch die praktische Zusammenfassung von Tonys Moraltheologie.

10. DER GOTT DES NICHT-WISSENS

Am ersten Tag in Lonavla kündigte Tony an, dass eines der Themen, die er in diesen Tagen besonders intensiv behandeln wolle, unser Gebetsleben und die Praxis unseres Glaubens sei - unsere Vorstellungen von Gott und unsere Beziehung mit und zu Ihm. Diese Absicht ging jedoch in der unvorhersehbaren Themenmixtur unter, die dem ersten Tag folgte und in meinen Notizen finde ich nur gelegentliche Verweise darauf. Aber die Tatsache, dass Tony das Thema am ersten Tag besonders betonte, beweist, dass es ihm eigentlich ein besonderes Anliegen war, sich damit zu beschäftigen. Dass es dann leider doch in der sich entwickelnden Vielfalt unterging, ist für jeden verständlich, der Tonys radikal informelle Workshops kennen gelernt hat, bei denen Strukturen und Regeln eher zweitrangig waren. Es gab Tage, an denen Tony in den Gruppenraum kam, nachdem er sich sorgfältig vorbereitet und sein Thema auch vorher genau angekündigt hatte. Aber bevor er überhaupt seinen Mund öffnen konnte, stellte ihm schon jemand aus der Gruppe eine Frage – und Tonys Thema war großzügig vergessen, wenn es darum ging, eine für einen der Teilnehmer dringende und wichtige Angelegenheit zu besprechen – und oft nahm der ganze Kurs eine völlig unerwartete Wendung. Manchmal ärgerten sich TeilnehmerInnen darüber, und Tony gab diesen plötzlichen Bitten und Forderungen auch nicht immer nach, jedoch war der Mangel an systematischem Vorgehen offensichtlich. So wie ich dieses Beispiel beschrieben habe, geschah es des öfteren: Ein Thema, das feierlich angekündigt worden war, wurde genauso schnell und unschuldig wieder vergessen.

Bereits in den frühen Sadhana-Jahren hatte Tony angefangen, sich Notizen zu machen und diese auf sieben Seiten fotokopiert in Umlauf zu bringen. Sein Arbeitstitel war: *Some Notes on Prayer (Einige Gedanken über das Beten)*. Dies war das Samenkorn, aus dem später sein erstes Buch *Sadhana, a Way to God* entstand. In dem Entwurf, wie auch später in seinem Buch, trifft er eine klare Unterscheidung zwischen dem „Gebet der Frömmigkeit" (devotional prayer) und dem „Gebet des Gewahrseins" („awareness Prayer"). Dieser Begriff findet sich auch in der deutschen Übersetzung seines Buches *Mit Leib und Seele meditieren* und bezieht sich auf den Zustand der „Wahrnehmung", des „sich Bewusstseins", des „Erfühlens und Bewusstwerdens innerer Zustände". Dort sind die englischen Bezeichnungen übersetzt als das „Andachtsgebet" und das „intuitive Gebet" (S. 48).

Diese Differenzierung ist sehr wichtig, um Tonys religiöses Denken zu verstehen. Er wendete dieselbe Unterscheidung nämlich auch in Bezug auf Gott direkt an, d.h. auf unsere Vorstellung von Gott als dem „Gott der Frömmigkeit" (God of devotion) und dem „Gott der Wahrnehmung" (God of awareness) d.h. den Gott, dessen Anwesenheit mir bewusst ist, dessen ich mir gewahr bin. Der Gott des Wissens und der Gott des Nicht-Wissen.

Diese Unterscheidung findet man traditionell auch im hinduistischen Indien, und sie hilft uns, die verschiedenen Arten der Hinwendung des Menschen zu Gott zu verstehen. Beide Glaubensweisen werden hier respektiert und keine der anderen vorgezogen. Vielmehr werden die verschiedenen Möglichkeiten offenbart, die dem Menschen offen stehen und derer er sich bedienen kann, ganz nach seinen Vorlieben, Neigungen und Bedürfnissen, die zu gewissen Zeiten seines Lebens auch verschieden sein können. Die Hinduterminologie könnte informell übersetzt werden als „der konkrete Gott" und „der abstrakte Gott". Beide Annäherungen, beide Bezeichnungen beziehen sich natürlich auf dasselbe „höchste Wesen". Aber jede beschreibt einen unterschiedlichen Aspekt Seiner unendlichen Wirklichkeit, so wie es das begrenzte Verständnis des Menschen in Glauben und Ehrfurcht wahrnimmt.

Der „Gott der Frömmigkeit" bezieht sich auf eine Gottesvorstellung, an die die meisten von uns gewöhnt sind. Wir betrachten Gott als das Objekt unserer Liebe und unserer Verehrung, unserer Gebete und unseres Kultes. Ein Gott, zu dem wir sprechen können und der selbst auch in der Sprache des Glaubens und im Geheimen unseres Gewissens, in unseren Herzen zu uns spricht; ein Gott, dessen Bilder wir gestalten können (der „konkrete" Gott). Wir müssen uns allerdings bewusst sein, dass wir es dabei nur mit selbstgeschaffenen Bildern zu tun haben, von denen wir jedoch insofern Hilfe erfahren können, als wir sie einsetzen um unsere Gedanken auf Ihn zu konzentrieren, um unserem Glauben Leben einzuhauchen und unsere Liturgie darauf aufzubauen. Er ist ein Gott, in den wir uns verlieben, den wir ständig an unserer Seite wissen, den wir unseren Vater und Schöpfer nennen und an den wir uns wenden können, mit dem nötigen Respekt und der nötigen Ehrfurcht, wie an einen Freund, einen Bruder und einen Liebhaber.

Als „Gott der Frömmigkeit" kennen wir ihn auch aus unserer Tradition und unseren Erfahrungen, aus Poesie und darstellender Kunst. Er ist der Gott unserer Kapellen und Kathedralen, einer ganzen Zivilisation, gegründet auf Glauben und Liebe, die im Laufe der Geschichte die besten Seiten im Menschen zu wecken und zu entwickeln vermochte, indem sie allen Reichtum und alle Niedrigkeit der Erde bis zum Himmel erheben konnte. Unsere hauptsächliche Verbindung zum „Gott der Frömmigkeit" ist das dem Glauben entspringende Gebet - und Tony war ein anerkannter Meister dieser Kunst. Viele Menschen fühlten sich von ihm besonders aufgrund dieses außergewöhnlichen Talents angezogen, andere das Beten zu lehren. Was immer er auch sonst noch war, er war ein Meister des Gebetes. Er selbst erwähnt in der Einleitung seines ersten Buches *Sadhana, a Way to God*, dass er überrascht war, so viele spirituell orientierte Menschen zu treffen, die nicht wussten, wie sie beten sollten. Und so viele spirituelle Lehrer, die nicht wussten, wie man das Beten lehren könne. Im Gegensatz dazu versichert er, dass es für ihn „immer relativ leicht war, anderen Menschen auf ihrem Weg zum Gebet zu helfen". Ein gemeinsamer Freund hat es etwas plastischer ausgedrückt: „Tony konnte sogar einen Stein zum Beten bringen." Tony wusste um sein eigenes Charisma und wendete es großzügig an. Auch glaubte er selbst so stark an die Macht und die Kraft seines Gebetes und seines Glaubens, dass er eine Zeit lang ernsthaft überlegt hatte, wie er uns später einmal offen erzählte, sich mit Hilfe der Gnade Gottes als charismatischer Geistheiler zu betätigen.

Ich habe in Tonys Ausübung seines geistlichen Amtes drei unterschiedliche Stadien beobachtet (die auch seine eigene persönliche Entwicklung reflektieren) und dies ist der Ort, um sie voneinander abzugrenzen: Tony als spiritueller Lehrer (die Exerzitien und Retreat Bewegung), Tony als Therapeut (Sadhana I) und Tony als Guru (Sadhana II). Diese Etiketten sind natürlich sehr einengend und die verschiedenen Stadien überlappen einander, aber im Grossen und Ganzen geben sie die Wirklichkeit und Tonys Entwicklung in seinem Denken und Arbeiten wieder. Sein ganzes Leben hindurch hat er sich stetig fortentwickelt, mit offenem Geist und im Herzen bereit, immer das Beste von dem, was er selbst in der Vergangenheit gelernt und erfahren hatte, mit neuen Methoden und Ideen in der Gegenwart zu kombinieren. Da er fest im Alten und Bewährten verwurzelt war, nahm er sich die Freiheit, Neues bereitwillig zu akzeptieren.

Seine eigene Offenheit und Aufrichtigkeit führten ihn auch dazu, sich all der Schwierigkeiten bewusst zu werden, die das Konzept des „Gottes der Frömmigkeit" mit sich brachte - so legitim und fruchtbringend dieses Konzept in sich selbst auch ist. Um dies zu erklären, brachte er einmal ein Beispiel, wobei er die Sprache der Transaktionsanalyse benutzte: „Gott als ‚Vater' zu betrachten wirft für uns ein Problem auf, denn früher oder später sehen wir Ihn in der Rolle des kritischen ‚Eltern-Ichs'. Dies ist die Rolle des negativen Zensors und strikten Kontrolleurs, die wir alle verinnerlicht haben und die bewirkt, dass wir ‚elterliche Befehle' vermittelt bekommen, die wir als Drohung, als Zwang, als Bestrafung erleben und die uns durch eine widerstrebende Unterwerfung, aus Angst, zähmen sollen. Dies ist gerade nicht, was Gott will, aber es ist ganz sicher die Art und Weise, wie viele Gläubige Gott erleben und wonach sie ihr Gottesbild formen. Für unser geistliches Leben ist dies im höchsten Maße schädlich. Es ist das Image eines unsicheren Gottes, geschaffen durch unsichere Menschen; eines Gottes, der Angst davor hat, dass die Menschen ihn vielleicht vergessen könnten, der um die Aufrechterhaltung seiner eigenen Glorie besorgt ist und deshalb den Menschen durch strikte Regeln und strenge Bestrafung kontrollieren will. Eine schmerzvolle Karikatur von Gottes höchst majestätischem Sein, aber doch nicht unrealistisch in der Gedankenwelt „derer, die den Herrn fürchten", wie schon die Juden ihre Proselyten nannten. „Eine Religion der Angst kann man wohl schwerlich eine gute Nachricht, ein Evangelium nennen", sagte Tony.

Deshalb sprach er eindringlich von Gottes „bedingungsloser Liebe" im Gegensatz zur menschlichen Liebe, die immer irgendeiner expliziten oder impliziten Bedingung unterworfen ist. Gott liebt mich. Punkt. Da gibt es kein „nur wenn ich mich anständig benehme, wird Gott mich lieben". Sondern Gott liebt mich so, wie ich bin, der gleiche Sünder wie immer, ohne an seine Liebe oder mein Verhalten Bedingungen zu knüpfen.

In diesem Zusammenhang zitierte Tony oft J.B. Phillips, den begnadeten Bibelübersetzer, der einmal gesagt hat: „Der Unterschied zwischen dem Alten und dem Neuen Testament ist, dass Gott im Alten Testament die Gerechten liebt und die Sünder bestraft, während er im Neuen beide liebt." Diesen Punkt illustrierte Tony gerne mit einer bewegenden Geschichte aus seinem eigenen Leben: „Da habe ich doch einmal meine Mutter gefragt, teils um sie zu foppen und teils auch, um sie auf die Probe zu stellen: ‚Wie würdest du dich fühlen, wenn ich mein Priesteramt aufgäbe und statt dessen heiratete?' Sie schaute traurig drein und antwortete: ‚Ich würde dies als sehr schmerzhaft empfinden ... aber deine Frau wäre meine Tochter.'" Tony fuhr fort: „Mein Gefühl ist, dass diese Einstellung genau wiedergibt, wie auch Gott mich liebt. In seiner Liebe gibt es keine Bedingungen."

Dies war ein wunderschöner und tröstlicher Gedanke, und wir alle fühlten in unseren Herzen, dass es sich dabei um die echte, wirkliche und ewige Wahrheit handelt. Gleichzeitig aber hatten wir ein Problem: Diese Hoffnung ist nicht einfach auf einem rein logischen Niveau mit den ernsten Dogmen des Jüngsten Gerichtes und der Existenz einer Hölle und, ganz generell, mit dem ewigen Problem, das allen Glaubenssystemen und Philosophien zugrunde liegt, nämlich dem der Existenz menschlichen Leidens und moralischen Übels in der Welt, in Einklang zu bringen. Wenn Gott nämlich den Menschen liebt und gleichzeitig alles bewirken kann, dann könnte Er doch, der christlichen Theologie folgend, unter Berücksichtigung der menschlichen Freiheit auch Frieden und Wohlstand in der Welt etablieren - warum tut Er es also nicht? Tonys Antwort fiel so aus, wie die Antwort aller kontemplativen Denker aller Jahrhunderte und aller Erdteile. Die Antwort kann nicht darauf basieren, Schlussfolgerungen zu konstruieren, sondern es muss darum gehen, das Wirken Gottes besser verstehen zu können. Dazu muss man das herrschende Vorstellungskonzept von Gott einer Reinigung unterziehen und immer tiefer in die Dunkelheit des Glaubens eindringen - auf demselben Wege, wie die Mystiker aller Religionen, die mit einem liebenden und glaubenden Herzen mehr fühlen als wissen, was über die Grenzen menschlicher Vernunft hinausgeht.

Tony war so etwas wie eine Autorität in Theologie und Praxis der Mystik und zitierte freimütig und vertraut Denker wie die heilige Theresa von Avila, den heiligen Johannes vom Kreuz, Katharina von Siena, Meister Eckhart, Juliana von Norwich und den anonymen Klassiker *Die Wolke des Nichtwissens*. Dieses Buch war für uns alle eine Pflichtlektüre. Als Beispiel zitiere ich hier ein paar kurze Stücke daraus:

„Ja, so wertvoll diese Dinge auch sein mögen, ich behaupte trotzdem, dass es nutzlos ist zu versuchen, deine kontemplative Liebe durch das Betrachten der Eigenschaften Gottes, zum Beispiel seine Güte und Größe, zu fördern. Auch durch Nachsinnen über Maria, die Engel oder die Heiligen oder über die Freuden des Himmels wird dir das nicht gelingen. Eine Beschäftigung dieser Art nützt dir jetzt nichts mehr. Gewiss ist es nicht schlecht, Gottes Güte zu betrachten, Ihn dafür zu lieben und zu loben, doch jetzt ist es weitaus besser, ganz und gar in der reinen Wahrnehmung seines unverdeckten Seins zu verweilen und Ihn um Seiner göttlichen Wirklichkeit willen zu loben und zu lieben. (aus I, Kap.5)"

„Deshalb werde ich alles beiseite lassen, das ich denken kann und für meine Liebe nur das auswählen, was für mich undenkbar ist. ... Warum? Weil Gott geliebt, aber nicht gedacht werden kann. Darum ziehe ich es vor, alle Erkenntnis hinter mir zu lassen und den zu lieben, den ich nicht im Denken erkennen kann. Können wir Gott auch nicht denkend erkennen, so können wir ihn doch lieben und unsere Liebe kann ihn erreichen und ihn umfangend erkennen, nicht aber unser Denken. Natürlich ist es gut, über Gottes Größe nachzudenken, schon der Einsicht wegen, die solche Betrachtungen mit sich bringen. Doch in der echten kontemplativen Übung musst du alles das zurücklassen und mit der Wolke des Vergessens bedecken. Lass nur noch deine liebende Sehnsucht ruhig und gelassen, mutig und froh emporsteigen, um das Dunkel über dir zu durchdringen. Durchstoße diese dichte Wolke des Nichtwissens mit dem Speer deiner liebenden Sehnsucht. Lass nicht nach, mag kommen was will."(aus I, Kap. 6)

„[...] Weise deine Gedanken zurück aus Liebe zu Gott; ja, auch wenn solche Gedanken heilig zu sein scheinen und darauf angelegt, dir bei deiner Gottessuche zu helfen [...], sogar wenn es Gedanken über Christi heilige Passion sind. Wenn jemand sich jedoch lange Zeit in diesen Betrachtungen geübt hat, dann ist es jetzt an der Zeit, diese aufzugeben und die Wolke des Vergessens über sie zu breiten, falls er hofft, jemals die Wolke des Nichtwissens zwischen sich und Gott zu durchstoßen." (aus I, Kap. 7)

Dieses Stillewerden des Intellekts in der Präsenz der göttlichen Majestät führt zu dem „abstrakten Gott", dem „Gott des Gewahrseins, der bewussten und reinen Wahrnehmung" oder dem „Gott des Nichtwissens" – alles Worte, um das eigentlich Unsagbare zu beschreiben. Das zur Ruhe kommen des Denkens ist die höchste Form der Anbetung Gottes; und die einzige Art, Ihn im ständigen persönlichen Wahrnehmen (personal awareness) der Welt, die Er um uns herum und in uns geschaffen hat, zu finden. Es ist das anonyme Gebet, das uns in der geheimen Liturgie des Universums mit der Quelle allen Seins vereint - mit jedem Atemzug, den wir tun und mit jedem Wort, das wir in unserer täglichen Hingabe an das Leben sprechen. Dies war für Tony die tiefste Form der Spiritualität, und sie zu erlangen war das Ziel der gesamten Anstrengung, um all unser An-etwas-haften, alle Abhängigkeiten, Illusionen und lähmenden Konditionierungen, ja, alles Denken fallen zu lassen. In diesem Ziel lag das eigentliche Zentrum seiner Lehre.

Meiner Meinung nach besteht hierin einer der größten Verdienste Tonys, sowohl einzelnen Menschen gegenüber, die mit ihm in Berührung kamen, als auch für die Kirche, die er liebte. Dieses Geschenk bedeutet nicht weniger, als dass er denen, die im zuhörten, den Geist öffnete und den Weg für Erfahrungen frei machte, um neue Wege des Verstehens und des Lebens in Gott zu finden. Dies ist sein wirklich großer Beitrag, seine Antwort auf die Krise des Glaubens und des Gehorsams, die das Gewissen der Gläubigen heimsucht und der Kirche Sorgen bereitet. Die optimale Lösung der Krise besteht darin, innerhalb unserer eigenen Tradition nach neuen Wegen zu suchen, um Gott zu verstehen und zu erspüren – und damit nicht nur unseren Glauben und unsere Religiosität zu retten, sondern auch zum Wachstum von Gottes Ehre und zum eigenen Nutzen der Menschen beizutragen.

Ein ganzes Buch habe ich selbst über dieses Thema geschrieben, basierend auf den Ideen, die ich von Tony übernommen habe und die mir auf radikale Art und Weise in meinem Leben und in meinem Umgang mit Menschen geholfen haben, die auf der Suche nach Gott sind (*Sketches of God* - deutscher Titel: *Lass Gott – Gott sein* Santiago Verlag).

Ich weiß um die Wichtigkeit von Tonys Beitrag und erkenne freudig an, wie sehr ich dafür in seiner Schuld stehe. Als mich zum ersten Mal jemand um spirituelle Beratung bat und fragte: „Wenn ich meine Aufmerksamkeitsübungen durchführe, um mit mir selbst in Kontakt zu kommen, mit meinem Atem, meinen Sinnen, der Natur, die mich umgibt, dem Raum, der Schöpfung als Ganzem – ist das dann Gebet?", da war meine spontane Antwort (vorbereitet durch eine viele Jahre hindurch gewachsene Erfahrung, die in diesem Moment ihren sprachlichen Ausdruck fand): „Ja, wenn du mit dir selbst in Kontakt bist, bist du auch in Kontakt mit Gott!" Auf diese Antwort bin ich seitdem stolz, denn sie war nicht eingeübt oder vorweggenommen, sondern entstand jungfräulich in meinem Denken als die reife Frucht einer langen Erfahrung, auf die ich hier an dieser Stelle nur kurz eingehen konnte.

Das Schlüsselwort für Sadhana ist „awareness" (Gewahrsein, Wahrnehmung). Wenn erst einmal unser Glaube uns dazu führt, dass wir Gott in allen Dingen sehen und fühlen können (an dieser Stelle lasse ich meine jesuitischen Mitbrüder an die „Kontemplation zur Verwirklichung der Liebe" unseres Gründungsvaters Ignatius denken), dann führen uns die Übungen schließlich zur heiligen Wahrnehmung der göttlichen Präsenz in uns und in allen Dingen - und sie werden so zu einer intimen, überzeugten und alles durchdringenden Verehrung und Anbetung von Ihm, „in dem wir leben, uns bewegen und unser Sein haben".

Tony sagte dazu: „Sadhana wird für euch keinen Nutzen haben, solange ihr es nicht tief in eure Wahrnehmung des Unbegrenzten hinabsinken lasst."

11. ICH UND NICHT - ICH
Ichhaftigkeit loslassen, um zur Selbstlosigkeit zu gelangen

Dies war der größte Sprengsatz, den Tony für uns vorbereitet hatte. Wiederholt hatte er darauf hingewiesen und immer wieder angekündigt, dass die endgültige Antwort auf alle Fragen warten müsse, bis dieser essentielle Punkt durchleuchtet und geklärt sei. Nun nahm er sich einen ganzen Tag Zeit, um dieses Thema so ausführlich zu bearbeiten, bis er selbst das Gefühl hatte, dass es genug war. Auch noch an den nächsten Tagen verwies er immer wieder darauf, um all die verschiedenen Gedankenstränge, die er während des Kurses eingebracht hatte, in dem einen und einzigen Knoten von höchster Wichtigkeit miteinander zu verknüpfen. Er nannte es das Ende der Sadhana, den Königsweg, um alles, an das man sein Herz gehängt hat, alle Abhängigkeiten, alle Illusionen und Konditionierungen zu eliminieren - den traditionellen Pilgerweg aller Mystiker und die höchste Errungenschaft aller Heiligen. Dies war, in einem Wort zusammengefasst, das Alles-oder-Nichts. Das Jetzt-oder-Nie unserer spirituellen Anstrengungen - und das unserer Existenz auf Erden. Hier sprach jetzt Tony der Guru, der den begierigen Schülern sein heiliges Mantra (seine Erlösungsformel) offenbarte. Das Einzige, was hier noch gefehlt hätte, war, wie es in Indien unter Hindus üblich ist, einen Astrologen zu befragen, um den günstigsten astralen Zeitpunkt für diese Initiation herauszufinden und dabei den höchst möglichen Effekt zu erzielen. Bei allem Ernst und aller Feierlichkeit des Themas erlaubte ich mir, spaßeshalber diese Bemerkung einzuwerfen. Aber solche Sachen machte Tony natürlich nicht. Abgesehen davon scheute er jedoch keinen Aufwand, um die Wichtigkeit des Kommenden hervorzuheben.

Was er zu sagen hatte, klang bei aller Komplexität eigentlich ganz einfach: „Das ICH gibt es gar nicht! Es existiert kein ‚Selbst'!" Dieses „Ich selbst", das „Ego", oder was auch immer mit dem Etikett des ICH bezeichnet wird, dass ich bin und darstelle, ist eine Illusion, der kein Wirklichkeitswert zukommt. Das bedeutet nicht, dass mein Körper und meine Seele nicht existieren würden - sie existieren ganz offensichtlich und allgemein wahrnehmbar. Es bedeutet, dass die „Person, das Subjekt", deren Existenz, hinter oder über oder in diesem Leib–Seele–Kontinuum vorausgesetzt wird, auf reiner Einbildung beruht, auf einer Fiktion des Denkens, die unberechtigt, unnötig und sogar schädlich ist. Das imaginäre ICH ist die Ursache all unserer Probleme, und dieses ICH loszulassen, ist die wahre und ultimative Befreiung. So einfach ist das. Bevor wir uns dadurch aber zu sehr verwirrt fühlen oder gar defensiv und ablehnend reagieren konnten, zitierte Tony die Worte des Herrn an die Heilige Katharina von Siena: „Ich bin, der ist; du bist die, die nicht ist." Dies ist die Wahrheit, die wir uns bewusst machen müssen. „Wir" sind nicht. Wir, als das, wie wir uns wahrnehmen, sind so nicht. Ich als ICH existiere nicht. Ich bin so daran gewöhnt, mich selbst als ICH wahrzunehmen, dass dieser Gedanke natürlich zu Anfang nicht leicht fällt. Der erste Schritt muss jetzt darin bestehen, verstandesmäßig zu begreifen, was genau damit gemeint ist, und dann den viel wichtigeren und auch viel schwierigeren Schritt zu gehen, diese inhärente Wahrheit zu akzeptieren, zu assimilieren, sich bewusst zu machen und dementsprechend im Leben zu beherzigen. Lassen sie uns Schritt für Schritt vorgehen.

Tony stellte sich in die Mitte der Gruppe, die in einem lockeren Kreis auf den berühmten „Sadhana-Stühlen" saß, sehr komfortablen Stühlen mit verstellbarer Lehne, die verhinderten, dass die Knochen während der langen täglichen Sitzungen allzu steif wurden. Er nahm einen Stuhl in die Hand, zeigte darauf und sagte dabei: „Gibt es einen Unterschied, ob ich sage ,dieser Stuhl' oder ,mein Stuhl'? Sicherlich nicht für den Stuhl. Für den Stuhl hat sich nichts verändert, indem ich ihn als ,meinen' bezeichnet habe. Wo die Natur der Dinge betroffen ist, gibt es kein ,mein'. Wenn es mich nicht mehr gibt, dann bleibt dieser Stuhl dennoch derselbe. Das ,mein' fügt dem Stuhl nichts hinzu; es ist eine reine Konstruktion meines Denkens. Dasselbe betrifft meine Gemeinde, mein Heimatland, meine Familie, meine Freunde. Buddha sagte dazu: ,Wenn jemand sagt „Dies sind *meine* Söhne, *mein* Haus, *mein* Land... „ , dann sind dies Worte eines törichten Menschen, der nicht versteht, dass nicht einmal er selbst sich gehört.' Wenn dieses ,mein' nichts hinzufügt, wenn es in Verbindung mit irgendetwas anderem genannt wird, dann fügt es auch nichts hinzu, wenn es in Verbindung mit mir selbst genannt wird. ,*Mein*' ICH bedeutet nichts."

Als nächstes nahm Tony statt des Stuhls ein Buch in die Hand. Wieder wandte er sich der Gruppe zu: „Schaut euch dieses Buch an. Aus was ist es gemacht? Ich kann es so präzise ausdrücken als wäre es eine mathematische Gleichung: Papierseiten + Buchstaben + Umschlag + Bilder = Buch. Alles klar? Aber hört euch an, was passiert, wenn ich es folgendermaßen ausdrücke: Papierseiten + Buchstaben + Umschlag + Bilder + Buch = Buch. Da stimmt doch etwas nicht, nicht wahr? Ich habe das Wort ,Buch' in die Definition des Buches eingeschmuggelt. Das kann so nicht funktionieren. Jeder logisch denkende Mensch wird diesen Fehler sofort entdecken und mich darauf hinweisen, dass ich nicht ein Buch durch ein Buch definieren kann. Ein

Teufelskreis. Also schaut mal her. Hier ist Kurt (einer der Männer der Gruppe). Aus was ist er gemacht? Nun, zur Beantwortung dieser Frage gibt es unterschiedliche Theorien, die alle verschiedenes dazu zu sagen haben; einige werden behaupten, dass er aus Staub gemacht ist, aus Erde, Wasser, Wind und Feuer. Andere werden behaupten, aus Molekülen, Atomen und Elektronen, wieder andere sagen, aus Geist, Körper und Seele oder, wie wir jetzt vorziehen zu sagen, schlicht und einfach aus Körper und Geist. Dann sieht unsere Gleichung folgendermaßen aus: Körper + Seele = Kurt. Aber das ist es ja nicht, was wir sagen. Wir sagen: Körper + Seele + Kurt = Kurt. Wir schmuggeln die Person Kurt in die Definition Kurt hinein. Wir setzen ein ICH über seinen Körper und seine Seele und setzen es davon ab, das heißt, wir setzen ‚Kurt' in Kurt hinein. Wir weisen Kurt die Rolle zu, ‚Kurt' zu besitzen und zu kontrollieren und damit lassen wir ihn in eine Identitätsfalle tappen, aus der er sich niemals mehr selbst befreien kann. Denn Kurt weiß bald nicht mehr, welcher Kurt er denn nun ist - der Kontrolleur oder der Kontrollierte."

Nachdem er erklärt hatte, dass das Beispiel mit dem Buch und der Person die einfachste Art sei, die er bis jetzt gefunden hätte, um in diese Materie einzuführen, fuhr Tony fort: „Seht mal, ich bestehe doch nur aus meinem Körper und meiner Seele, und doch führe ich dieses ICH ein, das über ihnen steht und spreche dann von ‚meinem Körper' und ‚meiner Seele'. Wer ist denn dieses ICH, dem meine Seele und mein Körper gehören? Das ist wie diese Geschichte mit dem Iren, der mal seinen Gemeindepfarrer fragte: ‚Wenn ich sterbe, wird mein Körper im Grab sein und meine Seele im Himmel; aber ... wo werde ICH denn sein?' In Wirklichkeit gibt es also gar kein ICH, sondern wir stellen uns einfach nur vor, dass es so etwas wie ein kleines Wesen im hintersten Eckchen unseres Schädels gibt, dem unser Geist und unser Körper gehört, das sich für die beiden verantwortlich fühlt und sie kontrolliert. So entsteht ein ICH, das ‚mich' kontrolliert – und darin liegt eine unmögliche Konfrontation. Denkt mal an den Ausdruck: ‚Ich muss meine Seele retten.' Wer ist denn dieses ICH, das seine Seele retten muss? Jemand, der nicht derselbe ist wie die Seele? Denn wie sonst könnte er sie retten? Also haben wir einem ICH die Verantwortung über die Seele gegeben. Das ‚ICH-Selbst' wird also die Seele retten. Aber wer wird dann das ICH retten? Offensichtlich müssen wir noch einem anderen ICH das Kommando über das erste ICH übertragen. Das zweite ICH wird sich jetzt also um das erste ICH kümmern und es eventuell retten. Was aber passiert dann mit dem zweiten ICH? Wir haben uns also in einem unendlichen Netz verfangen. In einem Raum mit tausend Spiegeln. Eine Illusion folgt der anderen. Solange wir das erste ICH nicht loswerden, gibt es keinen Ausweg aus diesem Labyrinth."

93

Oder betrachtet es mal auf diese Weise: Der Verstand hat das erste ICH erfunden. Dieser Akt hat eine Dualität zwischen dem ICH und der Seele geschaffen. Wir nennen diese Dualität die Opposition zwischen meinem wahren ICH und meinem niedrigeren ICH, dem alten Menschen und dem neuen, dem Sieger und dem Unterlegenen, der Bestie und dem Engel, zwischen meinem den Leidenschaften unterworfenem und dem erlösten ICH, dem befreiten ICH und dem mit Komplexen beladenen ICH – je nach Terminologie der Spiritualität oder der Psychologie. Aber nachdem wir diese Dualität, also diese Trennung und Unterscheidung erst einmal etabliert hatten, mussten wir auch jemandem die Verantwortung übertragen, um die Herrschaft auszuüben, um zu richten und zu kontrollieren. Also noch ein weiteres ICH und noch eins, und noch eins, ohne Ende. Eine ganze Hierarchie von ICHs in unserem Kopf. Der helle Wahnsinn. Der Beobachter, der von einem Beobachter beobachtet wird, der wiederum beobachtet wird durch ... es nimmt kein Ende. Es gibt aus dieser Sackgasse keinen Ausweg, es sei denn, ich sorge dafür, dass ich mich aus dieser erstickenden Umklammerung befreie und den Kopf schon aus der ersten Schlinge ziehe, d.h. schon der Illusion des ersten ICH den Kampf ansage.

„Habt ihr je ein verrückteres Wort als das Wort ‚Selbstkontrolle‘ oder ‚Selbstbeherrschung‘ gehört? Wir benutzen diese Worte häufig und mit Respekt, um auszudrücken, dass wir von jemandem mit einer ausgeglichenen Persönlichkeit und idealem Charakter sprechen, ohne je den Gehalt dieser Worte einer genaueren Prüfung zu unterziehen. Denn was bedeutet Selbstbeherrschung? Dass das ICH mein ICH beherrscht? Dass das ICH etwas anderes beherrscht? Oder dass irgend etwas das ICH beherrscht? Einfach absurd. Der Schachmeister, der sich selbst besiegt. Macht das Sinn? Wer hat gewonnen und wer verloren? Psychologisch gesprochen würde man dies als schizophren bezeichnen – und das ist eine geistige Erkrankung. Der Weg in die Psychiatrie. Und noch ein Beispiel: ‚Ich gebe mir selbst die Schuld dafür.‘ Wer gibt hier wem die Schuld? Bin ich denn in der Mitte geteilt, so dass die eine Hälfte von mir die andere Hälfte für irgend etwas beschuldigen kann? Oder: ‚Ich muss mich selbst besser in den Griff kriegen.‘ Wessen Hand greift wessen Hand, wenn ich mal fragen darf? Wenn es deine Hand ist, dann ist es auch die Hand deines „ICH“, nicht wahr? Das wird ein schönes Stück Arbeit, deine eine Hand mit derselben Hand in den Griff zu kriegen. Oder, wie Alan Watts sagt, deine Zähne mit deinen eigenen Zähnen zu beißen, dein Auge mit deinem eigenen Auge (ohne Spiegel) zu sehen, oder die Spitze deines rechten Zeigefingers mit der Spitze deines rechten Zeigefingers zu berühren. Eine undankbare Aufgabe. Und doch sind wir alle mit Herz und Seele dabei. Selbstverbesserung, Selbstverleugnung, Selbstbestimmung. Aber wer verbessert wen, wer verleugnet wen, wer herrscht über wen? Ein ewiges Karussell, das jeden wahren Fortschritt unmöglich macht, solange wir nicht daraus ausbrechen."

Tony musste all seine beachtlichen schauspielerischen Talente einsetzen, um unsere Aufmerksamkeit aufrecht zu erhalten. Während er sprach, agierte er, gestikulierte, erhob seine Stimme, ahmte nach und gebärdete sich auch mal wie ein Clown, indem er in der verblüfften Gruppe mal den einen, mal den anderen ansprach. Wir alle hörten ihm mit intensiver Entschlossenheit zu, doch entsprach die Intensität des Hörens nicht dem Ausmaß des Verstehens. Ich beobachtete, wie die Bleistifte zweifelnd über leeren Papierseiten schwebten und die weißen, unbeschriebenen Notizblockseiten die Leere in den Köpfen reflektierten, die ganz offensichtlich große Schwierigkeiten hatten, einen schnellen Zugang zu diesen ungewohnten Gedankengängen zu finden. Tony ließ uns umso mehr an seinem Denken teilnehmen und ging von der reinen Logik zur Beschreibung über.

„Das ICH ist nur ein Etikett, dass wir diesem Körper-Seele-Komplex angeheftet haben. Ich bin ein Organismus, der Tony genannt wird. Das ist erst einmal alles, was es dazu zu sagen gibt. Das Problem ist, dass das Etikett die dahinter stehende Wirklichkeit verbirgt, und wir machen häufig den Fehler, das Etikett mit dem zu verwechseln, was es eigentlich bezeichnen soll. Also die Karte mit dem tatsächlichen Gelände, den Namen mit dem Ding. Wir geben dem Etikett eine unabhängige Existenz und glauben, dass diese ‚Person', die Tony ist, unabhängig von seinem Körper und seiner Seele existiert, aber beide beherrscht. Lasst uns mal versuchen, diese Situation zu entschärfen, indem wir uns selbst als ‚Organismen' sehen, denen man einfach nur eine Bezeichnung gegeben hat, um den Umgang miteinander zu erleichtern. Das wird einigen Spaß geben." Er wandte sich also an Joe Puli, den Jesuiten-Provinzial aus Kerala, und sagte ihm: „Ich spreche jetzt zu dir, indem ich auf dich zeige. ‚Ich habe gehört, dass *dieser Organismus* seine Arbeit als Provinzial ganz gut macht.' Wie fühlst du dich dabei? Es gefällt dir natürlich, aber du findest dich durch die Art und Weise, wie ich dieses Statement gebe, nicht sonderlich emotionell stimuliert, nicht wahr? Wenn ich dir aber sagen würde: ‚Es ist mir zu Ohren gekommen, dass du deine Arbeit als Provinzial sehr gut machst', dann empfindest du das schon mehr als ein persönliches Kompliment, das dir Freude macht. Das Gleiche noch mal anders herum: Wenn ich dir sage: ‚Ich habe gehört, dass du als Provinzial eine Katastrophe bist', dann wirst du dir das sicherlich zu Herzen nehmen. Wenn ich aber sage: ‚Ich habe gehört, dieser Organismus ist als Provinzial in seinem Job nicht sonderlich gut', dann bist du nicht ganz so negativ betroffen. Ihr merkt, worum es geht. Das direkte ‚Ich' oder ‚Du' ist bedrohlich, weil es sich selbst als die verantwortliche Entität für alles, was ‚dein Organismus' tut, oder auch nicht tut, sehr ernst nimmt. Erfolg und Misserfolg treffen es direkt. Sobald wir aber dieses bedrohliche Etikett fallen lassen, nimmt die Intensität des Gefühls, egal ob positiv oder negativ, ab. Ich habe herausgefunden, dass ich einem anderen Mann ungestraft sagen kann: ‚Dein Unterbewusstes ist ein echter Mistkerl', worauf er wahrscheinlich mit einem Lächeln reagieren wird. Wenn ich ihm aber sage: ‚Du bist ein Mistkerl', könnte er sehr heftig und beleidigt reagieren und ich müsste mich wahrscheinlich vor ihm hüten. Die Abwertung des ICH, auch wenn es nur verbal vonstatten geht, bringt eine große Erleichterung und eine Verminderung der Erregung mit sich, egal in welcher Situation. Jetzt stellt euch einmal vor, welche Erleichterung eintreten kann, wenn diese Abwertung nicht nur verbal, sondern real erfolgt, wenn ich nämlich realisiere, dass es gar kein ICH gibt und deshalb auch nichts, was es zu verherrlichen und worüber es sich Sorgen zu machen gibt. Genau dies ist die Erfahrung der Mystiker. Der Heiligen Theresa widerfuhr die Gnade, sich selbst als eine andere Person sehen zu können, so, als ob sie sich selbst fremd wäre. Sie fühlte sich nicht länger mit ihrem ICH identifiziert und war deshalb in der Lage, einen übernatürlichen Frieden zu erleben, unberührt von allem, was auch immer geschah, Gutes oder Böses, denn alles fühlte sich an, als ob es jemand anderem passieren würde."

Ich musste an Swami Ramdas denken, den liebenswerten Hindu-Mystiker, der stets von sich in der dritten Person sprach, als ob es das Natürlichste der Welt wäre. Alles, was ihm zustieß, behandelte er so, als ob es jemand anderem geschah. Bei jedem anderen Menschen hätte das künstlich und weit hergeholt gewirkt, aber bei ihm hörte es sich in höchstem Maße natürlich an. Kein Sinn für ein ICH war in ihm zu finden, und entsprechend gab es grammatikalisch keine erste Person in seiner Sprache. Der Heilige Paulus hat dies in höchst sublimer Form ausgedrückt (Gal.2,20): „[...] darum lebe nun nicht mehr ICH; sondern Christus lebt in mir." Die höchste Form religiöser Erfahrung aller Zeiten und aller Weltregionen scheint aufs Engste mit diesem Loslassen der engen Grenzen des Selbst verbunden zu sein. Damit kann ein Übergang in eine höhere Form von Selbstwahrnehmung und Bewusstheit gelingen. Dies ist jedoch mit unseren Worten nicht zu beschreiben.

Tony fuhr fort: „Wenn ein Mensch ernsthaft von sich behauptet, er wäre Napoleon, dann erklären wir ihn für verrückt und schicken ihn in eine psychiatrische Klinik. Wenn ich jetzt aber von mir behaupte, ich wäre ein unabhängiges Selbst, dann gebärde ich mich ähnlich verrückt. Nur, weil jeder um mich herum derselben Meinung ist, ist meine Psychiatrie nun die ganze Welt. Von allen Illusionen, von denen wir uns frei machen müssen, ist dies die Wichtigste, von der alle anderen abhängen. Das ICH ist nichts als eine Illusion und muss fallen gelassen und überwunden werden. Ihr werdet sehen, dass alle Anheftungen und alle Abhängigkeiten, die wir loswerden wollen, automatisch in dem Moment abfallen, in dem wir von unserer Illusion des Selbst Abschied nehmen. Wenn es erst einmal kein ICH mehr gibt, dann gibt es auch nichts mehr, was sich noch daran hängen könnte. Und ihr seht auch, dass hier die oberste Stufe in unserem Aufstieg zu wahrer Liebe durch unsere Beziehungen erreicht ist. Das größte Hindernis für die Verwirklichung wahrer Liebe ist das ICH, hier in der Form des Egoismus. Verlasse das ICH, verleugne dich selbst - und in dem Moment wirst du verstehen, was wirkliche Liebe ist. Die Zusammenfassung von allem, was ich in diesen Tagen gesagt habe, ist also: Lasse dein ICH fallen, lass es los und du wirst frei sein!"

Ich war derjenige, der daraufhin einen Widerspruch einlegte, und ich war der Meinung, dass er vielen in der Gruppe auf der Zunge lag: „Ich kann dir folgen, wenn du sagst, dass ich mich selbst als ‚diesen Organismus' erleben soll. Aber, Tony, was passiert, wenn dieser Organismus, der Carlos heißt und den ‚ich' fühle, Zahnschmerzen hat – also etwas, das ich nicht fühle, wenn dieser andere Organismus, der Tony heißt, Zahnschmerzen hat?" Tony hatte so eine Frage vorausgesehen und stellte klar: „Was ich gerade gesagt habe, sich selbst mental von seinem eigenen ICH zu lösen, bezieht sich auf alles, außer auf physischen Schmerz. Der physische Schmerz ist Teil des organischen Lebens und hat ein Recht, sich in diesem zu manifestieren. Nehmt das Beispiel eines Tieres, das im psychologischen Sinne keine Vorstellung davon hat, eine ‚Person' zu sein. Es fühlt animalische Schmerzen und reagiert darauf, und in dieser Beziehung sind wir einander gleich. Physischer Schmerz wird vom Organismus gefühlt und provoziert eine angemessene Reaktion. Genauso soll es auch sein. Das ist aber nicht zu vergleichen mit jeglicher anderen Art von Schmerz oder Gefühl. Stellt euch vor, ihr werdet beleidigt. Hier beginnt das Programm, an dem sich euer Organismus völlig indifferent fühlen müsste, als ob es Tonys Organismus wäre, dem die Beleidigung widerfahren ist. Solange ihr persönlich die Beleidigung fühlt, solange sind Reste des ICH in euch."

Ich hatte zwar den Punkt verstanden, musste aber noch mal nachfassen: „Was passiert denn dann, wenn ich sterbe; ich meine damit, wenn dieser Organismus stirbt?" Tony antwortete sofort: „Es gibt kein ICH, Carlos. Niemand stirbt. Den Tod als solchen gibt es nicht." Eine plötzliche, ehrfürchtige Stille legte sich über das Zimmer. Alle fühlten wir die transzendente Qualität dieses Momentes. Wir befanden uns fürwahr auf dem Gipfel.

Tony war es todernst. Jedes seiner Worte war ihm unendlich wichtig, er sprach mit großer Entschlossenheit und Überzeugungskraft. Es war offensichtlich, dass alles, was er dazu sagte, das Resultat langer Reflektionen und persönlicher Erfahrung war. Ich erinnerte mich, dass er schon in den Poona-Tagen in Sadhana I kurz das Mysterium des ICH und des Selbst erwähnt hatte und damals schon direkt fragte: „Schließlich und endlich, was ist denn wohl dieses ICH?" Das beweist mir, dass ihn dieser Gedanke schon in früheren Jahren begleitete, auch wenn dieses Thema damals für ihn noch nicht spruchreif war. Erst jetzt, nach weiteren zehn Jahren des Studiums und der Lebenspraxis in seiner eigenen, ausdauernden Art, sahen wir, welche Frucht aus diesem Samen gewachsen war und wie aus einer kurzen Frage der zentrale Punkt von Tonys Lehre geworden ist.

In dem Buch *The Song of the Bird* (dt. *Warum der Vogel singt*) finden wir ebenfalls einige Hinweise auf diese Gedanken. Ich gebe hier eine Geschichte wieder, die den Titel trägt: „Das ICH weglassen".

Schüler: „Ich bin gekommen, euch meine Dienste anzubieten!" Meister: „Wenn du das ICH wegließest, ergäbe sich das Dienen von selbst." Kommentar: Man kann seinen gesamten Besitz weggeben, um die Armen zu speisen, man kann seinen Leib verbrennen und doch keine Liebe haben. Behalte deinen Besitz und gib das ICH auf. Den Leib verbrenne nicht, verbrenne das Ego. Dann wirst du lieben können."

Tony war sich sehr wohl bewusst, dass er sich auf diesem Wege der Vervollkommnung seiner Spiritualität völlig im Einklang befand mit dem Besten, was sich in jeder religiösen Tradition dazu findet, sowohl in der christlichen Mystik, dem moslemischen Sufismus, der Advaita der Hindus, dem Atomismus des Zen und der Lehre des Nichts im Tao. In dieser Hinsicht war seine Lehre also nichts Eigenständiges und auch keine wirkliche Neuentdeckung; was aber seinen Worten die Schärfe und auch die vorantreibende Energie gab, war die Intensität seiner eigenen Überzeugung und die Authentizität seiner eigenen persönlichen Erfahrung. Er teilte sich uns mit, ja er teilte mit uns seinen ganzen Enthusiasmus und seinen Eifer für das, was er nun als das höchste Ziel des Strebens, der sehnsüchtigsten Suche des Menschen auf Erden klar erkannt hatte. Doch nun kam die unvermeidliche Frage von seinen aufmerksamen Zuhörern: Was bedeutet das für uns in der Praxis des täglichen Lebens, wenn wir dieses Ziel erreichen wollen?

Hier reagierte Tony auf einmal sehr wortkarg, kalt, fast abweisend, als ob er von der weiteren Erörterung dessen, was wir denn nun machen sollten, nicht mehr allzu viel wissen wollte. Er verhielt sich so als wollte er damit sagen: Jetzt steht ihr auf eigenen Füssen, ich habe euch den Weg gewiesen, den nur ihr selbst nun nach bestem Wissen und Gewissen beschreiten könnt. Ihr kennt sowohl mich als auch den Geist der Sadhana gut genug um zu wissen, dass weder ich noch sonst wer das für euch übernehmen kann, was ganz allein eure Aufgabe ist: Euer eigenes Leben zu leben! Er sprach darüber vornehmlich in negativen Termini, wie alle, die über diesen Seelenzustand etwas mitzuteilen haben. Aber auch diese Negation hat ihren tiefen Sinn, da sie uns notwendigerweise den frohen Dienst erweist, uns zu den engen, schwierigen Türen zu leiten, indem sie die breiten und leichten Türen verschließt.

Also gab Tony auf die obige Frage folgende Antwort: „Keine Anstrengung, wie intensiv, wie groß und wie mutig auch immer, kann uns so ohne weiteres dahin bringen, dass wir das ICH fallen lassen, dass wir loslassen. Im Gegenteil, ich muss sagen, dass alle Anstrengung und alle Mühe sich hier kontraproduktiv zeigen werden, denn sie stärken nur noch das ICH, anstatt es zu schwächen. Auch jede auf Willenskraft beruhende Methode wird den Effekt zeigen, das ICH eher noch zu stützen und zu stärken – und deshalb die ursprüngliche Absicht zunichte machen. Hier begegnete uns wieder das ewige Paradox, mit dem wir es schon zu tun hatten: Ohne Anstrengung können wir nichts erreichen – und mit unserer Anstrengung machen wir alles zunichte. (Erinnert ihr euch an Buddha? Der Wunsch nach Erleuchtung ist – zu seiner Zeit – Grundbedingung ... und gleichzeitig unüberwindbares Hindernis auf dem Weg, Erleuchtung wirklich zu erfahren.) Der einzige Weg oder die einzige Methode, wenn man es denn überhaupt eine Methode nennen kann, besteht darin, die Augen zu öffnen und genau hin zu sehen. Sehen, beobachten, verstehen – lasst die Schuppen von euren Augen fallen. Und weil dies so einfach ist, ist es gleichzeitig auch so schwierig. Es geschieht ganz spontan – und darum muss man daran arbeiten. Bis hierher sind wir den Weg zusammen gegangen, aber von hier ab ... kann ich allen nur viel Glück wünschen. Ich kann nur noch hinzufügen, dass diese Art der Spiritualität nicht allen zugänglich ist. Das soll heißen, für euch Anwesende schon, aber nicht für die ganze Welt. Die meisten Menschen werden weiter ihre Krücken brauchen, um laufen zu können, und sie haben alles Recht der Welt, sie in Anspruch zu nehmen, wenn sie dies wünschen. Wer jedoch den Mut hat, der mache sich davon und von allem frei und beginne seine Suche, nackt vor Gott und sich seiner selbst entäußernd.

Selbst von denen, die sich dieser Spiritualität verschreiben, erreicht vielleicht nur einer von einer Million die wirkliche Erleuchtung. Und, da wollen wir uns gar nichts vormachen, diese Erleuchtung ist alles oder nichts. Sie kann nicht teilweise erworben werden oder geschehen, genauso wie kein Mensch „ein bisschen schwanger" oder „ein bisschen tot" sein kann - entweder man ist es oder man ist es nicht. Die wirkliche Erleuchtung erfahren nur wenige Menschen, da es auch nur wenige gibt, die wirklich erleuchtet werden wollen.

Und hier treffen wir wieder auf die Tatsache, die wir schon zu Anfang erwähnt haben, nämlich dass „niemand wirklich geheilt werden will", dass niemand tatsächlich von seinem eigenen ICH befreit oder getrennt werden will. Zu furchterregend und sonderbar scheint es uns, in diese verborgenen Zonen einzudringen. Wir alle wollen mit unserer Identität verbunden bleiben und deshalb leben wir an dem Ziel der völligen Befreiung vorbei. Wir sind süchtig nach dem Lenkrad, mit dem wir unser eigenes Leben steuern, wir wollen weiter Buch führen über alles und alles kontrollieren ... die Idee, ohne unser ICH zu sein, gibt uns nichts mehr zum Anfassen, zum Festhalten – und das behagt uns gar nicht. Im Grunde geht es hier um einen Glaubenskampf. Denn wenn wir wirklich wüssten, wie man Gott ganz und gar vertrauen kann, dann könnten wir uns auch trauen, unser ICH zu vergessen und uns in jedem Moment des Lebens von Ihm tragen zu lassen, dann läge der Weg vor uns offen, der mitten in unserem alltäglichen Leben zur völligen Befreiung des Geistes führt. Es geht darum, unsere um das Lenkrad verkrampften Finger sacht zu lösen, mit denen wir unser Leben selbst steuern wollen, mit denen wir uns an das Konzept des ICH als einzige Identität festklammern ... und zuzulassen, getragen zu werden.

Das ist nicht leicht, denn wir fühlen uns so verloren ohne unsere Identität. Lasst locker, lasst los! Und immer bleibt ein Trost: Wenn wir bereits ein wenig in dieser Atmosphäre leben, auch wenn wir die höchste Erleuchtung nicht erreichen, hat es bereits eine befriedigende, Frieden stiftende und erfrischende Wirkung heiterer und grenzenloser Gelassenheit. Es ist die Mühe wert, ich verspreche es euch. Begebt euch auf diesen Weg und ihr werdet es erfahren. Das ist alles, was ich euch sagen kann. Nur Mut!"

Nicht nur die großen Weltreligionen stimmen mit der Forderung nach Elimination des ICH überein, sondern auch die moderne Psychologie und Psychotherapie. Das mag überraschen, doch es zeigt die zentrale Bedeutung dieser These. Auch Psychologie und Psychotherapie haben die Entdeckung gemacht, dass die Wurzel allen menschlichen Übels genau dieses hartnäckige und illusorische ICH ist; und dass die Rückkehr zur geistigen Gesundheit nur durch die Überwindung des ICH erfolgen kann. Ein Buch, das in den Lonavla-Tagen von Hand zu Hand weitergereicht wurde, war die erfreuliche kleine Abhandlung *Simply Sane* (deutsch: *Sehnsucht, Sucht und Gnade*) von Gerald May. Einige seiner Ideen finden sich in Tonys Worten wieder, andere zitiere ich hier direkt:

„Der Glaube an das ICH (self) ist sehr viel mehr als nur ein einfacher Fehler in der Logik oder ein Notbehelf der Sprache. Nein, er richtet realen Schaden an. Durch die Wahrnehmung eines ICH, das auf gewisse Weise Körper, Geist und Seele besitzt und manipuliert, werden diese zu Objekten. Sie werden zu Dingen und verlieren ihren Zauber. Sogar das wäre noch auszuhalten, wenn wir an diesem Punkt stehen blieben, was wir aber nicht tun. Was folgt denn aus der Annahme, das ICH kontrolliere in letzter Verantwortung den Rest der Person? Was passiert, wenn einige Bereiche außer Kontrolle geraten? Wenn Fehler gemacht werden? Wenn der Mensch nicht das bekommt, was er möchte? Wenn so etwas geschieht, dann müssen wir doch denken, dass unser ICH an irgendeiner Stelle fehlerhaft oder mangelhaft ist, weil es seine Aufgabe nicht zu unserer Zufriedenheit erfüllt. Es folgt also eine regelrechte Lawine an Selbsttäuschung und Verblendung. Wenn das ICH also nicht ordentlich funktioniert, dann braucht es eine Kontrolle und muss verbessert werden. Ein neues ICH, das in sich selbst schon nicht gefunden werden kann, beginnt demnach, dieses Ich-selbst zu kontrollieren. Das ist an sich schon unglaublich, aber es geht noch weiter. Wenn jemand erfolgreich ist, wenn jemand tut, was er will, wenn die Dinge unter Kontrolle sind, wer ist denn dann dafür verantwortlich? Wer kriegt die Belohnung? Wer also schwillt vor Stolz und Ehrgefühl? Dasselbe flüchtige ICH.
„Das habe ich gut gemacht." Wer hat das gemacht?
„Ich habe mich voll unter Kontrolle." Wer hat das?
Belohnung, Ehre und Ansehen führen also zu Stolz, so wie auch Schuld ein Gefühl der Verantwortlichkeit hervorruft, und beide halten sie die Selbsttäuschung aufrecht. Aufgrund der höchsten Werte unserer Gesellschaft haben wir uns dieser Verrücktheit unterworfen. Die Menschheit ist wie in einem Trance-Zustand, in dem sie das ICH nicht mehr aufgeben kann. Das ICH kann auch

nicht eliminiert werden, da man es erst gar nicht finden kann. Also muss man es als Teil der menschlichen Natur akzeptieren. Ja, man muss sogar so weit gehen, es zu lieben. Erst mit Akzeptanz und Liebe wird eine Infragestellung, ein entspanntes „Sich-nicht-mehr-so-wichtig-Nehmen" möglich, und wir können uns eine Weile ausruhen. Und erst durch Entspannung und Ruhe kann sich wieder eine Atmosphäre des Vertrauens bilden; eines Vertrauens darauf, dass dieses ICH, was auch immer es sein mag, sich um sich selbst kümmern kann, und dass menschliches Verhalten verantwortungsbewusst bleibt, auch wenn wir unseren Griff um dieses flüchtige und imaginäre Steuerrad etwas lockern. Wir leben in der Überzeugung, dass tiefgründiges und gleichzeitig klares Leben einfach von selbst passiert, wenn wir den Versuch aufgeben, ständig vollkommen durchgeplant und zielgerichtet leben zu wollen. [...] Die Menschen hatten allerdings nicht von jeher die Glaubensvorstellung, sie wären als Personen Objekte im Besitz eines übergeordneten ICH. Es gab einmal eine Zeit, in der die Menschen nicht so um ihr eigenes ICH besorgt waren. Es war eine Zeit, in der man schlicht und einfach da war und lebte. Es war die Zeit, in der sich das Leben gewahr wurde zu existieren – aber bevor der menschliche Wille trunken wurde vor Macht. In jenen Tagen war es nichts besonderes, einfach nur Mensch zu sein. Neugeborene traten in das Leben und in die Welt hinein und wurden mit der gleichen Beachtung und Betulichkeit begrüßt wie das Schlüpfen eines Vogels aus dem Ei oder das Sprießen einer Pflanze. Und wenn jemand starb, dann war es kaum anders, als wenn ein Blatt sich vom Baume löste. [...] An dem Konzept an sich, an der Vorstellung einer ICH-Identität, ist eigentlich nichts Schlechtes. Das Problem beginnt, wenn man die Vorstellung des ICH fälschlich als die Wirklichkeit schlechthin ansieht. Und wahre Verrücktheit entwickelt sich aus dem Gefühl, dieses „Ding" jetzt auch noch aufbauen, verbessern, reparieren oder anderweitig kontrollieren zu wollen. Wenn wir einfach in dem Gefühl durchs Leben gehen können, dass das ICH nur der Name ist, der einer ganz speziellen Kombination von Körper, Geist und Seele gegeben wurde, dann gäbe es keine derart große Verrücktheit. Stattdessen bringen wir etwas Zusätzliches ins Spiel, das über oder hinter Körper, Geist und Seele existiert, diese kontrolliert und auch noch für sie verantwortlich ist – und schon beginnt das Problem."

Bemerkenswert, welche Parallelen zwischen moderner Psychologie und traditioneller Spiritualität sich hier zeigen. Alle scheinen darin übereinzustimmen, dass das ICH der Schurke in diesem Theaterstück ist.

„Nun verlangt Gott von dir nichts weiter, als dass du aus dir ausgehest, deiner kreatürlichen Weise nach, und Gott in dir Gott sein lässest." (Meister Eckhart, Predigten Darin erzeigte sich die Liebe Gottes zu uns 1.Joh 4,9)

Im Allgemeinen wird das ICH eine feste Instanz bleiben. Es wird für die meisten Sterblichen nicht leicht sein, es wieder loszuwerden. Aber wenigstens können wir uns von der Last etwas befreien, indem wir es nicht so ernst nehmen und indem wir seine Wichtigkeit reduzieren und mit freudigem Herzen lernen, darüber zu lachen - und damit seine Auswirkungen auf die Welt der Dinge verringern. Wenn wir diesen Tyrannen auch nicht völlig vom Thron stürzen können, so lasst uns doch wenigstens das Ausmaß seiner Macht einschränken. Dies steht hinter dem alten Ratschlag: „Nimm dich nicht so wichtig!"; nun im neuen, würdigen Gewand von Mystik und Psychologie. Trotz seiner Alles-oder-nichts-Einstellung gestand selbst Tony sich und uns hier die Möglichkeit von Teilerfolgen zu. Jeder Fortschritt in dieser Richtung führe zu einem Wachstum von Frieden und dem Gefühl von Tiefe im Leben. Dazu gehöre jedes Mittel, das uns förderlich erscheine, um die Doktrin des Nicht-ICH zu verstehen, zu akzeptieren und zu assimilieren. Hierin liege für uns alle das Hauptziel unserer Sadhana.

Tony bestand unter Einsatz all seiner Überzeugungskunst auf der Wichtigkeit und Bedeutung dieses höchsten Ziels. Er zitierte dazu auch den heiligen Johannes vom Kreuz und erklärte, dass es sich bei dessen berühmtem „Nichts, Nichts, Nichts" um nichts anderes gehandelt habe, das einzige, das uns schließlich zum „Alles, Alles, Alles" führe. Das Loslassen des ICHs sei der Beginn des „Nichts", das im Glauben und in der Hoffnung zur Fülle des „Alles" führe.

Während einer dieser beredten Attacken auf das ICH schien es, als ob es in der Dunkelheit der Seele nichts mehr gäbe, was wir noch tun oder lassen könnten. Tony konfrontierte uns erbarmungslos mit dieser zentralen Wahrheit, verbaute jeden Ausweg und entkräftete jede Entschuldigung. Er drängte uns trotz all der Schwierigkeiten, die dieses Vorhaben mit sich brachte, zu totaler Selbstverpflichtung. Wir fühlten uns hilflos und scheinbar ohne Unterstützung zwischen Himmel und Erde hängen gelassen, als ich die vielleicht schönsten und bedeutungsvollsten Sätze hörte, die ich je von Tonys Lippen vernommen habe. Er sagte: „Wenn die Menschen mich in dieser Art und Weise sprechen hören, dann sagen sie zu mir: ‚Tony, wenn man dir so zuhört, dann fühlt man sich irgendwann völlig in der Luft, mit nichts mehr zum Festhalten...'; und dann vervollständige ich ihren Satz, indem ich im selben Ton hinzufüge: ‚...sagte der Vogel, als er zu fliegen begann.' Jetzt wisst ihrs!"

12. RANDNOTIZEN

Sollte jemand meiner Leserinnen und Leser das Gefühl haben, dies sei für mich ein einfach und schnell zu schreibendes Buch, dann ist sie/er leider auf dem Holzweg. Ständig kämpfe ich mit meinem Anspruch, einerseits Tonys Gedankengebäude und andererseits auch meinem eigenen Verständnis und meiner Interpretation davon treu zu bleiben. Ich bin mir bewusst, dass dieses Buch wahrscheinlich zumeist von Personen gelesen werden wird, die Tony auf die eine oder andere Weise bereits kenngelernt haben. Entweder haben sie seine Bücher gelesen oder ihm (auf den Videos mit seinen englischsprachigen Vorträgen) zugehört und sich so bereits in ihren Köpfen ihr eigenes Bild von Tony gebastelt. Sie alle erwarten, Tony in diesem Buch reflektiert zu sehen und werden natürlich enttäuscht sein, wenn sie ihn hier nicht finden. Schlimmer wäre es noch, wenn sie ihn verzerrt oder erheblich anders dargestellt sehen, als es ihrem Bild von Tony entspräche. Der Gedanke daran, dass dieses Buch ebenso viele Zensoren wie Leser haben wird, hat häufig meine Hand gelähmt und dazu geführt, dass ich mehr als eine Seite des öfteren neu formuliert habe.

Andererseits war Tony der wohl unorganisierteste Sprecher, dem zuzuhören ich je das Privileg hatte. Wenn ich es bis hierhin geschafft habe, meine Kapitel einigermaßen zu ordnen und die verschiedenen Themenbereiche unter verschiedene Kapitelüberschriften zu fassen, dann ist dies allein das Resultat einer ausdauernden und fast pedantischen Anstrengung. Sowohl die Klarheit der Darstellung als auch ein Fortschritt im Gedankenprozess sollen dabei gewährleistet sein. Tony selbst befleißigte sich keines von beiden. Er sprach alle hier erwähnten Themen in wirklich jeder einzelnen Gruppensitzung an und vermischte sie frohgemut, sobald sich dazu eine Gelegenheit bot. Unbekümmert sprang er von einem Thema zum anderen, ohne Vorwarnung. Auf die kleinste Anmerkung aus dem Publikum hin schlug er eine andere Richtung ein und befasste sich dabei stets mit dem Hier und Jetzt. Dem fiel jeglicher Anspruch auf systematische Ordnung oder Vollständigkeit zum Opfer. Er hatte einen Mann aus der Gruppe (meinen lieben Freund Tony Matta) gebeten, sich Notizen zu machen, wann immer er sagen würde: „Erinnere mich doch bitte daran, dass ich auf diesen Punkt später noch mal weiter eingehe", was dieser auch tat. In den folgenden Sitzungen erinnerte er Tony immer wieder an die noch unbeendeten Gedankenstränge. Doch die Gewissheit, dass ihn ja jemand erinnern würde, ließ ihn in seinen ausschweifenden Gedanken eher noch sorgloser werden. Keine Erinnerung, wie effizient auch immer, konnte mit seiner Abschweifung von der Abschweifung innerhalb einer weiteren Abschweifung jemals Schritt halten. Meine eigenen Notizen sind Zeile für Zeile beredter Zeuge von dieser spontanen Unordnung seiner kreativen Gedankengänge.

Konfrontiert mit dieser Situation habe ich mich dazu entschieden, nach eigenem Ermessen die Hauptthemen auszuwählen, mit denen er sich in jenen Tagen auseinander setzte. Jedes Mal musste ich meine gesamten Notizen durchgehen, um alle verstreuten Bemerkungen, Hinweise und Bezüge zum jeweiligen Thema zu sammeln, um sie dann schließlich unter einem passenden Etikett zusammenzuführen. Nachdem ich dieses Vorhaben in allen bisherigen Kapiteln durchgehalten habe, finde ich immer noch eine ganze Ansammlung von verstreuten Gedanken, die wie zusätzliche Randbemerkungen aussehen. Ohne eine spezielle Ordnung oder inhaltliche Verbindung möchte ich sie hier anführen. Dabei leitet mich kein Anspruch auf Vollständigkeit, sondern nur die Befürchtung, etwas Wichtiges von Tonys Worten auszulassen.

*

„Bist du nervös, weil du deine Schlüssel verlegt hast? Einfache Lösung: Steh auf und such die Schlüssel. Reale Lösung: Komm in Kontakt mit deinem Gefühl des Ärgers und der Nervosität, bleib ganz nahe bei diesem Gefühl, akzeptiere es, bis es sich anfängt zu beruhigen und du inneren Frieden erlangst. Und dann, dann steh auf und finde deinen Weg zu dem Platz, an dem die Schlüssel liegen. Denn die wirst du in jedem Fall brauchen!"

*

Eine Geschichte mit Hintergedanken – sehr in Tonys Sinne: „Ein Mann hatte die Angewohnheit, jeden Tag seine Zeitung an einem Kiosk zu kaufen, dessen Betreiber so mürrisch und griesgrämig war, dass er seinen Kunden täglich beschimpfte und sogar beleidigte. Ein Freund des Opfers bemerkte das und fragte. ‚Warum kaufst du deine Zeitung denn immer noch an diesem Kiosk und lässt dich jedes Mal auf so unverschämte Art beschimpfen? In ungefähr derselben Entfernung von deinem Haus gibt es doch noch einen anderen Kiosk, dessen Betreiber ein sehr freundlicher und dienstbereiter Mensch ist. Er wird sicherlich froh sein, dir jeden Tag deine Zeitung verkaufen zu können und dich nicht wie dieser Verrückte beschimpfen.' Darauf antwortete das Opfer der Beleidigungen: ‚Aber warum sollte dieser Mann, der mich deiner Meinung nach beleidigt, derjenige sein, der für mich entscheidet, wo ich meine Zeitung kaufe?' – Versteht ihr die Bedeutung?"

*

„Lasst Dinge zu und wendet sie auf euch selbst an. Seid bitte nicht so, dass ihr euch hier Notizen macht in der Absicht, all diese Dinge einmal anderen zu erzählen, ohne selbst davon berührt zu werden. Dazu eine Geschichte: Ein Gemeindepfarrer predigte einmal einen donnernden Sermon: ‚Ihr alle werdet sterben – und jeder in dieser unserer Gemeinde wird einmal dem ewigen Richter von Angesicht zu Angesicht gegenüberstehen und wird dann einen genauen Bericht über sein Leben mit all seinen Sünden abgeben müssen. Und jeder wird die Bestrafung über sich ergehen lassen müssen, die Gott ihm auferlegt. Fürchtet euch und zittert!' Während sich die Gemeinde einheitlich im Schrecken beugte, begann ein Mann in den Bänken laut zu lachen, was im starken Kontrast zur allgegenwärtigen Betroffenheit stand. Der Gemeindepfarrer wies ihn von der Kanzel her zurecht: ‚Bist du von Sinnen, dass du allein die Ernsthaftigkeit dieser Situation nicht zu erkennen vermagst?' Der Mann antwortete laut: ‚Doch, schon – aber ich gehöre gar nicht zu dieser Gemeinde!'
Ja, aber hier in Lonavla gehören wir alle zu derselben Gemeinde."

*

„Manchmal kann man eine Wahrheit am Besten durch eine Lüge ausdrücken. Da lag einmal ein Mann im Sterben und in seinen letzten Momenten erwachte in ihm das Verlangen, seinen einzigen Sohn noch einmal zu sehen. Man schwärmte also aus, den Sohn zu suchen. Endlich fand man ihn und holte ihn schnell herbei. Bei seiner Ankunft hatte der sterbende Vater zwar bereits seine Fähigkeit zu sehen und zu sprechen verloren, aber er konnte noch hören und fühlen. Der Sohn lief direkt zu ihm, doch als er den Sterbenden von nahem betrachtete und das Gesicht sehen konnte, merkte er, dass dieser sterbende Mann gar nicht sein Vater war. Im Altenheim hatte es eine Verwechslung gegeben und jetzt war es zu spät, sie zu korrigieren. Was sollte er tun? Er reagierte schnell. Er nahm die Hand des sterbenden Mannes in die seine, lehnte sich ganz nah an sein Ohr und sagte zu ihm mit liebevoller Stimme: „Vater, ich bin gekommen. Hier ist dein Sohn. Ich bin bei dir." Ein Lächeln der Erleichterung erschien auf dem Gesicht des sterbenden Mannes – und er starb in Frieden. War das jetzt Wahrheit – oder Lüge?"

Ich schreibe dieses Buch nicht in der Absicht, alle Geschichten unseres unvergleichlichen „Geschichtenerzählers" wiederzugeben, mit denen er uns in Lonavla unterhielt, aber meine Lieblingsgeschichte will ich doch noch anfügen. Ihre scheinbare Unschuld fordert viel Mut, wenn Sie die Moral dieser Geschichte im Leben umsetzen wollen. Auch Jesus sprach in Gleichnissen: „Wer Ohren hat zu hören, der höre!" Tony erzählte also: „Ein Hirte weidete seine Schafe auf den Feldern, als ein Mann zu ihm kam und ihm Fragen über die Tiere zu stellen begann: ‚Sagen sie mal', fragte er, ‚wie weit laufen denn eigentlich ihre Schafe pro Tag?' Der Hirte antwortete ‚Sprechen wir von den Weißen oder von den Schwarzen?' ‚Erst mal die Weißen.' ‚So ungefähr vier Kilometer.' ‚Und die Schwarzen?' ‚Ungefähr vier Kilometer.' Der Mann fragte wiederum: ‚Wie viel fressen die denn eigentlich?' ‚Sprechen wir von den Weißen oder von den Schwarzen?' ‚Den Weißen.' ‚So circa drei Kilo Gras.' ‚Und die Schwarzen?' ‚Auch drei Kilo.' Der Mann begann sich zu wundern, fragte aber noch weiter: ‚Und wie viel Wolle geben sie?' Der Hirte war zu seiner Antwort bereit. ‚Die Weißen oder die Schwarzen?' ‚Wieder zuerst die Weißen.' ‚Fünf Kilo Wolle pro Jahr.' ‚Und die Schwarzen?' ‚Fünf Kilo im Jahr.' Jetzt war der Mann mit seiner Geduld am Ende, und er explodierte mit verständlicher Vehemenz: ‚Ich stelle Ihnen hier vernünftige Fragen über Ihre Schafe und jedes Mal zwingen Sie mich dazu, Sie getrennt nach den weißen und schwarzen Schafen zu fragen, nur um mir anschließend dieselbe Antwort für beide zu geben. Was soll die Unterscheidung? Gibt es denn überhaupt einen Unterschied?' ‚Natürlich gibt es einen, Sir.', sagte der Schafhirte mit dem wissenden Lächeln der Bauernschläue auf seinen Lippen, ‚Die weißen Schafe gehören mir.' ‚Und die Schwarzen?' fragte der Mann, um seine letzte Neugier zu stillen. Und der Schafhirte, das Lächeln auf seinen Lippen, antwortete: ‚Tja, die gehören mir auch'.

Diese Geschichte schwang weiter in mir nach, als ich noch am selben Tag Lonavla verließ. Auf meinem Weg zurück nach Ahmedabad machte ich an diesem Abend eine Zwischenstation in Bombay, wo ich einen bereits lange angekündigten Vortrag halten musste. Eigentlich hatte ich diesen Vortrag in Lonavla vorbereiten wollen, da ich davon ausgegangen war, dort viel freie Zeit zu haben. Aber es kam anders, denn der Workshop beschäftigte mich so intensiv, dass ich nicht dazu kam, meinen Bombay-Vortrag vorzubereiten. Mit nichts als einer Last-Minute-Vorbereitung trat ich vor meine Zuhörer. Doch meine gerade frisch in Lonavla gewonnene persönliche Freude und Fülle waren so stark, dass sich meine innere Begeisterung von der ersten Minute an auf meine Zuhörerschaft übertrug. So wurde der ganze zweistündige Vortrag zu einer erinnerungswürdigen Erfahrung. Am Ende des Vortrages gab es eine Fragen- und Antwort-Phase, in der die Zuhörer ihre Fragen schriftlich formuliert zu mir schicken konnten, da es sich um ein ziemlich großes Publikum handelte. Ich las also die erste Frage und ein leichter Schauer der Freude durchströmte mich. Die Frage war nämlich: „Pater, können Sie uns etwas von dem Geheimnis mitteilen, woher diese Freude und diese Begeisterung kommen, die sie ausstrahlen?" Diesen Zettel habe ich behalten und nahm mir vor, ihn bei der nächsten Gelegenheit Tony zu zeigen. Leider beraubte mich sein Tod dieser Gelegenheit.

Und nun erzähle ich Ihnen, wie ich diese Gleichnisgeschichte selbst weiter benutzten konnte. Das Publikum bestand hauptsächlich aus Jainas (Anhänger des Mahavira, einem Zeitgenossen Buddhas und in einigen Aspekten diesem ähnlich), darunter auch drei Jaina-Mönche, die mich durch ihre Fragen dazu zwangen, mich mit ihrer eigenen Interpretation des Universums auseinanderzusetzen. Ich war mit ihrer Philosophie gut vertraut, die als eine der systematischsten und genauesten überhaupt gilt. Sie demonstrierten mir und dem Publikum ihre Kenntnisse und zählten ihre Liste der fünf Elemente, der vier Funktionen, der sieben Substanzen mit ihren wiederum vierzehn Untersubstanzen und die ganze endlose Litanei ihrer scholastischen Kategorien auf. Ich war mittlerweile in einer etwas schelmischen Stimmung und fragte ihren Anführer mit ernster Miene, um meine Absicht dahinter zu verstecken: „Maharaj-ji, was würde passieren, wenn wir uns statt sieben Substanzen ... achteinhalb vorstellen würden?" Im Gegensatz zu vielen anderen hatte er den Schalk in meiner Antwort nicht bemerkt. Um meinen leichtherzigen Spaß zu rechtfertigen und die Mönche zu versöhnen, fuhr ich fort, indem ich das Gleichnis von den weißen und schwarzen Schafe erzählte. All unsere mentalen Unterscheidungen laufen doch schließlich auf den Punkt hinaus, den der Schafhirte mit seiner Geschichte zu erläutern suchte. Das Publikum genoss dieses Gleichnis so wie ich. Die Mönche verstanden es nicht.

*

„Vergesst nie den Rat, den unser Goenkaji (der ein zehntägiges buddhistisches Retreat für uns in Igatpuri durchgeführt hatte) von seinem eigenen Guru, U Ba Kin, bekommen hatte: ‚Deine Nase ist dein bester Freund!' Bewusstes Atmen, aufmerksames Ein- und Ausatmen, alles im Einklang mit den Rhythmen des Körpers. Das ist der Weg zu innerem Frieden."

*

„Ignatius sagt: Wenn du isst, denk an Jesus. Zen sagt: Wenn du isst, dann konzentriere dich und denk ganz an das Essen. Sind diese beiden Ansätze so unterschiedlich? Ist nicht Jesus auch Nahrung für uns? Ist nicht jedes Nahrungsmittel ein Symbol der Eucharistie? Ist nicht Gott anwesend in allem, was wir essen? Ist nicht jede unserer Handlungen auch ein Akt des Glaubens? Was immer du tust, tu es bewusst, und wenn du isst, iss mit Bedacht. Jesus ist mit dir."

*

„Kennt ihr die Geschichte von der italienischen Hochzeitsgesellschaft? Die Neuvermählten suchten nach einem Ort, um nach der Hochzeitszeremonie ihre Vermählung zu feiern. Da sie nicht in der Lage waren, irgendwo einen Saal anzumieten und aus Angst vor Regen auch keine Freiluftveranstaltung wollten, baten sie den Gemeindepfarrer um die Erlaubnis, die Feier im Anschluss an die religiöse Zeremonie in der Kirche stattfinden zu lassen. Nach langem Überlegen stimmte der Gemeindepriester zu, allerdings mit einigen Einschränkungen. Er bestand darauf, dass es in der Kirche keinen Alkohol und keinen Tanz geben dürfe. Dieses Versprechen wurde leichtherzig gegeben ... und leichtherzig gebrochen. Wer kann sich denn eine italienische Hochzeitsgesellschaft ohne Musik und Tanz vorstellen? Der Gemeindepriester hört natürlich den Lärm, ging los, um ihn zu stoppen, informierte aber erst noch seinen Vikar, von dem er sich tatkräftige Hilfe in dieser Situation erhoffte. Der Vikar aber brachte ihn zum Nachdenken: ‚Herr Pfarrer, denken Sie doch mal an die Hochzeit von Kanaan. War das nicht auch eine Hochzeitsgesellschaft, mit gutem Wein und zweifellos auch lebhaftem Tanz – und in der Gegenwart von Jesus und Maria?' – ‚Ja', antwortete der Gemeindepfarrer zögernd, ‚aber das heilige Sakrament war dort nicht anwesend!' Man muss schon Augen im Kopf haben, um Jesus wahrnehmen zu können."

*

„Seid alle Zeit loyal gegenüber der Kirche; sie ist unsere Mutter. Seid nicht nur loyal gegenüber der Kirche der Gegenwart, sondern auch gegenüber der der Zukunft!"

*

„Ich weiß sehr wohl, dass es Menschen gibt, die mich hassen. Ein Priester hat mir zum Beispiel nie vergeben, dass ich ihm einmal gesagt habe, er ginge mit dem heiligen Geist um wie mit einem Teddybär. Andere wieder-

110

um werfen mir vor, ich hätte einen *Prima Donna*-Komplex. Es stimmt ja, ich liebe es, im Mittelpunkt zu stehen und auch im Gespräch den Ton anzugeben. Andererseits – und darüber wundere ich mich selbst am meisten und kann es kaum glauben, obwohl es wirklich eine Tatsache ist – fühle ich mich von dem, was andere Menschen über mich sagen, sei es Lob oder Tadel, gar nicht betroffen. Es lässt mich völlig unberührt; das war allerdings nicht immer so."

*

„Religion ist wie der Finger, der auf den Mond zeigt. An diesem Finger lutscht man nicht!"

*

Tony erzählte eine der berühmten Geschichten aus den Upanishaden, aber er verwandelte den Tiger in einen Löwen. Das gefiel mir gar nicht und ich sprach ihn darauf an. Es ist zwar wahr, dass es einige Löwen in Indien, speziell im Gir-Wald im Staate Gujarat geben soll, aber das eigentlich wilde Raubtier in Indien war immer der Tiger. Darauf bezieht sich auch die Originalversion dieser Geschichte in ihrem tiefgründigen Bezug auf die Doktrin des wahren Selbst. Ein Tigerjunges verlief sich im Urwald, fand nach einigen Wanderungen schließlich eine Herde Ziegen und wuchs unter ihnen auf, indem es lernte, wie diese Gras zu fressen und zu meckern. Es war schließlich überzeugt, selbst auch eine Ziege zu sein. Eines Tages entdeckte ein wirklicher Tiger die Herde Ziegen und bemerkte den merkwürdigen Umstand, dass dort ein Tiger mitlief, ganz wie er selbst einer war, und sich dabei wie eine Ziege verhielt. Er pirschte sich heran und versuchte dann, den Artgenossen zu überzeugen, dass er ein Tiger sei und keine Ziege. Doch kein Argument half. Schließlich gingen die beiden Tiger zu einem Teich, wo im Spiegelbild des Wassers zu sehen war, dass beide Gesichter gleich aussahen. Zum endgültigen Beweis tötete der wirkliche Tiger eine Ziege und ließ den kleinen Ziegen-Tiger das Blut lecken. In diesem Moment erwachte die wahre Natur in ihm und mit einem mächtigen Gebrüll kehrte er zu den Verhaltensweisen seiner Art zurück. Tony rechtfertigte mir gegenüber den Austausch der Tiere in dieser Geschichte, indem er erklärte, dass er diese Version zuerst in seinen Vorträgen in den USA verwandt hatte. Ein Löwe mit seinem Gebrüll und seiner Reputation als König des Dschungels machte die Geschichte dort besser verständlich als ein Tiger. Aber das sind nur kleine Veränderungen, die nichts an der Herausforderung der Geschichte ändern: Das Erwachen des wahren ICH (das ist, des Nicht-ICH).

Eines Tages beobachtete ich folgende kleine Interaktion zwischen Tony und einem der Teilnehmer: „Da hast du aber einen netten kleinen Kassettenrekorder, Tony." „Ja, brauchst du einen?" „Ja, genau so ein Ding suche ich schon seit längerem." „Dann behalte ihn. Ich kann jederzeit einen neuen kriegen, wenn ich einen brauche. Das ist der Vorteil, wenn man so oft ins Ausland reist." Und so bekam der Rekorder einen neuen Besitzer.

*

Eine der Frauen in der Gruppe sah besonders gut aus. Als sie eines Tages zu einer der Sitzungen erschien, ließ sie ihr langes Haar in der wunderschönen Mode der Frauen von Kerala in Südindien offen über ihre Schultern hängen. Es fiel mir sofort auf. Nach der Sitzung, als sie noch auf ihrem Stuhl saß, ging ich zu ihr. Ich beugte mich tief hinunter, so dass unsere Gesichter auf gleicher Höhe waren, blickte ihr geradewegs in die Augen und sagte: „Danke, dass du heute dein Haar offen trägst. Du bist wunderschön!" Sie lächelte, wenn auch in einer glücklichen Verlegenheit, und ich ging weiter. Tony hatte diese kleine Begegnung aus der anderen Ecke des Zimmers beobachtet und fragte mich, als ich an ihm vorbeiging: „Was hast du ihr eigentlich gesagt, dass sie so glücklich lächelt?" Ich sagte es ihm. Und er kommentierte: „Ich wette mit dir, dass sie morgen wieder mit offenem Haar kommt."

*

„Glaube ist nicht die Ansammlung von Wahrheiten und Sicherheiten, sondern die Fähigkeit zu zweifeln und Dinge in Frage zu stellen!"

*

„Patriotismus ist eine Krankheit, die fast so schlimm ist wie Kirchturmdenken."

*

Es gab sogar eine Sadhana-Nationalhymne, die beim Abschied gesungen wurde zu der Melodie *Ein Schneider hat 'ne Maus*: „Es tut uns leid, dass du gehst – Es tut uns leid, dass du gehst – Aber was zum Teufel tust du hier eigentlich? – Es tut uns leid, dass du gehst."

*

Einmal bemerkte ich Tony gegenüber, wie unterschiedlich und unvorhersehbar er mit Fallbeispielen umginge, die sich nach Meinung aller doch sehr ähnelten. Er antwortete: „Darauf baue ich meinen Erfolg."

*

Während einer meiner Renewal-Aufenthalte sagte Tony zu mir: „Ich lese viel, um kennen zu lernen, was neu ist und um Altes einer Prüfung zu unterziehen, aber auch, um aus allen möglichen Quellen neue Geschichten für meine Vorträge und auch für meine Bücher zu sammeln. Aber zu meinem eigenen persönlichen Gewinn lese ich (sein exakter Ausdruck dabei war: „ertrage ich") nur drei Autoren: Krishnamurti, Alan Watts und Bertrand Russell." In Bezug auf Krishnamurti erlebte ich einen Sinneswandel bei Tony. Während meines Sadhana I hatte ich ihn nämlich mal nach seiner Meinung über Krishnamurti gefragt und damals hatte er mir geantwortet: „Ich halte nicht sehr viel von ihm." Als ich ihn nun daran erinnerte, sagte er: „Entweder hatte ich das falsche Buch von ihm gelesen oder nicht richtig aufgepasst. Nun finde ich ihn nämlich gesund, sehr tiefgründig und erfrischend – und das gefällt mir." Ich selber hatte zwei lange persönliche Begegnungen mit Krishnamurti und Tony fragte mich sehr genau danach aus und wollte auch meine Eindrücke von ihm als Person geschildert haben. Er war von Krishnamurtis Biographie nicht sonderlich beeindruckt, aber wohl von seinen Schriften und mehr noch von seinen Vorträgen. Dies ging so weit, dass er in Lonavla manchmal mit einem Buch von Krishnamurti unterm Arm zu den Gruppensitzungen erschien und uns daraus vorlas. Als Basis für seinen eigenen Vortrag pflegte er dann den Text Satz für Satz zu kommentieren. Das war sicherlich eine ungewöhnliche Vorgehensweise für Tony, zeigte aber, wie sehr er Krishnamurtis Gedanken zu schätzen lernte. Auch sagte er damals, wenn jemand bei ihm Einzelexerzitien durchführen wollte (acht Tage Schweigemeditation), dann würde er diesem Menschen vom ersten Tag an ein Kapitel aus einem der Bücher von Krishnamurti zu lesen zu geben, welches sie dann im Zwiegespräch miteinander kommentieren würden. (Es handelte sich dabei fast immer um das Buch *Think of these Things* oder *This Matter of Culture*, wie es in der indischen Ausgabe heißt. Hierin werden Vorträgen für Studenten zusammengefasst; daher ist es eines seiner leichter verständlichen Bücher.) Tony gab zu, dass es eine gewisse Konzentration und auch Reflexionsvermögen voraussetzt, um an einigen Stellen zu Krishnamurtis Botschaft vorzudringen, aber es sei immer der Mühe Wert. Ein Ausspruch Krishnamurtis, den wir beide sehr mochten: „Jede Anstrengung, jeder Aufwand ist eine Ablenkung von dem, was IST." Gedankennahrung.

*

„Jedes Mal, wenn du dich über jemanden beklagst, sagst du gleichzeitig, dass du besser bist als der andere."

*

„Früher habe ich euch dazu aufgefordert, anderen Menschen psychische Streicheleinheiten zukommen zu lassen, damit sie sich gut fühlen, wann immer sie etwas Positives getan haben. Jetzt aber sage ich euch, tut nicht mehr, als einen freundlichen Ausdruck formaler Unterstützung zu geben, wie es den guten Umgangsformen entspricht. Positive Streicheleinheiten sind aus meiner jetzigen Sicht nichts anderes als eine subtile Manipulation, um andere Menschen von eurem Lob abhängig zu machen, damit sie euren Erwartungen gehorchen."

*

„Wenn es in Lonavla sehr heiß ist, wie in diesen Tagen, dann fühle ich mich schuldig und möchte mich dafür entschuldigen, als ob es „mein" Klima sei. Schaut mal, zu welchen Extremen es führen kann, wenn wir uns mit Dingen identifizieren, die nichts mit uns zu tun haben und über die wir auch gar keine Kontrolle ausüben können. Genau das passiert mit dem imaginären ICH."

*

„Ärzte in den Vereinigten Staaten haben mir versichert, dass Placebos genauso effizient wirken wie tatsächliche Medikamente und zwar einschließlich der Nebenwirkungen, die der Versuchsperson eigentlich unbekannt sind. Ist es nicht furchterregend, diese Macht wahrzunehmen, die der Geist über den Körper ausübt?"

*

„Willkommen bei der menschlichen Rasse!", rief Tony spontan aus, wenn ein(e) geplagte(r) TeilnehmerIn schließlich zögernd vor der Gruppe eine persönliche Schwäche eingestand, von der wir alle wussten, dass sie nur zu menschlich ist.

*

Tony hatte einen wachen Sinn für Humor und dafür, sich über andere lustig zu machen. Diese Talente setzte er zur steten Freude der Zuhörer auch ein, wenn es um das Thema Sex ging. Seine gesunde Meinung zu diesem delikaten Thema war: „Der komische Aspekt des Sex hat mich immer gereizt. Witze, wie zum Beispiel der über den schüchternen Musiker, der heiratete, oder wie der Witz über die beiden jungen Leute in der Nudistenkolonie, die ihr alle schon von mir gehört habt, reizen mich immer dazu, das ,vorwitzige Kind' in mir herauszukehren. Ich merke, dass die Menschen um mich herum diese Art Witze auch zu schätzen wissen. Denn das daraus entstehende Gelächter und die freundlichen Kommentare geben den verborgenen Spannungen ein Ventil, die sich in jeder Gruppe aufbauen, wo Männer und Frauen monatelang sehr eng miteinander leben müssen. Auch ein guter Witz über Sex ist ein guter Witz!"

Obwohl ich halbwegs davon überzeugt bin, dass ich aus Gründen der Vollständigkeit hier diese Witze zitieren sollte, die ich gut behalten habe, habe ich mich doch dagegen entschieden. Denn ich möchte nicht, dass an dieser Stelle unnötigerweise die Augenbrauen hochgehen. Da jedoch kein Bericht über Tony vollständig sein kann ohne einen augenzwinkernden Hinweis auf seine Art, schalkhaft geeignete Momente auszunutzen, werde ich jetzt kurz und dabei knapp am Rande druckbarer Anständigkeit entlangschrammend von einem scherzhaften Wortwechsel erzählen, der sich in Lonavla zur allgemeinen Erheiterung am Ende einer Sitzung zugetragen hat. Tony hatte so etwas wie einen „dirty mind", aber im netten Sinne des Wortes und konnte durch einen schlichten Wechsel der Betonung das unschuldigste Wort in eine nicht wiederzugebende Unanständigkeit verwandeln. An diesem Tage fiel eine charmant naive Ordenschwester auf Tonys schnellen, aber etwas unanständigen Witz herein, als sie am wenigsten damit rechnete. Tony hatte während eines Vortrags minutenlang mit einem Bleistift auf Notizpapier herumgemalt, und die Schwester fragte ihn daraufhin in femininer Neugier: „Tony, ich möchte mal deine ,doodles' sehen." (Anmerkung: Das englische Wort *doodles* hat die deutsche Bedeutung, etwas gedankenlos zu kritzeln oder „Männchen zu malen". Es handelt sich hier um ein Wortspiel, bei dem wir die englische Bezeichnung beibehalten.) Damit war sie schon verloren. Tony erkannte sofort die komischen Möglichkeiten dieser Situation und warf sich voller Eifer darauf: „*Doodles*? Meine *doodles*? Was meinst du denn mit *doodles*? Weißt du überhaupt, was *doodles* bedeutet?" Die Ordensschwester kannte natürlich die normale (englische, s.o.) Bedeutung dieses Wortes und hatte sie ihrer Frage zugrunde gelegt. Aber jetzt dämmerte ihr, dass Tony diesem Ausdruck eine andere Bedeutung gab und sie wurde langsam rot. Alle lauschten natürlich aufmerksam in nur schlecht versteckter Erwartung, ein bisschen Spaß zu bekommen. Tony schaute sich um, und als er sicher war, dass alle ihm zuhörten, wandte er sich an die Gruppe in gespielter Geziertheit, als ob er diesen Vorfall tatsächlich für skandalös hielt: „Habt ihr das gehört? Sie will meine *doodles* sehen. Und das hier, öffentlich, vor jedermanns Augen. Habt ihr je eine solch schamlose Forderung gehört?" Alle lachten und kicherten, während die arme Ordensschwester nicht wusste, wo sie sich lassen sollte. Aber Tony fuhr noch weiter fort: „Ich schlage dir einen Deal vor. Wenn du mir deine *doodles* zeigst, dann zeige ich dir meine!" Das Zimmer erbebte, als alle in Lachen ausbrachen und Tony selbst vielleicht am lautesten lachte, weil er solche Momente genoss. Dann schloss er diesen Vorfall ab, indem er sagte: „Ich schlage vor, dass das Wort ‚*doodles*' in das offizielle Sadhana-Vokabular übergeht. Denn jetzt wisst ihr alle, was es bedeutet." Und niemand hat, wie Sie sich denken können, dieses Wort je wieder in den Mund genommen.

Ich hoffe, eines Tages wird jemand eine Sammlung all der Geschichten und Witze anlegen, die Tony in seinem Leben von sich gegeben hat – inklusive der unanständigen.

13. DIE SADHANA ART ZU LEBEN

Gegen Ende meines neunmonatigen Sadhana-Aufenthaltes in Poona machte ich der Gruppe einen Vorschlag, der jedoch von allen negativ aufgenommen wurde. Ich sagte nämlich: „Jetzt sind wir schon fast ein Jahr zusammen hier. Zusammen gehen wir durch diese sehr intensive und intime spirituelle Erfahrung, die unser aller Leben verändert hat und in deren Verlauf wir so viel Neues, so viele neue Prinzipien, neue Ideen und Ansätze gefunden und zum Ausdruck gebracht haben. Wir erlernten neue Worte und eigene Merksätze, die für uns von großer Bedeutung sind und unter uns den Geist repräsentieren, den wir hier kennen gelernt haben. Wir wollen sie in unserem individuellen Leben fortführen und in unserem täglichen Verhalten praktizieren. Wäre es nicht eine gute Idee, jetzt all diese Schlüsselsätze zusammenzutragen, indem jeder seine eigene Favoritenliste erstellt, auf der er die für ihn wichtigen Sätze sammelt? So könnten wir alle zusammen mit einer Übersicht aufwarten, die unseren momentanen Denkstatus wiedergibt, uns an unsere Überzeugungen erinnert und uns hilft, danach zu leben. Was haltet ihr von dem Plan?"
Nichts – sie mochten ihn nicht. Nach der allgemeinen Überzeugung ließe sich eine Erfahrung niemals auf Papier verewigen, denn der Buchstabe tötet, während nur der Geist lebendig macht. Eine Sammlung von Merksätzen würde eher einer esoterischen Formelsammlung gleichen, offen für jede Form von Missverständnissen und damit auch offen für jede Art von Missbrauch, da man nie wissen könne, wem diese Formelsammlung in die Hände fiele. Sogar Tony war zuerst gegen diese Idee, sagte aber, da er sich nie irgendeiner Initiative gegenüber völlig verschloss: „Durch Versuche ist noch keiner dümmer geworden. Warum versuchen wir es nicht mal?" Und das machten wir. Jeder setzte sich also hin und stellte seine Sammlung zusammen, die er daraufhin laut vorlas. Es hörte sich gut an. Wir fanden einen Konsens über die grundlegenden Merkworte und Schlüsselsätze und ergänzten gegenseitig unsere Listen. Alle fühlten sich wohl dabei und Tony sagte: „Es war doch eine gute Idee."

Lasst es uns „Die Sadhana Art zu leben" (*The Sadhana way of life*) nennen. Es gab nie eine offizielle Stellungnahme dazu und diese Sammlung wurde auch nie gedruckt; ich aber trage sie immer bei mir. Im Folgenden möchte ich einige dieser Schlüsselsätze mit kurzen Kommentaren versehen wiedergeben. Denn vieles davon hat seine Gültigkeit behalten und drückt nach wie vor Tonys Meinung aus, auch wenn er einige der Gedanken noch weiter entwickelt hat. Doch jeder dieser Aussprüche hatte zu seiner Zeit eine hohe Bedeutung für ihn und markiert damit seine spirituelle Entwicklung.

„Lass deinen Verstand ruhen und komm zur Besinnung!" Das war der Ausgangspunkt all seiner Überlegungen. Wir geben dem Intellekt in unserem Leben meist zu viel und unseren Sinnen zu wenig Raum. Das Denken gilt ja allgemein als die höchste Fähigkeit des Menschen und ist diesem ganz exklusiv und spezifisch zu eigen. Über Sinne verfügen wir wie auch das übrige Tierreich, weshalb wir die Sinne vernachlässigen, ihnen misstrauen oder sie gar als animalisch verachten. Die „Sinnesfreuden" stehen in Opposition zu der „Würde des Denkens" und auf die Spitze getrieben werden wir so zu Geistwesen ohne Körper, oder schlimmer, zu Geistern, die sich durch ihren Körper unterdrückt fühlen. Wir haben unser Sein zwiegeteilt – und eine Hälfte dabei verloren. Auf diese Art und Weise haben wir auch die „animalische Weisheit" der Instinkte verloren und damit das Gleichgewicht des Seins. Wir verloren noch mehr, nämlich den Kontakt zur Mutter Natur, die schließlich die Basis jeglicher menschlichen Entwicklung ist. Wir sind im wahrsten Sinne des Wortes „sinn-los" geworden, blind und taub, sind unserer Fähigkeit zu sehen, zu hören, zu fühlen und uns zu wundern, zu staunen und zu genießen verlustig geworden und stattdessen in eine langweilige Routine abgedriftet, die wir Existenz nennen – und beklagen uns dann noch darüber, dass das Leben nicht lebenswert sei. Es ist höchste Zeit, dass wir zu den Reichtümern unserer Sinne zurückfinden und die vielfarbige Schönheit des Lebens wiederentdecken.

*

„Die Ehre Gottes ist der Mensch, der das Leben in Fülle hat!" Dies ist eine freie Übersetzung eines Ausspruchs des heiligen Irenäus, sehr geschätzt von allen modernen Bewegungen der moralischen und spirituellen Erneuerung. Hier wird auf schöne Weise eine sehr tröstliche Glaubenswahrheit ausgedrückt: Gott hat mich zu seiner eigenen Ehre erschaffen und deshalb ist der einzige Weg, ihm diese Ehre zurückzuerweisen und sicherzustellen, dass seine Schöpfung, die ja ich bin, die bestmöglichste ist – natürlich innerhalb der unvermeidbaren Grenzen – dass ich zu meiner Lebensfülle finde und in Fülle ich selber werde. Die Psychologen sagen uns, dass wir alle auf einem Niveau weit unterhalb unserer Möglichkeiten leben und nur einen minimalen Prozentsatz unserer Energien wirklich nutzen.
Es sollte also unser Ziel sein, unser Existenzniveau in Würde und im Einklang mit der Natur auf eine höhere Ebene mit weiteren Perspektiven heraufzuschrauben, um ein Leben in Fülle zu finden und Gott die Ehre in Fülle zu erweisen. An dieser Stelle kann ich eine persönliche Erinnerung beisteuern. In einem meiner Bücher habe ich im selben Geist den Satz geschrieben: „Gott

hat mich erschaffen, um Ihn zu lieben, Ihm zu dienen, und Ihm die Ehre zu erweisen ... und so in Fülle ich selbst zu sein." Für diesen Satz habe ich nicht nur Anerkennung erhalten. Die Post brachte mir etliche Protestbriefe von Lesern, die mich beschuldigten, dass ich Egoismus, Psychologismus und Materialismus fördern und die wahren, traditionellen und spirituellen Werte verraten würde. In dem Moment habe ich verstanden, was Tony vorher schon am eigenen Körper erfahren hatte: Dass Sadhana auch Feinde und Gegner hat.

*

„Schärft die Wahrnehmung eurer Wünsche und Bedürfnisse, lernt sie auszudrücken - und lasst andere Menschen, die ihr um die Erfüllung eurer Wünsche gebeten habt, in Freiheit entscheiden, ob sie dazu ja oder nein sagen!" Tony versicherte uns, dass auf diesem Weg seit Jahren sein eigener Wachstumsprozess verliefe. Genau zu wissen, was ich wünsche und brauche, heißt also, mir selbst zu erlauben, diese Bedürfnisse umfassend und deutlich wahrzunehmen, sie genau zu fühlen, sie mir einzugestehen und sie anzunehmen – und dann der Person gegenüber klar in Worten auszudrücken, von der die Erfüllung abhängt – ohne Kniefall, ohne mich zu erniedrigen und zu betteln und ohne mich aus Schüchternheit einzuschränken. Gleichzeitig räume ich dieser Person die völlige Freiheit ein, meinen Wunsch zu erfüllen oder dies zu verweigern. Dies ist gleichzeitig eine gute Übung, um Selbstbewusstsein zu lernen, Wissen über sich selbst, aber auch Freiheit, Demut, Mut und Aufrichtigkeit. Das Wunder dabei ist, insistierte Tony, dass wir in den meisten Fällen, in denen wir einen ganz konkreten Wunsch an eine konkrete Person herantragen, diesen Wunsch auch erfüllt bekommen. Und selbst wenn nicht – dann haben wir meist immer noch nichts verloren. In jedem Falle aber wachsen wir in Bezug auf Klarheit unserer Visionen und Stärke unserer Ausdruckskraft. Tony wandte dieses Prinzip in einem analogen Ausspruch auch auf die Unterscheidung der Geister an: „Wenn du herausfinden willst, was Gott von dir will, dann finde erst einmal heraus, was du von Ihm willst."

*

„Sei in Kontakt mit deinen Gefühlen!" Das war das erste Gebot der Sadhanas. Ent-decke sie, übernimm die Verantwortung für sie, werde zum Besitzer deiner Gefühle, stelle dich ihnen und bleib bei ihnen. Diskriminiere deine Gefühle nicht, indem du zwischen „guten" und „schlechten" Gefühlen unterscheidest, um dann einige zu akzeptieren und andere zurückzuweisen. Gefühle als solche sind weder gut noch schlecht. Sie sind eben Gefühle. Der beste Weg, sie daran zu hindern, Schaden anzurichten oder aber ihnen freie Bahn zu schaffen, um nützlich sein zu können, ist immer, ihnen zuerst die Bewusstwerdung zu gestatten, und zwar ohne Zensur oder Unterdrückung. Ich bin wütend, ich bin nervös, ich bin ängstlich, ich bin aber auch erregt oder freue mich. Ich beobachte meine Wut oder meine Angst oder meinen begeisterten Überschwang, mein Mitleid, meine Zuneigung oder meinen Schmerz – und dann entscheide ich in voller Freiheit, welche Schritte ich jetzt aufgrund dieses wahrgenommenen Gefühls einleiten werde. Für jegliches Handeln ist es also unbedingt wichtig, dabei mit meinen Gefühlen in Kontakt zu bleiben. Diese konstante und wache Verbindung erweckt mich als menschliches Wesen erst zu meinem vollen Lebendigsein. Das Denken und die Vernunft alleine tendieren dazu, mein Leben zu reglementieren. Erst die Gefühle bringen die Vielfarbigkeit, die Tiefe, die Wärme und Lebendigkeit ins Leben. Dem Instinkt, dem „Bauch-Gefühl", der inneren Stimme zu folgen, war unter uns ein akzeptierter Weg des Vorgehens. Wir nannten es das „Bauch-Niveau".

*

„Akzeptanz – Empathie – Kongruenz." Diese speziellen Termini stammen ursprünglich von Carl Rogers und bezeichnen eine pragmatische und positive Einstellung zu zwischenmenschlichen Beziehungen jeglicher Art. *Akzeptanz* ist dabei der „bedingungslose, positive Achtungsfaktor", der den anderen Menschen nicht beurteilt, nicht bewertet, nicht besitzt oder in irgendeiner Form manipuliert. *Empathie* ist die Fähigkeit, Dinge einfühlsam von der Warte der anderen Person aus zu sehen und dieses tiefe Verständnis dem anderen Menschen mitzuteilen. *Kongruenz* ist die ständige, echte und ehrliche Wahrnehmung der eigenen Gefühle zu einer anderen Person und die innere Bereitschaft, diesen anderen Menschen auch an eigenen Gefühlen teilhaben zu lassen, soweit es ratsam und möglich ist. Drei Worte, die ein gesamtes Programm an Persönlichkeitstraining und sozialer Verantwortung beinhalten.

*

„Wahrnehmung (*awareness*) – Spontaneität – Intimität." Drei weitere Begriffe, diesmal aus Eric Bernes Zusammenfassung optimalen menschlichen Verhaltens. Die schwierige Kunst des „mit sich selbst in Kontakt seins" bedeutet, dass mein ganzheitliches Sein nicht nur im Hier-und-Jetzt präsent ist, sondern mir auch umfassend zur Verfügung steht. Darüber hinaus beinhaltet es ein Gewahrsein des gesamten Universums und der Umstände, die mich in jedem Augenblick, nah und fern, umgeben. Dieses Gewahrsein soll es mir ermöglichen, darauf mit fast paradoxer natürlicher und kultivierter Spontaneität zu antworten, die erst Farbe, Frische und Bestimmtheit in mein Leben bringt – immer auf der Suche nach dem Abenteuer echten, authentischen und intimen Erlebens, wo das Leben in all seiner einzigartigen Vielfalt erblüht. All diese Schlüsselworte bekommen dann eine große Bedeutung und eine Art affektiven Glühens, wenn man sich täglich an sie erinnert, sie gebraucht und einsetzt und sie wiederum auch täglich von anderen Menschen hört, die mit demselben Enthusiasmus auch ihr Leben dieser ewigen Suche geweiht haben.

*

„Zerbrich dein Image!" Wir alle sind Sklaven des Images, das wir von uns selbst geschaffen haben und das wir ständig der Außenwelt präsentieren, um unser Selbstbild auch anderen Menschen zu vermitteln. Wenn es ein schlechtes Image ist, das einer faulen, verantwortungslosen und unzuverlässigen Person, dann werden die Menschen uns auch als genau das erleben und einzuschätzen lernen. Wir selbst geben uns mit diesem Selbstbild zufrieden, ändern uns demzufolge nicht mehr und werden uns weiterhin so verhalten, wie es dieser sich selbst erfüllenden Prophezeiung zukommt. Und unsere Umwelt wird uns entsprechend dem von uns vermittelten Image und den daraus resultierenden Erwartungen, behandeln. Wenn es jedoch ein gutes Image ist, das wir vermitteln, das eines ernsthaften, pünktlichen und hart arbeitenden Menschen, werden wir diese Qualitäten im realen Leben an den Tag legen. Wenn schon nicht aus eigener Tugend heraus, so doch zumindest um den allgemeinen Erwartungen zu entsprechen, die wir selber geweckt haben. In jedem Fall ist es wichtig zu beachten: Das Selbstbild verhindert Spontanität, beeinträchtigt unsere Kreativität und schränkt das Leben ein. Um solch einen Trend zu durchbrechen, kann es ratsam sein, sich zuweilen auch mal unberechenbar zu zeigen.

*

„Das ist dein Problem." Dieser Ausspruch ist oft als unsensibel, gefühllos und gleichgültig missinterpretiert worden, Ausdruck einer selbstsüchtigen Missachtung aller anderen Menschen in völlig unchristlicher Art und Weise. Doch das ist eine völlig falsche Anschuldigung. Bei uns gab dieser Ausspruch die gesunde Erkenntnis der Tatsache wieder, dass, was auch immer ich für andere Menschen tun kann und tun will, diese doch die Verantwortung für ihre Handlungen selber tragen müssen. Ich muss mich nicht selbst schlecht fühlen, weil jemand anderes, den ich vielleicht sogar sehr mag, sich dazu entscheidet, sich das Leben schwer zu machen. „Schon vor langer Zeit habe ich den Job gekündigt, der allein verantwortliche Geschäftsführer des gesamten Universums zu sein", pflegte Tony dazu zu sagen.

*

„Der Sabbath ist für den Menschen gemacht, und nicht der Mensch für den Sabbath." Respektiere alle Gesetze, aber sei dir der katholischen Lehre folgend immer bewusst, dass der höchste Richter über ein konkretes Vorgehen dein persönliches Gewissen im Moment des Handelns ist. Prüfe und bilde dein Gewissen – und folge ihm.

*

„*Etwas versuchen wollen* heißt lügen!" Das ist Fritz Perls im Original. In dem Moment, wo du sagst: „Ich will es versuchen", drückst du damit aus, dass du nicht ernsthaft vorhast, etwas zu tun. Sonst sagst du nämlich: „Ich mache das", oder: „Ich mache das nicht". Das ist Klarheit in der Kommunikation!

*

„Befreie das ‚spielende Kind' in dir!" Wir alle tragen das charmante, liebende, freudvolle – aber auch mal mutwillige Kind in uns, das im späteren Leben aufgrund von Konditionierung immer mehr zum Schweigen gebracht – und schließlich vergessen wird. Eines der Geheimnisse des Glücks ist, dieses Kind zu befreien und ihm das Spielen wieder zu erlauben.

*

„Ich sollte", „Ich müsste", „Man erwartet von mir" sind alles Ausdrücke, die wir ersetzen durch „Ich möchte", „Ich mag", „Ich entscheide mich, zu", das heißt: Immer, wenn wir etwas wirklich wollen, mögen und uns dafür entscheiden, verhalten wir uns entsprechend. Die Antriebskraft für unser Verhalten muss von innen, nicht von außen kommen.

*

„Dein JA hat keinen Wert, solange du nicht die Freiheit hast, NEIN zu sagen."

*

„Die Bäume werden wieder zu Bäumen." Das ist der letzte Satz eines berühmten Ausspruchs von Ch´ing Yuan, den ich Tony unzählige Male wiederholen hörte, in all den verschiedenen Phasen seiner spirituellen Arbeit. Der ganze Ausspruch lautet: „Vor der Verwandlung des Menschen sind die Berge für ihn Berge und die Bäume sind Bäume. Während der Periode der Verwandlung sind für ihn die Berge nicht länger Berge und die Bäume sind keine Bäume. Aber nach seiner Verwandlung sind die Berge wieder Berge und die Bäume werden wieder zu Bäumen." Wenn erst einmal die Seele, der Körper, alle Sinne und das Ganze des Menschen gereinigt und geläutert sind, wird ihm die Schöpfung in Fülle wiedergegeben, damit er in Frieden und Glück alles genießen kann als das ewige Erbe der Kinder Gottes.

*

„Fehler zu machen ist unser Erbrecht."

*

„Du brauchst den Fluss nicht anzuschieben". Das ist wiederum ein Satz von Fritz Perls, den Berry Stevens von ihm im Titel seiner Autobiographie geborgt hat: „Du brauchst den Fluss nicht anzuschieben ... er fließt von selbst." Und so funktioniert das Leben tatsächlich. Du brauchst nicht zu schieben, du brauchst nicht zu drücken. Berry Stevens: „Das Glück besteht auch darin, dass du die Dinge geschehen lassen kannst."

*

„Motivieren heißt manipulieren." Ein schönes Wort kann sehr wohl einen unterschwellig destruktiven Prozess verbergen. Anderen unsere eigenen Werte und Prinzipien aufzudrängen, kann auch mentale Unterdrückung sein.

*

„Stelle einen guten Kontakt her: mit dir selbst, mit Menschen, mit der Welt, mit Gott."

„Hege keine Erwartungen; und wenn du doch etwas von einem anderen Menschen erwartest, dann sag es ihm."

*

„Feingefühl ist die Blüte der Nächstenliebe."

*

„Akzeptiere es, wenn du Chaos statt Ordnung antriffst, Unsicherheit statt Sicherheit und Ungewissheit statt Gewissheit." Das Zeitalter der Gewissheiten ist vorbei. Willkommen im Zeitalter der Ungewissheit.

*

„Heiligkeit ist Ganzheitlichkeit. Heiligkeit ist Heil-sein. Gesundheit ist Fülle." Erobere dir alle Anteile deiner Persönlichkeit zurück, die du im Laufe der Jahre verloren hast.

*

„Niemand ist je gewachsen, ohne Risiken einzugehen."

*

„Mein Weinberg gehört mir, damit ich von ihm geben kann." (Hohes Lied)

*

„Glaubt an das Evangelium." Und die gute Nachricht ist: „Ich bin gekommen, damit ihr das Leben in Fülle habt!"

*

„Und Gott sagte: Alles ist wahrhaft gut."

14. DER THERAPEUT

Tony hatte die Gabe, Seelen zu heilen. Sein Mitgefühl befähigte ihn, die Anwesenheit von Schmerz in der Seele eines anderen Menschen wahrzunehmen und sein untrügliches Auge ließ ihn augenblicklich die Wurzel des Übels diagnostizieren. Seine charismatische Professionalität ermöglichte es ihm, einem leidenden Menschen durch Anwendung aller ihm zu Gebote stehenden Mittel und Methoden Erleichterung zu verschaffen. Er war ein guter Zuhörer, ein scharfer Beobachter und ein begnadeter Chirurg der Seele. Zahllose Male habe ich ihn bei seiner Arbeit als Therapeut beobachtet. Ich möchte hier einen kleinen Einblick in diesen Bereich seines Lebens geben, den nicht alle kennen gelernt haben. Denn die therapeutische Begabung Tonys schimmerte durch seine gesamte Persönlichkeit und reflektierte eine Vielzahl seiner Charakterzüge.

Tony begeisterte sich für beinahe alle therapeutischen Methoden, besonders jedoch für Carl Rogers' „Nicht-direktive Beratung". Allerdings beurteilte er diese Methode als zu langsam. Er fasste seine Kritik in der kurzen Geschichte vom Klienten und dem Nicht-direktiven Therapeuten zusammen: Der Klient sagt: „Ich fühle mich deprimiert." Der Therapeut: „Sie fühlen sich also deprimiert." „Eigentlich fühle ich mich so schlecht, dass ich mich am liebsten umbringen möchte." „Ich meine aus Ihren Worten zu hören, dass Sie sich umbringen möchten." „Ja, tatsächlich denke ich daran, jetzt gleich aus diesem Fenster zu springen." „Wenn ich Sie richtig verstanden habe, dann ist in Ihnen der Gedanke aufgetaucht, jetzt aus diesem Fenster dort zu springen." Der Klient geht tatsächlich hinüber zum Fenster, öffnet es und springt hinaus. *Platsch.* Der Therapeut schaut aus dem Fenster und wiederholt: „Platsch!" Die Sitzung ist beendet.

In seiner therapeutischen Praxis bevorzugte Tony die Gestalttherapie, doch dabei legte er seine persönliche Auffassung von Gestalt zugrunde. Immer direkt auf den Mittelpunkt. Was ist dein Problem? Zeig mir deine Gefühle. Positiv? Negativ? Bist du verwirrt? Bleib bei dieser Verwirrung. Lass mich raten. Du bist wütend auf dich selbst, weil dir deine Reaktionsfähigkeit im Vergleich zu anderen als zu langsam erscheint – und du glaubst, du hättest eine schlechte Figur abgegeben. Ja? Ist das so? Dann wiederhole es. Wie fühlt es sich an – passt es? Schön. Jetzt stelle einmal dein langsames Selbst vor dich hin und sprich zu ihm von der Warte deines wütenden Selbst aus. Gut. Und jetzt lass das „langsame Selbst" antworten. Halte den Dialog am Laufen.

Wie fühlt sich das jetzt an? Du siehst also, dass dein „langsames Selbst" seinen Sinn hatte und durchaus dazu berechtigt ist, langsam zu sein, wenn es langsam macht, wenn es langsam zu sein wünscht. Bist du jetzt mit dir selbst mehr im Reinen? Dann bleib jetzt bei und in deinem guten Gefühl. Hat noch jemand ein Problem?

Du fühlst dich also mit jemandem aus der Gruppe nicht wohl. Sag es nicht mir, sag es ihm. Und rede nicht über Menschen, sondern zu Menschen. Sag dem anderen direkt: Was ich an dir nicht mag, ist... und ziehe ruhig alle Register. Beobachte aber genau deine eigenen Gefühle, während du dies aussprichst. Spürst du Angst? Widerwillen? Erleichterung? Fühlst du Skrupel, während du sagst, was du sagst? Merkst du dabei, dass sich einige deiner Klagen in dem Moment, in dem du sie verbalisierst, für dich selbst hohl anhören? Und nun geh über zu den Gefühlen des anderen Menschen. Fange nicht an zu argumentieren, erkläre nichts, verteidige dich nicht – und sei auch nicht aggressiv. Drücke lediglich deine eigenen Gefühle genau aus. Wenn du sagst: „Du hast Unrecht.", dann hast du einen Austausch von Argumenten begonnen. Wenn du aber bei dir bleibst und sagst: „Ich fühle mich verletzt, wenn ich dich so etwas sagen höre", dann hast du eine Tür geöffnet. Bleibt bei einem solchen Austausch auf dem Niveau der Gefühle.

Wenn ein Mitglied der Gruppe an einer persönlichen Spannungssituation mit jemandem arbeiten wollte, der nicht Mitglied der Gruppe war, oder wenn es sich bei diesem anderen Menschen um jemanden aus der Vergangenheit handelte, der erst recht nicht verfügbar oder sogar verstorben war, dann gab es immer die Möglichkeit, diesem Problem durch Phantasiearbeit näher zu kommen. Tony vertrat die Ansicht, dass die Phantasie eines der mächtigsten Werkzeuge in der Therapie darstellt und setzte dieses Werkzeug mit beeindruckender Effektivität ein. Eine Ordensschwester aus der Gruppe zum Beispiel empfand Leid und Trauer darüber, in ihrer Jugend ziemlich aufmüpfig und widerborstig gewesen zu sein und ihrer Mutter eine Menge Kummer bereitet zu haben. Später hatte sie dann noch ihre Mutter verlassen, um sich dem religiösen Leben zu widmen, obwohl sie wusste, dass sie zu Hause gebraucht wurde. Schließlich kam sie als Missionsschwester nach Indien. Und als ihre Mutter in ihrem Heimatland starb, war sie nicht an ihrer Seite. Dies alles hatte eine psychische Wunde hinterlassen, die nie vernarbt war und die wegen des Todes der Mutter heil-los schien. Tony ging mit dieser Trauer, diesem Leid sehr feinfühlig um: „Stell dir vor, deine Mutter stünde jetzt vor dir – so lebendig wie du dich an sie erinnerst, sie sitzt dort auf dem Stuhl und sieht dich an. Sag ihr jetzt, wie intensiv du empfindest, dass du sie im Stich gelassen hast, dass du ihre Gefühle ignoriert hast und auch zu ihrem letzten Segen auf dem Totenbett nicht bei ihr warst. Lass dir viel Zeit damit. Und jetzt vertausche die Rollen, übernimm die Rolle deiner Mutter und antworte, was sie dir, nach dem, was du ihr gerade gesagt hast, antworten würde. (Es war herzbewegend mit anzusehen, wie dieselbe Frau, die sich gerade für ihr abweisendes und vernachlässigendes Verhalten gegenüber ihrer Mutter noch selbst beschuldigt hatte, nun in der Rolle der Mutter mit bewegter Stimme sagte: „Mach dir keine Sorgen, meine Tochter; all das weiß ich in meinem Herzen – und ich habe es auch damals schon gewusst. Du bist deinen eigenen Idealen im Dienste Gottes gefolgt und so habe auch ich mein Opfer für Ihn gebracht ... und für dich. Alles was ich will, ist, das du glücklich bist. Und jetzt sei nicht mehr traurig.") Tränen flossen, und eine alte Wunde schloss sich. Dies waren wahrhaft heilende Momente, nicht nur für diese Ordensschwester, die es gewagt hatte, mit ihrem verborgenen Leid ans Tageslicht zu kommen, sondern für jeden von uns in der Gruppe. Das war die Art und Weise, wie Sadhana wirkte – durch direkte Therapie an uns selbst, durch emphatisches Miterleben des therapeutischen Prozesses bei anderen und durch das gemeinsame Besprechen und Anteilnehmen an den Erfahrungen anderer. Besonders wirksam wurde dieser Prozess durch die dazwischen liegenden Pausen, Unterbrechungen und Ferienzeiten, in denen die emotionalen Erlebnisse wirklich in die Menschen eindringen und in das jeweilige Unterbewusste eingebettet werden konnten. Es entwickelte sich so eine neue Qualität der Wahrnehmung und eine neue Feinfühligkeit, eine Sensibilität und Sensualität zum Leben. Neun Monate sind eine lange Zeit, und vieles konnte dabei leise und unauffällig in dieser privilegierten Umgebung einer Lebensschule wachsen.

Tony maß der Phantasiearbeit eine große Bedeutung bei, um damit das Unterbewusstsein erreichen zu können. Er erlebte sie als Mittel zu einem Heilungsprozess, den andere psychologische Methoden nicht erreichen. Tony hatte eine Anzahl von Phantasieübungen entwickelt, die er regelmäßig mit uns in der Gruppe durchführte, immer gefolgt von Rückmeldungsrunden, in denen wir besprachen, welche Gefühle diese Übungen in uns freigesetzt hatten. Dabei bot sich die Gelegenheit, Erfahrungen auszutauschen und an Problemen weiterzuarbeiten, die möglicherweise aus den Übungen hervorgegangen waren. Solche Übungen, natürlich ohne die lebendigen Rückmeldungsrunden, beschreibt Tony in dem Kapitel „Phantasieübungen" seines ersten Buches *Sadhana: A Way to God (Mit Leib und Seele meditieren)*.

So sehr er die Phantasiearbeit schätzte und einsetzte, lag doch sein Hauptinteresse zu dieser Zeit in der Arbeit mit Träumen. Als eines der Instrumente für eine weitreichende Therapie wies er den Träumen den höchsten Stellenwert zu. Er benutzte die Träume nicht im Sinne der Freudschen Psychoanalyse, sondern mehr nach der Gestaltmethode als Hilfe zur Integration: um einen Traum noch einmal zu erleben und sich selbst in der Bedeutung des Traumes wiederzufinden. Ein Traum war für ihn eine Botschaft des Selbst an sich selbst, das heißt, eine Botschaft, die das schlafende Selbst an das *Wachselbst* in der Absicht schickt, sich selbst besser kennen zu lernen und zu entdecken, verborgene und verlorene Aspekte wiederzufinden und diese Inhalte in eine ganzheitliche Persönlichkeit zu integrieren.

Während meines ganzen Lebens habe ich als Folge von Konditionierungen, die ich mir selbst, aber die mir auch andere in Form von Restriktionen, Verboten, Druck und Angst auferlegt hatten, Teile meiner Persönlichkeit verloren und aufgegeben. Fragmente meines Seins sind auf dem ganzen Pfad meines Lebens verstreut. Authentische und noch gültige Aspekte meiner Persönlichkeit, die ich selbst abgespalten, zurückgewiesen und vergessen habe, sind in den Schubladen meines Unterbewussten gestapelt und wollen sich ihren Platz im Leben im Reich der Träume zurückerobern. Auf diese Weise erinnern sie daran, dass sie noch da sind und bitten darum, zu meinem Leben wieder Zugang zu finden. Diese Persönlichkeitsanteile, die ich verstoßen habe, tauchen nun im Traum wieder auf, projiziert in andere Objekte und Personen, die nichts anderes als mich selbst verkörpern und darstellen – obwohl ich es beim ersten Hinschauen häufig nicht vermag, mich in ihnen zu erkennen. Jedes Image, jedes Bild in meinen Träumen ist ein entfremdeter Teil meines Selbst, den ich wieder eingliedern muss, den ich anerkennen und zulassen muss, um mich als Ganzheit anzunehmen und um wieder „ich selbst" in ganzer Fülle sein zu können. Die Zensur meines Denkens (die Schere im Kopf) unterdrückt während des Tages Emotionen, Reaktionen, Gedanken und Instinkte, die aufgrund dessen dazu verurteilt sind, nie an das Tageslicht des (Wach-)Bewusstseins kommen zu dürfen. Diese rächen sich aber, sobald die Dunkelheit anbricht. Alles, was während des Tages unterdrückt worden ist, kommt während der Nacht in verzerrter Gestalt, die dem Bereich der Schatten eigen ist, zurück und zeigt sich im Traum. Es ist das Ich, dem ich nicht gestatte, geboren zu werden. Wenn ich auf meine Träume höre, dann höre ich mir selbst zu und lerne, zu schauen und zu beobachten. Dann belebt sich mein Traum, nun aber in völliger Wachheit, und ich kann mich mit diesen Schatten identifizieren, nehme ihren Platz ein und spreche durch ihren Mund in der ersten Person, erkenne mich selbst wieder in diesen Leinwandstücken, die aus dem Bild meines Portraits gerissen sind und versöhne in mir „die Schöne und das Biest."

Tony pflegte zu beginnen, indem er sagte: „Der Therapeut bekommt, was der Therapeut anfordert. Ich weiß, wenn ich von euch Träume hören möchte, dann werdet ihr mir Tag für Tag alle möglichen Träume liefern. Also - bringt sie zu mir." Und das taten wir. Da wir alle fast jede Nacht während des Schlafes träumen – jedoch die Träume, die nicht in der zeitlichen Nähe einer der Wachphasen auftreten, sogleich wieder vergessen – machten sich einige der eifrigen Initianten (ich allerdings nicht) sogar die Mühe, sich während der Nacht zu verschiedenen Zeiten den Wecker zu stellen und Papier und Bleistift unter ihrem Kissen bereit zu halten, um ihre Träume, frisch aus der Nachtfabrik, aufzuschreiben. Und so erreichten die Träume die Gruppe und damit begann die Standardvorgehensweise. Zuerst den Traum erzählen: „Ich träumte, dass ich allein durch eine Straße ging und zu einem alten Haus kam, dessen Türe offen stand. Eine große Hand tauchte plötzlich hinter mir auf und schubste mich hinein. Innen im Haus war ein Treppenhaus, und je höher ich die Treppe hinaufstieg, desto tiefer drang ich in das Haus ein. Ich schaute nach oben - und das Haus hatte kein Dach. Aber darüber war ein großes Gesicht, das auf mich heruntersah und, als es mich erblickte, laut auflachte – und damit wachte ich auf."

Jetzt erzähle denselben Traum noch mal im Präsenz, als ob er sich jetzt ereignen würde. „Ich gehe alleine eine Straße entlang und sehe ein altes Haus ..." Jetzt bist du die Straße; spreche in ihrem Namen, übernimm ihre Rolle. „Ich bin die Straße. Ich bin lang und einsam. Ich mag es nicht, dass die Menschen auf mir herumlaufen. Wenn jemand auf mir läuft, dann erzeugen seine Schritte Lärm und es tut mit weh." Und nun bist du das Haus. „Ich bin ein altes Haus in klassischer Architektur. Menschen, die sich auskennen, wissen, dass meine Fassade von einem noblen Stil kündet. Meine Grundfesten sind stark. Ich kenne die Geschichte all der Menschen, die in meinen Mauern gelebt haben; ja ich verstehe das Leben dieser Menschen besser, als viele von denen sich selbst verstehen." Und nun bist du die offene Tür, die Hand, die dich schubst, das Treppenhaus, das große Gesicht, das lacht und ... davor noch, weil dieses auch wichtig ist, bist du auch das fehlende Dach, auf das das Haus verzichtet: Sprich in seinem Namen. Dieses spontane und zufällige Sprechen in der Rolle der Personen und Objekte in den Träumen führt dazu, dass verborgene Ecken der Vergangenheit beleuchtet werden und dass schon vergessene Erfahrungen in die Erinnerung zurückkehren. Dann kommen die Fragen, um der jeweiligen Person zu helfen, selbst die Schlussfolgerungen zu ziehen, die nur sie ziehen kann. Es geht hier nicht darum, den Traum zu „interpretieren", sondern ihn in das reale Leben zu „integrieren" und in die Gegenwart zu übersetzen, um den ganzen Menschen zu bereichern und aufzubauen. Was sagt dir dies alles? Was hast du dabei über dich selbst gelernt? Brachte es etwas Licht in einige vergessene Aspekte deines Lebens? Wovor hattest du Angst? Eine wichtige Frage (wenn das Erwachen auf natürliche Weise ohne Wecker eingetreten war): Worin siehst du die Bedeutung, dass du gerade in diesem speziellen Moment des Traumes und bei dieser besonderen Szene aufgewacht bist? Und die fundamentale Frage: Was hast du vermieden? Wem oder was bist du aus dem Weg gegangen? Diese letzte Frage öffnet die Tür zu der erstaunlichen Entdeckung, dass da eine verstümmelte Persönlichkeit existiert - und leitet über zu Wachstum und Integration. Wir hatten mannigfaltige Gelegenheiten, um bei uns selbst und bei den anderen TeilnehmerInnen den Wahrheitsgehalt von Freuds Ausspruch zu testen, dass „Träume der Königsweg zum Unterbewussten" sind. Tony genoss es sehr, mit Träumen zu arbeiten, aber das Vorgehen an sich war doch ziemlich repetitiv. Nach einiger Zeit war der Reiz des Neuen vorbei und Tony brachte wieder neue Methoden ein, um die einzelnen Sitzungen reich an Überraschungen zu halten.

Durch den Vorschlag, eine der zahllosen Übungen durchzuführen, die er sich für uns ausgedacht hatte, gelang es Tony immer wieder, die Gruppe in jedweden Umständen zu beleben. „Jetzt steht mal alle auf, ihr Damen und Herren. Und jeder von euch legt jetzt schweigend seine rechte Hand auf die rechte Schulter der Person in der Gruppe, von der er ganz sicher ist, dass er sie am besten leiden kann. Und – los geht's!" Können Sie sich als LeserIn vorstellen, welche Gefühlsausbrüche diese Anweisung in uns verursachte? Dieses schweigende Herumlaufen. Wen soll ich bloß auswählen? Bin ich mir sicher? Soll ich mich trauen? Einen Mann oder eine Frau? Soll ich auf Nummer sicher gehen? Aber Sicherheit zahlt sich hier nicht aus. Also setz ruhig auf Risiko und sei ehrlich zu dir selbst. Meine Hand fand ihre passende Schulter. Sind schon andere Hände auf dieser Schulter? Und, mit noch größerer banger Erwartung, wie viele Hände legen sich auf meine Schulter? Keine? Oh, doch, ich fühle eine Berührung. Gott sei Dank. Und jetzt schaue ich mich um und betrachte diese Gruppe von Männern und Frauen, die sich schweigend und sehr mit sich beschäftigt in einem vielsagenden Muster von kreuz und quer verlaufenden Beziehungen zueinander gefunden hat. Die Anstrengung ist vorbei. Nein, es ist erst der Anfang. „Und jetzt setzt euch bitte alle hin. Nehmt euch einen Moment Zeit, um euch eurer Gefühle bewusst zu werden. Und nun lasst uns sehen. Wie hat sich jeder von euch während dieses

Spiels gefühlt? Erwartungsvoll? Schüchtern? Wütend und ärgerlich über mich, weil ich euch dies zugemutet habe? Eifersucht? Unsicherheit? Ablehnung gegenüber jemandem? Oder konntet ihr es auch ein Stückchen gut gelaunt genießen? Also, wer von euch möchte zuerst etwas dazu sagen?" Kaum hatte er das gesagt, da war schon ein halbes Dutzend Hände in der Luft und die darauf folgenden Wortmeldungen und Kommentare konnten gut den Rest des Tages in Anspruch nehmen.

Gibt es noch Schlimmeres? Oh ja. Dieselbe Übung, aber nun galt es, anstatt die Person zu wählen, die wir am besten leiden konnten ... die Person zu wählen, die wir in der Gruppe am wenigsten leiden konnten! Sie können sich vielleicht den Wirbelwind an Gefühlen vorstellen. Diese Übung produzierte Rohmaterial nicht nur für eine, sondern für mehrere Sitzungen, die wir nach der eigentlichen Übung zur Aufarbeitung brauchten. Und ich kann Ihnen von einer noch härteren Übung berichten. Tonys Anweisungen an jenem Tag waren: „Jetzt steht mal alle auf und stellt euch – ohne ein Wort dabei zu sagen – in einer geraden Reihe auf, deren oberstes Ende bei dem Fenster ist und deren unterstes Ende nahe der Tür. Ihr selbst wählt den Platz in der Reihe aus, an dem ihr euch gemäß des folgenden Kriteriums zu stehen berechtigt fühlt: Welche Position nehme ich, als Person, in unserer Gruppe ein? Wenn du aufrichtig der Meinung bist, dass du zur Spitzengruppe gehörst, dann steh jetzt auf und stelle dich an das obere Ende der Reihe; wenn du jedoch denkst, dass du zu den niederen Rängen gehörst, dann geh entsprechend hin und stelle dich näher an das Ende. Erlaubt euch allen, euch frei zu bewegen, ganz wie ihr wünscht – und ohne dabei ein Wort zu sprechen. Beobachtet aber die ganze Zeit genau eure Gefühle." Es dauerte natürlich einige Zeit, bis sich die Reihe stabilisiert hatte. Die Menschen veränderten ihre Positionen, bis schließlich eine Art von Übereinstimmung erreicht wurde. Dann fuhr Tony fort: „Jetzt schaut euch die Reihe gut an, und wenn ihr der Meinung seid, dass ein Mann oder eine Frau eine Position in der Reihe einnimmt, die eurem Gefühl nach zu hoch ist, dann geht zu der Person hin und geleite sie zu einer anderen Stelle, von der ihr der Meinung seid, dass sie ihr eher zukäme. Oder bringt Menschen aus der Reihe, die eurer Meinung nach zu niedrig stehen, in eine höhere Position. Mit anderen Worten, stellt diejenige Person, Mann oder Frau aus der Gruppe, an die Spitze der Reihe, die eurer Rangordnung nach den höchsten Platz einnehmen sollte – und so die ganze Reihe entlang. Gebt jedem von euch die Freiheit, mit dem Rest der Menschen in der Gruppe auf diese Art und Weise zu verfahren, bis sich eine Stabilität eingestellt hat." Keine leichte Aufgabe! Jeder konnte die unausgesprochene Spannung fühlen, die sich im Zimmer ausbreitete, als die Reihe sich ständig veränderte und unwillig bewegte, solange verschiedene Hände sie bearbeiteten. Wen bringe ich höher hinauf? Und wer gehört nach meiner Meinung auf einen niedereren Platz? Was soll dieser Mensch bloß von mir denken? Wie soll ich ihm das bloß später erklären? Und ... wer wird es wohl wagen, mich an eine niederere Stelle zu bringen? Oh, dieser scheinheilige Typ! Und ich habe immer gedacht, dass er eine gute Meinung von mir hätte. Na, darüber müssen wir später noch mal sprechen. Und, lieber Gott, hoffentlich ist diese Prüfung bald vorüber. Endlich. Die Rangordnung ist fertig und steht. Tony hatte kein Wort gesagt, solange wir uns noch veränderten, aber hatte nicht für einen Moment seine aufmerksamen Augen von der Gruppe genommen und sich sorgfältig gemerkt, was jeder von uns wohl während dieser Erfahrung gefühlsmäßig durchgemacht hatte. Jetzt endlich stand alles still. Und Tony sagte: „Setzt euch jetzt wieder hin und bewahrt noch für einige Zeit das Schweigen. Und dann werden wir den angerichteten Schaden begutachten. Ich weiß, dass einige von euch sich mehr oder weniger verletzt fühlen und ich selbst kann euch nur sagen, dass ich euch nicht durch dieses Experiment gejagt hätte, wenn ich jetzt nicht volle neun Monate vor mir hätte, um die Wunden, die ich vielleicht geöffnet habe, wieder zu heilen. Lasst mich nun an euren Gefühlen teilhaben und uns alle daran arbeiten. Und los geht's!"

Nicht alle Übungen waren so folgenschwer wie diese, aber alle waren dahingehend angelegt, dass sie auf die eine oder andere Weise, ernst oder spaßig, unsere Gefühle ans Tageslicht bringen, unsere Verteidigungsmechanismen durchbrechen und das Rohmaterial zutage fördern sollten, das in unserer Persönlichkeit unter so vielen Schichten von Disziplin verborgen lag. Die Übungen sollten unsere Kontrollmechanismen, die offiziellen Masken und stereotypen Verhaltensweisen offen legen. Bis jetzt hatte man uns schließlich immer beigebracht, als Menschen die Rolle zu spielen, die man uns zugedacht hatte; nun aber lernten wir, ohne mit der Vergangenheit zu brechen, sondern vielmehr darauf aufbauend und diese transzendierend, die Menschen zu sein, die wir selbst gerne sein wollen. Kein Wunder, dass dieser Prozess sich zu Zeiten so erfrischend und befreiend anfühlte wie eine Neugeburt ... mit allen Wehenschmerzen und allen anderen Begleitumständen.

Hervorzuheben ist, dass diese Übungen und all die Träume und Phantasiereisen an und für sich genommen nur begrenzten Wert hatten. Ihre Bedeutung erlangten sie nur, indem sie in Tonys Händen zum Instrument, zum Werkzeug wurden. Die wertvolle Erfahrung war also nicht die Übung an sich oder der jeweilige Traum oder die jeweilige Phantasiereise, sondern die intensive Arbeit in der Intimität der Gruppe, die dem ersten Schritt folgte – und in der sich der volle Ernst der Person offenbarte, die nach Wachstum und Heilung strebte. Immer unter Aufbietung aller Fertigkeiten, der kümmernden Sorge und des Charismas von Tony in seiner Höchstform. Solche Erfahrungen gehören zu denen, die man nie vergisst.

Tonys untrügliche Stärke, die Gefühle anderer Menschen zu erahnen, unausgesprochene Gedanken in Worte zu kleiden, sich auszumalen, was in einer Person wohl vorging, bevor sie selbst ein Wort darüber sagte, manifestierte sich wieder und wieder in den täglichen Begegnungen von Mensch zu Mensch, die in der Gruppe geschahen. All diese Erlebnisse schufen und verstärkten die Legende, dass Tony über geheimnisvolle Kräfte verfüge und Gedanken lesen könne. Er selbst trug kräftig zur Legendenbildung bei. Eines Tages sagte er uns in der Gruppe: „Ich habe vor kurzem ganz neue Kräfte in mir entdeckt. Ich bin hier umgeben von Menschen, denen ich nur ins Gesicht sehen muss, um genau zu wissen, was jeder von ihnen fühlt. Früher konnte ich das nicht, aber jetzt ist mir klar geworden, dass ich diese Gabe habe. Erst kürzlich habe ich dies bei einer Reihe junger Leute wieder einmal ausprobiert, und ich habe mich in keinem Fall geirrt." Er hatte tatsächlich ungewöhnliche Einsichten in gedankliche Vorgänge bei anderer Menschen und konnte Motive und Verhaltensweisen gut einschätzen. Tatsächlich habe auch ich jahrelang seine Talente in Anspruch genommen, um von seinen Einsichten in andere Menschen zu profitieren. Auch habe ich es genossen, mich selbst in seinen aufrichtigen Reaktionen zu reflektieren, und sein Vertrauen in mich war mir immer eine große Ermutigung. Trotzdem bin ich persönlich davon überzeugt, dass er keine übernatürlichen Kräfte oder Fähigkeiten hatte. Ich habe gute Gründe, einige dieser anscheinend unerklärlichen Einsichten von Tony als die unbewusst gehorsamen Reaktionen von Menschen zu interpretieren, die, ehrfürchtig und eingenommen durch seine überwältigende Persönlichkeit und seinen Ruf als Gedankenleser, Tony vor einer Gruppe nicht bloßstellen wollten und deshalb „ja" sagten, wenn Tony ihnen unterstellte, an was sie gerade gedacht hätten – obwohl sie tatsächlich einen ganz anderen Gedanken verfolgten. (Da es mir selbst passiert ist, kann ich es gut auch von anderen behaupten!)

In diesem Zusammenhang habe ich noch eine andere gute Geschichte zu erzählen. Der Übersetzer, der Tonys Bücher ins Spanische übertrug, Jesús García-Abril, erzählte mir ein überraschendes Erlebnis, das er mit Tony hatte. Er hatte bereits einige seiner Bücher übersetzt und mit ihm darüber ausführlich korrespondiert, aber sie waren einander noch nie begegnet. Er nutzte die Gelegenheit, als Tonys eine Reise nach Spanien machte, um ihn dort zu treffen, wo Tony einige seiner Seminare abhielt. „Dutzende von Menschen liefen überall herum", erzählte er, „da es der Tag der Eröffnung war. Tony hatte mich noch nie vorher gesehen – noch nicht einmal ein Foto von mir. Ich hatte ihn natürlich sofort erkannt und ging zu ihm, um mich vorzustellen. Stellen Sie sich meine Überraschung vor, als er mich plötzlich anschaute und als Erster sagte: „Sie sind Herr García-Abril!" Ich war natürlich verdutzt. Bis heute bin ich noch nicht dahintergekommen, wie er das eigentlich angestellt hat. Je mehr ich darüber nachdenke, desto unerklärlicher kommt es mir vor. Haben Sie vielleicht eine Erklärung dafür?"

In dem Moment, als er mir das erzählte, hatte ich keine – aber einige Monate später traf ich Tony in Lonavla und erzählte ihm die Geschichte: „Du kriegst langsam einen ziemlichen Ruf als Gedankenleser", zog ich ihn auf. Er lachte aus vollem Halse und sagte: „An die Situation kann ich mich gut erinnern. Jetzt erzähle ich dir mal meine Version dieser Geschichte: Ja, da waren sehr viele Menschen an diesem Eröffnungstag, aber ich wusste auch, dass zwei von ihnen aus Santander kommen würden – und einer von diesen beiden war García-Abril. Sie kamen zu mir in einem Moment, an dem ich gerade alleine dastand. Außerdem war mir bekannt, dass diese beiden Herren die aus Santander waren. Also musste einer von ihnen García-Abril sein – und ich hatte eine fünfzig-fünfzig Chance. Aus meiner Korrespondenz mit García-Abril wusste ich, dass er mehr der künstlerische Typ Mensch war, und von den beiden war einer von seinem äußeren Erscheinungsbild her durchaus als künstlerischer Typ einzustufen. Also habe ich geraten – und es stellte sich heraus, dass ich Recht hatte. Soviel also zu meinen Wunderkräften." Er lachte wieder und setzte noch schelmisch hinzu: „Vielleicht passierte genau dasselbe in der Geschichte von Jesus mit Nathanael", und er amüsierte sich köstlich über seine unkonventionelle Exegese.

In aller Fairness muss ich hier aber auch noch eine andere persönliche Geschichte niederschreiben, die mich eines Tages doch leicht erschütterte: An einem der Tage im Sadhana erzählten wir einander Witze. Diesmal waren es – mal was anderes – theologische Witze. Ich kann Witze weder gut behalten noch erzählen, aber einer fiel mir ein, den ich mal irgendwo gelesen hatte – und den erzählte ich. Eine Karikatur zeigt Moses, der die Zehn Gebote Gottes aufschreibt, Steintafel und Meißel in der Hand und der, als Gott seine Zehn Gebote verkündet hatte, eifrig emporschaut und sagt: „Herr, ich habe noch Platz für ein Gebot mehr!" Subtiler biblischer Humor. Als die Reihe wieder an mich kam, wagte ich es, einen Witz zu erzählen, den ich mir selbst ausgedacht hatte und noch nie vorher jemandem erzählt hatte. Alle in der Gruppe kannten den Fachausdruck, dass der Heilige Geist „ausgeht" aus dem Vater und dem Sohn – und deshalb verstand mein Publikum die Pointe sofort und lachte herzhaft. Die Geschichte geht so, dass Gott-Vater und Gott-Sohn sich über irgendein Thema in die Haare gekriegt hatten und sich ziemlich erregt darüber auseinander setzten. Sie beschlossen, den Heiligen Geist herbeizurufen, damit er als „Berater" wirken konnte. Der Heilige Geist hörte sich ihre hitzigen Argumente an und erklärte dann: „Wenn ihr anfangt, euch so zu streiten ... von was kann ich denn dann ausgehen?" Bevor der nächste an der Reihe war, seinen Witz zu erzählen, schaute Tony mich an und sagte spontan: „Carlos, diesen Witz hast du dir selbst ausgedacht, nicht wahr?" Ich sagte etwas belämmert: „Ja." Nun gut, der Witz war nicht einer der besten ... aber woher zum Teufel wusste er, dass ich ihn mir ausgedacht hatte?

Um dieses Kapitel abzuschließen – Tony brauchte keine Legendenbildung. Er war auch ohne sie groß genug.

15. DER EXERZITIENMEISTER

Ich arbeite mich langsam in der Zeit zurück. Ich habe begonnen, indem ich von der Lonavla Erfahrung berichtete (Sadhana II: Tony, der Guru), dann einiges über die Grundlagen mitteilte (Sadhana I: Tony, der Therapeut) und jetzt möchte ich dieses Bild mit einem Bericht über die früheste und erste Phase von Tonys öffentlichem Auftreten und seiner Persönlichkeit abrunden: Tony, der Exerzitienmeister. Schon in dieser Phase stand ich ihm sehr nahe und habe die volle Auswirkung der spirituellen Erneuerung erfahren, die er auslöste. Diese Zeit liegt weiter zurück und meine Erinnerungen daran sind etwas dürftig, aber die damals hervorgerufene innere Aufruhr ist genau wie die jetzigen Lonavla-Sprengsätze Teil meines Selbst geworden – und somit kann ich über die damaligen Geschehnisse voller Überzeugung berichten, wenn auch nicht in jedem Detail. Deshalb hier ein Einblick:

Tonys spirituelle Offensive (kein anderer Ausdruck würde der konzentrierten Kampagne gerecht, die Tony seinerzeit von seinem Vinayálaya-Hauptquartier in Bombay aus gestartet hatte) war ein Drei-Fronten-Angriff auf die komfortable Routine, in der sich die meisten von uns in einem sicherlich aktiven, aber auch spirituell ungenügenden und unbefriedigenden religiösen Leben eingerichtet hatten. (Er sagte seinerzeit, dass alle Defekte und alle Unzulänglichkeiten im Leben eines Jesuiten zu verzeihen seien, solange man ihn sonst als „hart arbeitenden Menschen" anerkenne. Mittlerweile sieht es aber so aus, als ob in seinen Augen sogar die harte Arbeit nicht mehr als Entschuldigung gilt!) Die drei Spitzen seines Angriffs waren: Armut, intensives Gebet und direkte Gotteserfahrung.

Seine Kampagne für die Armut fiel als erstes ins Auge. Er selbst verließ das recht geräumige Zimmer, das er als Rektor in Vinayálaya bewohnte, und zog in ein ziemlich vollgestopftes Zimmerchen unter dem Treppenhaus um, dessen offensichtlichen Mangel an Komfort er fröhlich ertrug. Dies war das Hornsignal, womit er die Revolution einläutete. Die „Junioren", die ihm unterstanden (junge Jesuiten zwischen ihrem Noviziat und dem nächsten Schritt, dem „philosophischen Jahr") übernahmen seine Anregungen mit bereitwilligem Enthusiasmus und übertrumpften sich gegenseitig darin, Dinge des täglichen Lebens aufzugeben und einfacher zu leben. Diese asketischen Ansätze zogen bald die Aufmerksamkeit aller Jesuiten auf sich – und lösten sowohl Lob als auch Kritik aus.

Armut ist notwendig, um in der Nachfolge Jesu zu leben, um das Loslassen zu lernen, um weltlicher Macht zu entsagen und um Platz zu schaffen für die Macht Gottes in unseren Seelen und für unsere Arbeit für den Nächsten (wenn ich schwach bin, dann bin ich stark). Die Armut hilft uns auch, uns mit den Armen zu identifizieren, Konsumhaltung zu bekämpfen und ein Zeichen zu geben, dass wir immer für den Dienst am Menschen bereit und verfügbar sind. Ignatius hat vorgeschrieben, dass seine Anhänger „wie die Armen essen, sich anziehen und wohnen sollten". Damit wollte er sagen, dass sie wissen sollten, was Hunger bedeutet, dass sie abgetragene Kleidung tragen und sogar auf ein anständiges Bett verzichten sollten. Um das transzendente Prinzip zu erklären, das in unserer Armut wirksam wird (indem wir leer werden, wird Raum für Gott), zitierte Tony seinen Mentor, Pater Calveras (Tony bezeichnete dieses Zitat gleichzeitig als dessen einzigen Versuch, je humorvoll erscheinen zu wollen – und dies noch mit bescheidenem Erfolg): „Aristoteles hat das Prinzip ,natura abhorret vacuum' aufgestellt, was also heißt, dass die Natur keine Leere zulässt. Sollte dies doch einmal geschehen, wäre ihr einziges Bestreben, diese Leere zu füllen. Da Gott natürlich Aristoteles gelesen haben musste (das war der Witz!), würde Er deshalb beim Anblick einer Seele, die sich selbst von allen Besitztümern, von allen Abhängigkeiten und Verstrickungen befreit und gereinigt hat, sofort herbeieilen, um diese leere Seele mit seiner Präsenz und seiner Kraft zu füllen." Dieses theologische Prinzip setzte Tony mit all seinem Eifer und ansteckendem Enthusiasmus in die Tat um. Die Kampagne der totalen Armut hatte begonnen.

Tony selbst leitete damals einige achttägige Exerzitien für seine eigene Gemeinde in Vinayálaya. Der beeindruckende Erfolg in Bezug auf die spirituelle Ernte brachte ihn daraufhin auf die Idee, eine dreißigtägige Exerzitienzeit für Freiwillige in Khandala anzukündigen. Das war ungewöhnlich, da die dreißigtägigen Exerzitien offiziell von den Jesuiten nur zweimal in ihrem Leben durchlaufen werden, einmal zu Beginn und einmal am Ende ihrer Ausbildungszeit. Darüber hinaus Exerzitien zu besuchen war in Indien damals weder Brauch noch Tradition. Tony bekam trotzdem eine kleine Gruppe zusammen und das Unternehmen der „langen Exerzitien" konnte beginnen. Ich war dabei. Um Ihnen einen Eindruck davon zu vermitteln, was Tonys kompromissloses Plädoyer für die Armut in der Praxis bedeutete, möchte ich Ihnen einen Vorfall schildern, der sich am Tag nach dem offiziellen Ende der Exerzitien ereignete. Wir alle waren dabei, nach der langen, selbst auferlegten Schweigeperiode recht lautstark die Einschränkungen der vergangenen dreißig Tage zu kommentieren, als ein fröhlicher Priester unter uns (der bald danach den Orden verließ, nach Spanien zurückkehrte und heiratete) Tony mit einer gewissen Komik und gespielter, beleidigter Vehemenz ansprach: „Jetzt schau mal her, Tony. Alles kann ich dir vergeben, aber nicht, was du dir da neulich geleistet hast. Tag für Tag hast du uns die Armut gepredigt und sogar eingehämmert, hast uns Mangel erleben lassen. Alles haben wir aufgegeben, ein hartes Leben geführt, allen Komfort hinter uns gelassen und statt dessen Buße getan und gefastet. Eine ganze Woche lang habe ich nur von Brot und Wasser gelebt und bin dabei deinen Empfehlungen gefolgt, so wie viele andere auch. Wir haben es soweit getrieben, dass sich sogar der Koch darüber beklagte, dass die von ihm eingekauften Lebensmittel schlecht würden, weil keiner sie essen wollte. Diejenigen, die fasten wollten, sollten dies doch der Küche mitteilen, damit man besser einschätzen könnte, wie viele Mahlzeiten für den entsprechenden Tag überhaupt noch vorbereitet werden müssten. Gut. All das kann toleriert werden. Aber nicht, was du danach gesagt hast. Erinnerst du dich? Nach all dem Druck und aller Strenge dieses Exerzitiums sagtest du dann eines Tages: Also, natürlich brauchen wir auch mal von Zeit zu Zeit eine Unterbrechung, wir müssen uns mal entspannen, wir brauchen auch mal einen Feiertag - sogar von unseren Entbehrungen und Bußübungen. Und wenn es auch nur dazu dient, die Übungen anschließend mit noch größerem Eifer fortzusetzen. Ja, es geht uns allen besser, wenn wir uns von Zeit zu Zeit gewisse Freiheiten einräumen, um uns zu amüsieren, um für eine Weile auch mal etwas Wildes zu tun – ja, warum eigentlich nicht? Wir müssen auch mal Dinge tun, die wir vorher noch nie gemacht haben und dabei wirklich Spaß und Freude empfinden. So, wenn ihr euch also von all der Askese ermüdet fühlt und euch eine Unterbrechung im Leben gönnen wollt, dann tut dies und fühlt euch frei, dies zu tun ... – und während du dies sagtest, Tony, lief mir schon das Wasser im Mund zusammen und ich wartete gespannt, was du uns jetzt wohl vorschlagen würdest, was wir in diesen wilden Momenten des Lebens tun könnten. Meine Vorstellungskraft malte sich die phantastischsten Dinge aus. Aber dann kamst du zum Höhepunkt und sagtest: Also, wenn ihr wirklich mal eine Unterbrechung im Leben haben wollt und auch das Bedürfnis danach verspürt, dann seid großzügig mit euch selber und erlaubt euch ... eine gute Tasse Tee! TONY!!! Ist das wirklich alles, was du dir in deinem Leben als eine Unterbrechung der Routine erträumen kannst, als eine wirklich substantielle Aus-Zeit, als ein wildes Abenteuer? Eine Tasse Tee! Meine Güte! Jetzt wusste ich, auf was ich mich da eingelassen hatte! Du kannst sicher sein: Du hast dein Argument wirklich gut rübergebracht. Ich werde mich in Zukunft immer daran erinnern müssen, wenn ich eine Tasse Tee trinke!"

Das war der Tony der Tasse Tee: genauso authentisch wie der Tony, der später in der Zeit der Sadhana die "Feier des Lebens" propagieren würde.

Der zweite wichtige Punkt, nach der Armut, war das Gebetsleben. „Wenn ich euch vorschreibe, täglich fünf Stunden im Gebet zu verbringen, dann ist das nicht mehr als ein Minimum - und beinhaltet natürlich weder die Eucharistie, das Brevier, den Rosenkranz, noch spirituelle Lesungen oder die Gewissenserforschung. Und ich spreche auch nicht nur davon, an den Tagen der Exerzitien so zu beten, sondern an jedem Tag des Jahres. Wenn wir wirklich Menschen des Gebets sein wollen, dann müssen wir dem Gebet auch Raum und Zeit geben." Diesem Rat und dieser Anordnung folgten wir großzügig. Tony bewies uns mit wissenschaftlicher Exegese, dass die „Tröstung" (der ignatianische Fachausdruck für ein gelungenes Gebet) unsere normale Seelenverfassung während eines Gebetes sein sollte, und so wurden wir von ihm angeleitet, nicht nur regelmäßig zu beten, sondern auch das Gebet zu genießen.

Diese klare und traditionskonforme Lehre, wie sie von katholischen spirituellen Meistern gelehrt wurde, war aber oftmals in Vergessenheit geraten und man ermahnte uns statt dessen, „in Nüchternheit zu beten". Wir sollten „die Milch der Tröstung den Kindern überlassen und selbst lieber die feste Nahrung der Erwachsenen zu uns nehmen, die im Gebet die Trostlosigkeit darstellt (dies ist natürlich eine falsche und missbräuchliche Interpretation des Paulustextes Hebr 5,12-14). Wir sollten es hier sogar mit Pascal halten, der sagt, dass wir „im Gebet den Gott der Tröstung suchen sollen und nicht die Tröstung Gottes". Falsche und gefährliche Doktrin. Tony setzte hier um, was er in seiner langen und intensiven Ausbildung in Spanien und in Rom gelernt hatte, und konnte mit seinem Wissen und seiner Autorität genauso frei aus den großen spanischen Klassikern zitieren wie aus der modernen Exegese der ignatianischen Exerzitien, denen er so viel verdankte.

Einer seiner Mentoren war, wie ich schon erwähnt hatte, Pater Calveras. Von ihm möchte ich hier keine exakten Zitate, sondern nur einige sinngemäße Erläuterungen wiedergeben: Um im spirituellen Leben beharrlich bleiben zu können, brauchen wir das Gebet. Und um am Gebet festzuhalten, ist es nötig, dass wir die Gebete in einer einfachen Art halten, so dass sie für uns zu einer positiven Erfahrung führen – und das ist die erwähnte „Tröstung". Genau hierin liegt das Ziel der Übungen in den vier Wochen der spirituellen Exerzitien. In anderen Worten: Es geht darum, die Seele in einem Zustand der Tröstung zu verankern, und dies durch den Dienst des Trösters, so wie er von Jesus durch seine Auferstehung übernommen wurde. Der Tröster begleitet seine Anhänger und ermutigt sie, so wie ein Freund seine Freunde tröstet und ermutigt. Ein weiterer moderner Klassiker in diesem Zusammenhang ist *Casanovas*, der zu diesem Thema sagt: „Die spirituellen Autoren, die von der Tröstung sprechen, als wenn es etwas zufällig Geschehendes wäre, so wie unverhoffte Süßigkeiten für Kinder, wissen nicht, über was sie eigentlich reden; denn die Tröstung ist nichts zufälliges und auch keine Süßigkeit – sie ist unser täglich Brot, und genau das soll sie sein!" Und dann noch der Kommentar, den *Ribadeneira* über Ignatius in einem klassischen Text gab: „So sehr war seine Seele voll der göttlichen Tröstung, und so bereitwillig auf ihn wartend fand er Gottes Gegenwart zu aller Zeit vor, dass er zu sagen pflegte: Auch wenn er Gott zehn Male am Tag oder noch öfter auf übernatürliche Weise finden wollte, könne er dies leicht bewerkstelligen und fände die göttliche Gnade jederzeit wartend vor – er zöge es aber vor, sich in Bezug auf diese fortgesetzte Tröstung zurückzuhalten und sich darauf zu beschränken, nur einmal pro Tag aus dieser unerschöpflichen Quelle zu trinken. Auf diese Weise würde der Körper nicht leiden, während gleichzeitig der Geist an Stärke zunähme. Wenn dies auch nicht in dem Maße geschähe, wie er es sich innerlich glühend wünsche, so doch soweit, wie es für einen kranken und vielbeschäftigten Mann wie ihn angemessen sei!" Dies sind wahrhaft Worte, die uns allen zu denken geben. Sie erzählen uns von einer Tradition, die wir in diesem Ausmaß verloren haben. Stattdessen streben wir heute als normalen Zustand während des Gebetes die Nüchternheit an. Und einige Menschen propagieren sogar diese Kargheit, indem sie das nüchterne Gebet als dasjenige bezeichnen, welches wirklich zählt und das fruchtbarere und lohnendere sei. Hierin liegt jedoch eine Irreführung, eine Abweichung, deretwegen mehr als ein Gebetsleben in Schwierigkeiten geraten ist. Wir sollten uns vielmehr darum bemühen, die liebenswerten Anteile des Geistes wieder zu entdecken, die Freude Seiner Gegenwart; wir müssen wieder „kosten und sehen, wie gut der Herr ist". Tonys großes Geheimnis war, zu wissen, wie er ein Gebet zu einer positiven persönlichen Erfahrung werden lassen konnte. Viele von uns konnten in diesen langen Jahren genau diese Erfahrung selbst erleben.

Neben dem kontemplativen Gebet, von dem ich gerade gesprochen habe, wies Tony immer wieder darauf hin, wie wichtig das Wortgebet sei. Dabei zitierte er die Heilige Theresa, auf der Höhe ihrer Mystik eine bekannte Advokatin des Gebetes in seiner einfachsten Form, oder noch radikaler, aus dem Evangelium selbst: Als nämlich die Jünger Jesus baten, ihnen das Beten beizubringen, da war das *Vaterunser* seine Antwort. Die Einfachheit, Bescheidenheit und Eingängigkeit dieses Gebetes ist in sich schon eine Garantie für seine Beständigkeit in der täglichen Anwendung und gleichzeitig für die

Tiefe des Glaubens. „Wer nicht mit den Lippen beten kann, kann auch nicht mit dem Herzen beten", wiederholte Tony immer wieder. „So sehr ihr auch in eurem Gebetsleben Fortschritte macht", sagte er, „vergesst nie in eurem spirituellen Reisegepäck einen Vorrat an Wortgebeten mitzuführen, die ihr auf eurer langen Reise immer wieder brauchen werdet." Eine konkrete Variation des Wortgebetes und einer von Tonys klaren Favoriten war die *lectio divina* aus dem Erbe der Benediktiner. Dieses Gebet ist aufgeteilt in drei kurze Phasen: die *lectio*, die *meditatio* und die *oratio*. Es beginnt mit der Lesung einer Textstelle, vorzugsweise einer passenden Stelle aus dem Evangelium. Daran schließt sich die Meditation über diesen Text an, eine „Meditation mit dem Munde", denn die Schrift sagt: „Der Mund des Gerechten meditiert die Weisheit." Mit anderen Worten, es gilt die heiligen Worte langsam und andächtig laut auszusprechen, sie zu wiederholen, über sie nachzudenken, sie zu streicheln, sie zu schmecken, sie zu fühlen. Darauf folgt eine kurze persönliche Nachdenkenszeit, die Phase der *oratio*, die den Kreis schließt und wieder zur Lesung zurückkehrt. Eine reiche und fruchtbare Methode, um mit Gottes Wort in Kontakt zu kommen, um die Vereinigung von Körper und Geist in Gedanken und Wort zu vollziehen - und im ganzen eine Übung der Demut und des tiefen Glaubens.

Dann kamen wir zum Thema des Bittgebetes, dem Tony im Gespräch mit uns neuen Wert verlieh, indem er beharrlich betonte, für wie wichtig er es erachte. Es ist die Gebetsform, die den größten Mut verlangt. Hier muss Glaube sich wirklich offenbaren und sich „outen" - und hier beginnt die freiwillige Selbstverpflichtung. Es ist relativ leicht, Psalmen zu rezitieren und Geheimnisse glaubend zu betrachten. Aber wenn wir unser Gebet mit auf die Strasse nehmen, wenn wir es in die Öffentlichkeit tragen und konkretisieren, wenn wir vor anderen Menschen mit derselben Klarheit und Eindringlichkeit unsere Bitten vortragen, so wie Jesus seine Anhänger angeleitet hat, den Vater im Himmel in seinem Namen um Gefallen zu bitten, und dies in der Gewissheit, dass Gott die Gebete erhören wird, dann brauchen wir sehr viel mehr Glauben, eine heitere Gelassenheit – aber auch christliche Reife. Es geht ja nicht um Bitten, die sich auf generelle und abstrakte Gnaden erstrecken, sondern um konkrete Hilfen für Körper und Geist zur Lösung von Konflikten und Problemen. Das Bittgebet ist sicherlich nicht das Gebet des Anfängers, sondern des Menschen, der in spiritueller Hinsicht auf seinem Wege schon viele Erfahrungen gemacht hat. Dieses Gebet formt uns und unterwirft uns gleichzeitig einer Prüfung. Es verführt uns zu einem Risiko, das wiederum eine Mäßigung unseres seelischen Temperamentes und eine Vertiefung unseres Glaubens bewirkt. Denn wenn mein Bittgebet nicht erhört wird, dann verliere ich vor meinen Glaubensbrüdern mein Gesicht; aber wenn es erhört wird ... dann muss ich ehrfurchtsvoll die Verantwortung übernehmen, die darin besteht, das Wissen auszuhalten, dass Gott mir zuhört und mich ernst nimmt, was auch immer ich Ihm sage. Tony pflegte an dieser Stelle eine Geschichte zu erzählen, die in Europa wohl bekannt, aber in Indien weniger geläufig war. Es geht um einen kranken Menschen, der, nachdem er sich zu einer Pilgerfahrt nach Lourdes angemeldet hatte, auf einmal seine Reise wieder stornierte und sagte: „Wenn ich dort nicht geheilt würde, dann bliebe ich ja so, wie ich bin; aber wenn ich tatsächlich durch irgendeinen Zufall geheilt werden sollte ... dann würde das für mich bedeuten, dass ich den Rest meines Lebens wie ein Heiliger verbringen müsste!" Also zog er es vor, lieber keine übernatürlichen Risiken einzugehen und mit seiner bequemen Krankheit weiter zu leben. Es ist leichter, Krankheit zu ertragen, als das Opfer eines Wunders zu sein. Hierin liegt auch die tiefere Bedeutung des humorvollen spanischen Gebetes: „Bitte, heilige Maria im Himmel, lass mich so bleiben, wie ich bin!"

Wenn man jemanden um einen Gefallen gebeten hat, muss man sich anschließend auch bedanken. Und hier entdeckte Tony etwas, das sein Leben viele Jahre hindurch beeinflusst hat: das Lob- und Dankgebet. Einige Monate nach den Khandala Exerzitien schrieb er mir zu diesem Thema einen Brief. Darin stand: „Carlos, ich muss dir unbedingt von meiner letzten Entdeckung berichten, und damit kann ich nicht bis zu unserem nächsten Treffen warten. Meine Entdeckung ist das Dankgebet! Probier es aus, und du wirst sehen, dass es dein Leben genauso verändern wird, wie es mir geschah. Besorg dir einige von den Büchern, die in letzter Zeit über dieses Thema geschrieben worden sind (und er erwähnte einige Titel) und berichte mir dann von deinen Erfahrungen. Wie sehr wünsche ich mir, dass wir uns bald einmal treffen, um darüber sprechen zu können. Das ist wirklich eine gute Sache." Und darin stimme ich mit ihm überein. In seinem Buch *Sadhana: A Way to God (Mit Leib und Seele meditieren)* schreibt Tony: „Wenn ich die Gebetsform hervorheben sollte, die für mich die Präsenz Christi in meinem Leben Wirklichkeit werden ließ und die mir gleichzeitig das tiefste Gefühl von Geborgenheit vermittelt hat, umgeben von der liebenden Vorsehung Gottes, dann würde ich ohne einen Moment zu zögern das Dankgebet nennen. Auch deshalb, weil es mir in Zeiten der Prüfung und bei negativen Erfahrungen immer einen intensiven Frieden und eine innere Freude vermitteln konnte."

Ein weiterer wichtiger Beitrag, den Tony für das Leben der Kirche in Indien geleistet hat, war die Einführung des Jesusgebetes in unserer Gruppe. Es besteht aus der rhythmischen Wiederholung der gläubigen Worte „Herr

Jesus Christus, erbarme Dich meiner", die von den Lippen zum Geist und vom Geist zum Herzen gehen. Diese Worte oder eine äquivalente Formel werden gebetet im Einklang mit dem Atem, dem Laufschritt, dem Puls, den Rhythmen unseres Körpers oder der mechanischen Welt um uns herum. In diesem Gebet treffen sich gleich drei große religiöse Traditionen: der Hinduismus, das orientalische Christentum und, durch die Araber, die uns diese Form des Betens übermittelt haben, die ignatianische Spiritualität. Ignatius spricht von dem „atmenden Gebet", womit er den entscheidenden Aspekt dieser Gebetsform betont. Er beschreibt es in den *Drei Arten des Betens*, die, laut *Polanco*, am Ende eines 30-tägigen Exerzitiums die letzten ein bis zwei Tage in Anspruch nehmen.

Die Hindus wiederholen den Namen *Rama* und die Heilige Silbe *Om* seit undenklichen Zeiten und in allen Situationen des Lebens. Diese heilige Hintergrundmelodie ihres ganzen Lebens begleitet sie bei allem, was sie tun, wo auch immer sie sich aufhalten. Sie atmen den göttlichen Namen oder das *Om*, sie atmen ihren Glauben und die Liebe ihres Herzens. Sie rezitieren damit den hinduistischen Rosenkranz mit seinen 108 Perlen, sie schreiben in roter Tinte tausendfach den göttlichen Namen in kleine Notizbücher (die ich selbst einige Male als Geschenk erhalten habe zum Zeichen der Liebe und der spirituellen Kommunion). In der gesamten ewigen Geographie des Subkontinentes lebt diese Gebetsform, vom Himalaya bis zum Ganges und bis hin zu dem heiligen Ort, an dem drei Ozeane am Kap Comorin zusammentreffen. Gleichermaßen haben die christlichen Mönche der Antike in der ägyptischen Wüste die immerwährende Anbetung des Namens des Erlösers praktiziert. Die griechischen und russisch-orthodoxen Kirchen haben diese Tradition bis in unsere Tage hinein lebendig gehalten. Im vorletzten Jahrhundert erschien in Russland der anonyme Klassiker *Der Weg des Pilgers*, der vor einigen Jahren in Ost und West zu großer Popularität gelangt ist. Dieses Buch hat bei der Wiederbelebung der heiligen Praxis des *Jesusgebetes* eine große Rolle gespielt. Es fiel auch Tony in die Hände. Immer begierig auf alles Neue auf dem Gebiet des spirituellen Lebens lernte er dort das Jesusgebet kennen, und hieraus schöpfend lehrte er es auch uns. Heutzutage ist dieses Gebet in das spirituelle Leben der indisch katholischen Kirche übergegangen. Ich möchte es hiermit für die Nachwelt festhalten, dass es Tony war, der diese Gebetsform bei uns eingeführt hat.

Tony war es auch, der die Form des *Gemeinschaftsgebets*, des *spontanen Gebets* oder einfach des *Gruppengebets* bei uns etablierte. Die Freunde des Herrn versammeln sich in schweigender Anbetung in einem Zimmer oder in einer Kapelle. Dann wird aus der Schrift gelesen, es werden Hymnen gesungen und in gegenseitigem Respekt entweder laut zu Gott gebetet, wie der Geist es gerade eingibt, oder man hört einfach zu, was die anderen Gott zu sagen haben – und Gott zu allen.

Tony hatte es während der von ihm geleiteten Exerzitien eingeführt, als letzten Akt des Tages eine Stunde der schweigenden Anbetung vor dem für die Nacht ausgestellten Sakrament zu halten. Als immer mehr Menschen ihm sagten, dies sei für sie zum wichtigsten Moment des Tages geworden, da schlug er mutig vor, dass diejenigen, die den Wunsch danach verspürten, in die Stille hinein ruhig laut zu Gott sprechen sollten. So entstand das spontane Gruppengebet, das später bei allen möglichen Gelegenheiten und Zusammentreffen gehalten wurde und das heute einen festen Bestandteil unseres spirituellen Gemeinschaftslebens ausmacht. Diese Praxis brachte damals eine Frische und einen Glaubenseifer in das Gebetsleben von Gruppen und Gemeinschaften hinein, die wie ein Wind der Erneuerung durch alle religiösen Institutionen hindurchfegten. Ich erinnere mich noch, dass wir mit Freunden überlegten und besprachen, warum wir diese Art zu Beten eigentlich nicht schon früher entdeckt hätten. Und warum sind wir nicht von selbst darauf gekommen? Sie ist so einfach und in ihrer Wirkung so wunderbar! Mittlerweile ist der Reiz des Neuen gewichen, aber der Nutzen und der Erfolg bleiben bestehen. Geteiltes Gebet ist Teil der religiösen Szene in unserem täglichen Leben geworden.

Damit bekommt man eine Vorstellung davon, wie Tony all diese verschiedenen Gebetsformen miteinander in Einklang brachte, alles, was wir als das Beste aus altem und neuem Denken finden konnten, aus östlichen und westlichen Quellen. Er beherrschte vor allem die Kunst, anderen Menschen seine Erkenntnisse vermitteln zu können. Als die Jesuiten von Bombay Tony Jahre später zu ihrem Delegierten wählten und ihn als Teil einer internationalen Gesandtschaft nach Rom schickten, brachte Tony seine Talente vollkommen zur Geltung. Er bot seinen Mitdelegierten an, gemeinsam mit ihm neue Formen des Gebets zu praktizieren und seine entsprechenden Lehrstunden in Englisch und Spanisch hatten großen Erfolg. Auf diese Art und Weise konnte er Kontakte zu anderen Geistlichen knüpfen, die ihm später nützlich waren und ihm die Türen öffneten für sein weltweites Apostolat. Auch der Name, den er seinen ersten Kursen gab, war signifikant. Er nannte sie *Gebets-Workshops* – und obwohl sich ihr Themenschwerpunkt mit der Zeit auch in andere Richtungen verlagerte, blieb doch das Gebet der Start- und Angelpunkt für alles, was er tat.

Dennoch war nach der Armut und dem intensiven Gebet der dritte Punkt, den ich zu Anfang dieses Kapitels erwähnt habe, in Tonys Spiritualität der entscheidende: 1. Der Glaube, dass eine direkte Gotteserfahrung in unserem Leben möglich ist, und 2. die mutige Anstrengung, um mit Hilfe der Gnade Gottes diese Erfahrung ohne Zögern und Aufschub erleben und erreichen zu wollen.
Damit bekam das Bittgebet ein Ziel, welches die langen Stunden der Kontemplation motivierte, die Gruppengebete mit einem intensiven Gefühl der Sehnsucht nährte und dabei den Rhythmen des Jesusgebetes besondere Bedeutung schenkte. All die Armut, alle Entbehrungen und Härten waren, gemessen an der Perspektive dieses erhabenen und doch erreichbaren Ziels, leicht zu ertragen. Tony pflegte seine Exerzitien mit einer Einführung zu beginnen, die er sorgfältig mit Texten aus den Evangelien, den Kirchenvätern, der christlichen Tradition und der Lehre der Heiligen aufbaute. Insgesamt sollten sie aussagen und darauf vorbereiten, dass die Begegnung mit Gott von Angesicht zu Angesicht schon in diesem Leben nicht ein seltenes Privileg einiger weniger Mystiker sei, sondern das Geburtsrecht jedes Christen. Er führte sodann seine logischen Argumente weiter aus, indem er zu einem leidenschaftlichen Appell überging. Er stellte die Frage in den Raum, ob wir es uns denn etwa leisten wollten, diese einmalige Chance zu verpassen und uns mit Brotkrümeln zufrieden zu geben, wenn wir doch zu einem Bankett eingeladen wären – und dass diese höchste Gnade doch uns allen offen stünde! Von dem Moment an wurde die Erfahrung Gottes zum Zentrum all unserer Anstrengungen und zur Sehnsucht unserer Herzen.

Tony fuhr fort, indem er uns sogar beleidigte: „Seid ihr denn nicht vielmehr die berühmten ‚Christen vom Hörensagen'? Ihr glaubt doch alle nur, weil man euch aufgetragen hat zu glauben – das ist alles. Das ist ja auch ganz nett. Aber jetzt seid mal ehrlich, woher wollt ihr denn eigentlich wissen, dass ihr wahre Christen seid? Nur deswegen, weil ihr einen Taufschein vorzeigen könnt? Toller Beweis! Dann sage ich euch: Ihr seid nur der Bürokratie nach Christen. Alle sehr wohlanständig! Aber der wahre Christ, das ist einer, der von seinem Glauben überzeugt ist, weil er nämlich Christus gesehen, gehört, gelebt und erlebt hat. Ein Apostel ist ein ‚Zeuge der Auferstehung' – seid ihr das? Und wenn ihr es nicht seid, dann habt ihr eigentlich kein Recht, den Mund aufzumachen. Schämt ihr euch eigentlich nicht, hier in Indien von Gott zu sprechen, wo nur ein Mensch von Gott mit Autorität sprechen darf, der

Gott selbst erlebt hat? Seid ihr die Kinder des Ignatius, der erwartet, dass die Seele auf direktem Wege mit ihrem Schöpfer und Herrn verkehrt, ohne irgendeinen Mittler? Entweder ihr lasst euch darauf ein, in diesen Exerzitien die direkte Gotteserfahrung zu machen und persönlich dem auferstandenen Christus zu begegnen, oder ihr werdet überhaupt nichts von diesen Exerzitien haben. Seid ihr bereit, die Verantwortung dafür zu tragen, einen Monat eures Lebens zu verschwenden?"

Als ich später nüchtern darüber nachdachte, erinnerte ich mich, dass mir damals Fritz Perls Definition des Lehrens eingefallen war. Ihm zufolge besteht das Lehren daraus, dass man anderen „zeigt, das etwas möglich ist". Diese Definition habe ich damals auf meinen eigenen Fall bezogen: Tony hat mir gezeigt, dass die direkte Gotteserfahrung in diesem Leben möglich ist. Und das war der größte Gefallen, den er mir je erwiesen hat.

Dieser unerschrockene Ansatz, mit dem Übernatürlichen umzugehen, hatte damals bei einigen der TeilnehmerInnen Spannungen erzeugt – und sogar Ängste. Einige Male nahm unser nobles Unternehmen sogar komische Züge an. Ich musste mehrmals während unseres nächtlichen Gruppengebetes in mich hineinlächeln, wenn jemand plötzlich in lobenden Dank des Herrn ausbrach, der in Seiner Güte die Gebete nach Erleuchtung erhört und sich mit all seiner Macht und seiner Liebe von Angesicht zu Angesicht offenbart hatte ... während andere, die dieses Ziel noch nicht erreicht hatten, ihrer Resignation Ausdruck gaben und ihre Gebete in einer Mischung aus Vorfreude und Enttäuschung verdoppelten. Hier war offensichtlich eine Art von Spannung, Reibung und gegenseitigem Vergleichen aufgetreten und sogar ein Wettbewerb entstanden, der Ängste und Frustration erzeugte und vielleicht einigen in der Gruppe Schaden zugefügt haben mag. Ich kenne mich auf diesem Gebiet gut aus und weiß um die Gefahren. Aber diese Springflut, die Mischung aus Glaubenseifer, Enthusiasmus und tatsächlichen mystischen Erfahrungen, die in der Tat auftraten, war wie ein neues Pfingsten und hat viele glühende Herzen verändert. Dieses Geschehen hat ungezählte Freuden und eine gesegnete Hingabe kreuz und quer durch die ewigen Landschaften eines Kontinents gestiftet, der an spirituelle Wahrnehmungen und mystische Gipfelerlebnisse gewöhnt ist. Ich habe die Geschichte meiner eigenen persönlichen Erfahrung dieser inneren Springflut bereits in einem anderen meiner Bücher beschrieben und will mich hier nicht wiederholen. Es genügt zu sagen, dass ich ein Zeuge davon bin, wie in mir selbst und in einigen anderen, die ich wirklich gut kenne, eine wirkliche, authentische Tiefenerfahrung möglich wurde, die sich für immer in unser Leben eingeprägt hatte, ursprünglich ausgelöst durch Tonys Kühnheit, uns zur Suche nach dem Angesicht Gottes einzuladen.

Tony verfügte über ein außergewöhnliches Wissen in Bezug auf Theorie und Praxis der spirituellen Exerzitien des Heiligen Ignatius. Viele hatten ihn dazu gedrängt, sein Wissen und seine Erfahrungen schriftlich niederzulegen, und er selbst hatte auch oft erwogen, diesem Drängen nachzukommen. Er hätte eigentlich nur seine Ordner und seine Notizen sortieren, seine Vorträge auf Band aufnehmen und die Transkriptionen korrigieren müssen – aber es kam nie dazu. In dem Moment nämlich, als er anfing, Bücher zu publizieren, hatte sich sein Interesse längst anderen Horizonten zugewandt.

16. DER AUTOR

Ich habe schon erwähnt, dass Tony selbst sich nicht als Schriftsteller fühlte. Aber nun werden sein Andenken und sein Einfluss hauptsächlich auf seinen Büchern gründen, die man in einer Vielzahl von Übersetzungen durchaus als Bestseller bezeichnen kann.

Seine Bücher sind im Grunde genommen Sammlungen von Weisheitsgeschichten, Meditationen, Übungen und entsprechenden Kommentaren, die mit jedem weiteren Buch immer kürzer ausfielen. Soweit ich weiß hat Tony nur einmal den Versuch unternommen, seine eigenen Gedanken in systematischer Form aufzuschreiben, und das war in einem Artikel, den er im Jahre 1982 für die Zeitschrift *Concilium* schrieb. Schon der Titel dieses Artikels ist eine kleine Offenbarung: „Ein Christ des Fernen Ostens spricht über das Gebet". Tony bezeichnete sich selbst immer als einen „fernöstlichen Christen" und sein Thema stets als „Gebet". Wie ich jedoch im letzten Kapitel dargestellt habe, war für Tony der Ausdruck „Gebet" (wie auch im Begriff „Gebet-Workshop") eine Worthülse, ein neutraler Ausdruck, unter dem er alles zusammenfasste, was seine Gedanken in einem bestimmten Moment bewegte. So machte er es auch in diesem Artikel: kurz und gut. Da ich davon ausgehe, dass dieser Artikel, den ich für ein kleines Juwel halte, kaum bekannt ist, gebe ich ihn hier in seiner ganzen Länge wieder:

(Wir danken der Zeitschrift *Concilium* für die Abdruckerlaubnis. Dieser Artikel erschien in Heft Nr. 179 (November 1982), S. 400-497.)

1. DIE SAAT

Warum ist Gott unsichtbar? Ist er nicht! Deine Sicht der Dinge, deine Vision ist getrübt und verzerrt – und deshalb siehst du ihn nicht. Die Leinwand im Kino wird unsichtbar, sobald der Film auf sie projiziert wird. Und obwohl du unablässig auf diese Leinwand schaust, vermagst du sie doch nicht mehr zu sehen und wahrzunehmen – denn du bist zu sehr von dem darauf projizierten Film abgelenkt und eingenommen.

Ein meditierender Hindu sitzt ganz still da und schaut dabei auf seine Nasenspitze. Er symbolisiert damit die Tatsache, dass Gott unmittelbar vor ihm ist – unser Blick jedoch ist irgendwo in die Ferne gerichtet. Es steht außer Frage, dass du deine Nasenspitze suchen und finden kannst. Wo immer du hingehst, was immer du tust, ob du wachst oder schläfst, wohin du dich auch wendest, sie ist immer da, direkt vor deinen Augen. Du hast sie nie verloren. Du vermagst sie nur nicht zu erkennen.

Jahrhundertelang haben die Hindus in Indien es immer so gesehen, dass Gott die Schöpfung nicht einfach *erschafft*, sondern *er-tanzt*! Das außergewöhnliche dabei ist, dass die Menschen zwar den Tanz sehen (die Schöpfung) aber den Tänzer nicht erkennen. Bei unserer Suche nach Gott müssen wir also verstehen, dass es eigentlich gar nichts zu suchen oder zu erreichen gibt. Denn wie können wir etwas suchen, das sich unmittelbar vor unseren eigenen Augen befindet? Wie können wir etwas haben wollen, das wir doch längst besitzen? Was hier fehlt, ist nicht weitere Anstrengung, sondern Erkenntnis.

Die Jünger in der Emmaus-Geschichte standen dem auferstandenen Herrn direkt gegenüber – aber ihre Augen mussten erst noch dafür geöffnet werden. Schriftgelehrte und Pharisäer zeichneten sich durch mühevolle Anstrengungen aus, und doch versagten sie, weil ihnen die Erkenntnis nicht zuteil wurde. Und die Menschheit wird am jüngsten Tag ausrufen: „Du warst die ganze Zeit bei uns und wir haben dich nicht gesehen!" Die Suche nach Gott ist also eine Herausforderung, genau hinzusehen.

Ein Mann sieht jeden Tag eine gewisse Frau, und sie scheint sich so lange nicht von anderen Frauen zu unterscheiden, bis er sich eines Tages in sie verliebt. Dann auf einmal sind seine Augen geöffnet und er wundert sich darüber, dass er diese anbetungswürdige Göttin jahrelang vor Augen hatte und sie doch übersehen konnte.

Hör auf zu suchen, lass ab von deiner Reise und du wirst an deinem Ziel angekommen sein. Es gibt kein Ziel! Es geht nirgendwo weiter! Also halte ein und schau, was sich genau vor deinen Augen befindet. Je schneller du reisen willst und je mehr Anstrengungen du in deine Reise investierst, desto größer ist die Wahrscheinlichkeit, dass du vom Weg abkommst. Die Menschen fragen danach, WO sie Gott finden können? Die Antwort ist HIER. WANN werden sie Ihn finden? Die Antwort ist JETZT. WIE werden sie ihn finden? Die Antwort ist, schweige, geh in die Stille und schaue. (Es gibt ein schönes Märchen aus dem Osten, das von einem Meeresfisch erzählt, der eines Tages aufbricht, um den Ozean zu suchen; er findet keine Spur von diesem Ozean, wohin auch immer er schwimmt – nur Wasser!)

2. DER STEINIGE GRUND

Wir versuchen, Gott zu „sehen". Aber werden wir je irgendetwas finden, was es zu sehen gibt? Wir betrachten vielleicht eine Blüte, die uns neu ist, und fragen: „Was ist das?" Und jemand sagt uns: „Das ist eine Lotusblüte." Alles, was wir jetzt haben, ist ein neuer Name, ein neues Etikett und wir denken irrtümlich, dass wir jetzt über eine neue Erfahrung verfügten und etwas verstanden hätten. Sobald wir auf etwas ein Etikett mit einem Namen kleben können, haben wir das Gefühl, dass wir unserem Wissensspeicher etwas hinzugefügt hätten – dabei haben wir doch nur unser Lager an Etiketten um ein weiteres vergrößert.

Als Gott sich weigerte, Moses Seinen Namen zu offenbaren und ihm gebot, dass er kein Bildnis von Ihm machen dürfe, da wollte Er nicht nur den Götzendienst der unwissenden, primitiven Völker bekämpfen, die Gott mit einem Abbild identifizierten. Er wandte sich damit auch gegen den Götzendienst der modernen Intellektuellen, die ihn mit einer Idee, einer Vorstellung assoziieren. Denn all die Bilder und Konzepte von Gott, die in unserer Vorstellung existieren, können genauso wenig Seine Wirklichkeit wiedergeben wie Götzenbilder aus Stein und Lehm.

Mit dem Wort „Europäer" assoziierst du zum Beispiel ein scheinbares Wissen. Doch es vermittelt dir absolut keinen Aufschluß über das Individuum, das da gerade vor dir stehen mag. Du würdest diesem Menschen ein Unrecht zufügen, wenn du denkst, dass das Wort „Europäer" oder ein ähnliches Wort oder eine Wortgruppe dir irgendein tieferes Verständnis von diesem einzigartigen Individuum vermittelte. Denn jedes Individuum ist, wie Gott, jenseits aller Worte, nicht beschreibbar, im wesentlichen nicht kommunizierbar.

Um diesen Baum zu „sehen", müsste ich eigentlich erstmal seinen Namen auf meinem Wissensetikett auslöschen, denn er spiegelt mir die Illusion vor, dass ich den Baum an sich kennen würde, nur weil ich einen Namen für ihn gefunden habe. Und mehr: Ich muss alle früheren Erfahrungen mit anderen Bäumen loslassen (so wie ich eigentlich alle anderen Europäer aus meinem Gedächtnis löschen müsste, wenn ich zu diesem individuellen Europäer, der vor mir steht, fair sein will). Und noch mehr: Ich müsste auch alle früheren Erfahrungen fallen lassen, auch die, die ich mit *diesem* speziellen Baum habe. Denn es ist uns doch allen bekannt, dass wir dem *gegenwärtig* vor uns stehenden Individuum keine Chance geben, wenn wir es konstant vor dem Hintergrund der *früheren* Erfahrungen mit ihm bewerten und beurteilen.

Ist es denn dann eine Überraschung, wenn ich dir jetzt sage, dass du, wenn du Gott in diesem Moment erfahren willst, erst einmal alles fallen lassen musst, was andere dir früher über Ihn gesagt haben? Alle deine früheren Erfahrungen mit ihm, alle Worte und Etiketten, egal wie heilig? Wahrheit ist keine Formel. Wahrheit ist eine Erfahrung. Und Erfahrungen sind nicht übertragbar. Formeln wohl, sie sind übertragbares Material; und deshalb sind sie von geringem Wert. Was wirklich Wert hat, ist nicht übertragbar.

Das Wort, die religiöse Formel, das Dogma: Sie alle sind nur als Hinweise gedacht, als Richtungsschilder und Hilfen, die Annäherung an Gott zu erleichtern. Aber sehr häufig werden sie zu einer unüberwindbaren Barriere. Es ist dann, als ob ich einen Bus nach Hause nähme und mich weigerte, an meiner Haltestelle auszusteigen. Ich muss an so viele Menschen denken, die immer wieder im Kreise gehen, weil man ihnen nie beigebracht hat, endlich das Theologisieren und die Konzepte über das Göttliche aufzugeben, ebenso wie ihre diskursive Reflexion im Gebet und sich in die dunkle Nacht der Seele vorzuwagen; in die *Wolke des Nichtwissens*, von der alle Mystiker sprechen. Sie gehen durch das Leben und sammeln mehr und mehr Etiketten, so wie jemand, der immer mehr materielle Besitztümer anhäuft, die er doch nie gebrauchen kann.

Du verdurstest beinahe, und der Fluss fließt direkt vor deinen Augen, aber du bestehst darauf, erst eine Definition über die Natur des Wassers zu erarbeiten. Denn du bist davon überzeugt, dass du deinen Durst nur stillen kannst, wenn du eine exakte Formel für den Durstlöscher hast. Das Wort „Liebe" ist nicht Liebe und das Wort „Gott" ist nicht Gott. Genauso wenig wie die Vorstellung von diesen beiden. Niemand wurde je betrunken von dem Wort „Wein", und niemand hat sich je an dem Wort „Feuer" verbrannt. Der Mensch ist merkwürdigerweise mehr an der Reflexion als an der Wirklichkeit interessiert. Also lebt er in einer fiktiven Welt. Wenn er über Gott nachdenkt, lebt er dennoch meist in einem religiösen Roman. Er ist von seinen Vorstellungen fasziniert, weil sie seiner Meinung nach die Wirklichkeit widerspiegeln. Aber sein Spiegel muss zerbrochen werden. Denn um wirklichen Hunger und Durst zu stillen, werden wirkliche Nahrung und wirkliches Wasser gebraucht. Nur die Vorstellungen und die Bilder von Nahrung und Getränken werden diese Aufgabe nicht erfüllen können. Auch die Formel H_2O wird keinen Durst löschen können, ganz gleich wie wissenschaftlich akkurat sie ist. Und genauso wenig sind Glaubenslehren über Gott dazu in der Lage, so wahr sie auch sein mögen. Sie sind imstande, einen Menschen zu einem religiösen Fanatiker werden zu lassen, aber sie werden die Bedürfnisse seines Herzens nicht befriedigen. (Ein arabischer Mystiker kennt dazu eine gute Geschichte: Er erzählt von einem Mann, der verdurstend und verhungernd in der Wüste nach Rettung Ausschau hält und schließlich in einiger Entfernung einen Sack entdeckt. Er eilt dorthin in der Hoffnung, dieser Sack möge etwas zu essen enthalten, nur um herauszufinden, dass er voller Edelsteine ist.) Ist es denn ein Wunder, wenn die christlichen Kirchen heutzutage an ein aufgegebenes Bergwerk erinnern, aus dem alles Wertvolle abgebaut wurde, weil man dies nicht zu verstehen vermochte? Was nun noch aus den Bergwerken abgebaut werden kann, sind Worte und Formeln; und der Markt ist damit überschwemmt. Woran es überall fehlt, sind Erfahrungen, denn wir Christen sind auf dem besten Wege, ein „Volk des Wortes" zu werden. Wir leben von Worten wie ein Mensch, der sich an der Menükarte sättigt statt an der Nahrung. Das Wort „Gott", die Formel, die Gott beschreibt, wird uns wichtiger als die Wirklichkeit Gottes. Und ich sehe eine große Gefahr darin, dass wir die Wirklichkeit nicht erkennen können, wenn sie in Formen auftritt, die nicht unseren Formeln von ihr entspricht, und sie sogar im Namen unserer Formeln zurückweisen und ablehnen. (Ein Sufi-Meister sagt: Ein Esel, den man in einer Bibliothek wohnen lässt, wird davon nicht weise. So hat alles religiöse Wissen mich nicht in irgendeiner Form besser gemacht und ist damit vergleichbar mit einem Wüstenort, der nicht fruchtbar wird, nur weil sich ein Schatz an diesem Ort befindet.)

3. DIE GUTE ERDE

Diese Einstellung wird an der Art der theologischen Ausbildungsinstitutionen deutlich, die wir Christen betreiben. Man würde doch erwarten, dass diese Schulen Menschen ausbilden, die sich um den Durst des modernen Menschen nach Gott kümmern können. Aber leider sind sie nur zu Abziehbildern der weltlichen Schulen geworden. Sie haben Lehrer und Professoren statt (spirituelle) Meister, und statt Erleuchtung bieten sie Wissenschaft an. Der Professor lehrt, der Meister bringt zum Erwachen. Der Professor bietet Wissen an, der Meister bietet erst einmal Nichtwissen an, denn er zerstört Wissen und schafft dadurch Erfahrung. Er bietet dir Wissen nur als Fahrzeug an und nur, um dich aus diesem Fahrzeug wieder herauszuzerren, wenn der Zeitpunkt gekommen ist, an dem das Wissen die Schau des Wirklichen verstellt und unmöglich macht.

Weltliches Lernen wird bewerkstelligt durch Reflexion, Denkprozesse und Sprechen. Religion lernt man jedoch durch schweigende Meditation.

(Im Orient bedeutet Meditation, *dhyan*, nicht Reflexion, so wie wir es im Westen verstehen, sondern das zur Ruhe kommen aller Reflexionen und allen Denkens.) Die weltlichen Schulen spucken als Ergebnis kleine Wissenschaftler aus. Aus den religiösen Schulen gehen dagegen Meditierende hervor. Es ist tragisch, dass die meisten christlich-theologischen Seminare lediglich bewirken, dass der weltliche Gelehrte zu einem religiösen Gelehrten wird. Die weltliche Schule erfüllt die Aufgabe, Dinge zu *erklären* und damit Wissen zu schaffen. Die religiöse Schule jedoch lehrt den Menschen, Dinge in kontemplativer Weise zu *betrachten* und schafft so den Sinn für das Staunen und das Wunderbare. Der Mensch zeichnet sich im Prinzip durch eine tiefe Ignoranz, eine Ahnungslosigkeit aus. Sein weltliches Lernen räumt diese Ahnungslosigkeit nicht aus – es versteckt sie nur besser und gibt dem Menschen die Illusion, von etwas Ahnung zu haben. In der religiösen Schule wird diese Ignoranz, diese Ahnungslosigkeit enttarnt und bloßgestellt, denn in dieser Ahnungslosigkeit findet sich Gott. Aber nur wenige christliche Schulen gehen diesen Weg; nur zu häufig wird die fundamentale Ahnungslosigkeit begraben unter weiterer, diesmal religiöser Wissenschaft.

Die christlich-religiöse Schule muss also Techniken entwickeln, um Wissen und Wissenschaft als Werkzeug gebrauchen, Ignoranz bloßstellen und das Wort in einer Weise anwenden zu können, die zum Schweigen, zur Stille führt. So geschieht es durch das *Mantra* oder das *Bhajan* in Indien, wo das Wort oder die Formel zwar zuerst mit dem Verstand aufgenommen, dann aber unablässig wiederholt wird, bis Stille entsteht und die Formel aus dem Verstand in das Herz übertragen wird. Dort wird seine tiefere Bedeutung gefühlt - jenseits aller Worte und Formeln. Theologiestudenten müssen so ausgebildet werden, dass sie beim Lesen und Hören des Wortes der Schrift in ihrem Herzen unablässig auf „das Wortlose" ausgerichtet sind, das in dem jeweiligen Schriftwort Resonanz erzeugt. Sie müssen deshalb durch eine rigorose Disziplin gehen, solange, bis ihr Verstand, ihr Geist zur Stille kommt und sie lernen, im Schweigen die Dinge in ihrem Herzen zu bewegen. (Ein Behördenvertreter fragte mal den großen Meister Rinzai, ob sich das Geheimnis der Religion in einem einzigen Wort ausdrücken lasse. „Stille", sagte Rinzai. Und wie gelangt man zu Stille? „Meditation." Und was ist Meditation? „Stille.")

Theologiestudenten lesen die Bibel. Aber jede zweite Seite ihrer Bibel sollte eigentlich eine Leerseite sein, um darauf hinzuweisen, dass heilige Worte die Aufgabe haben, Stille zu produzieren und zu vertiefen – eine Stille, die durch das heilige Wort angereichert wird, so wie die reiche Stille, die dem

Klang einer Tempelglocke folgt. Sie sollten den Leerseiten ihrer Bibel genauso viel Zeit widmen, wie dem eigentlichen Text, denn nur auf diesem Wege erreichen sie die Fertigkeit, den Text tatsächlich zu verstehen. Die Bibel hat ihren Ursprung in diesen Leerseiten, in Männern und Frauen, die still genug waren, um die unaussprechliche Wahrheit zu erfahren, die sie niemals würden beschreiben können, so sehr sie sich auch bemühten, auf diese Wahrheit mit Worten hinzuweisen, um andere Menschen anzuleiten, dieselbe Wahrheit zu erfahren.

4. DIE BLÜTE

Die Bibel lehrt uns auch, dass kein Mensch Gott schauen – und weiterleben kann. Wenn der Geist zur Stille kommt, dann kann man Gott schauen – und das ICH stirbt. Die spirituellen Meister des Ostens stimmen dem zu: Wenn die Stille das Herz betritt, stirbt das Selbst. Und wie? Nicht durch Vernichtung, sondern durch „Vision". In der Stille des Schweigens erkennt man, dass das „ICH-Selbst" eine Illusion ist. Der Psychotiker, der meinte, er sei Napoleon, ist geheilt, sobald er die Illusion seines „Napoleon-Ichs" wahrnimmt. Und der Mensch wird geheilt, wenn er sieht und erfährt, dass sein ICH als Zentrum, sein ICH-Selbst als separater Teil eine Illusion, Maya, ist.

Es ist, als ob der Tanz zu sich selbst nach Hause kommt und wahrnimmt, dass er kein Zentrum hat und untrennbar mit dem Tänzer verbunden ist. Es existiert kein Sein im eigentlichen Sinne des Wortes, sondern eine Handlung, eine Aktion; nur der Tänzer ist das Seiende. Nur der Tänzer „ist". Der Tanz „ist nicht"; er „ist in dem Tänzer". Gott sagte zu Katharina von Siena: „Ich Bin der, der Ist. Du bist die, die nicht ist." Wenn du ins Schweigen eingehst, in die Stille, dann wirst du erfahren, dass du nicht bist; das Zentrum ist nicht länger in dir, es ist in Gott, und du bist die Peripherie. Man erinnere sich an die kraftvollen Worte, die Meister Eckhart zugeschrieben werden: „Nur ein einziges Sein hat das Recht, das persönliche Pronomen ‚Ich' zu benutzen, und das ist Gott!"

Der Mensch, der dies erfährt, erlangt Erleuchtung. Er wird zu einem Niemand, einer Leere, einer Inkarnation, durch die das Göttliche hindurchscheint und agiert. Der Dichter, der Maler, der Musiker hat manchmal ähnliche Erfahrungen inspirierender Momente, in denen er sich selbst verliert und eine kreative Aktivität verspürt, die durch ihn hindurchfließt, als sei er nicht mehr als ein Kanal und keine Quelle. Was er in seiner Kunst erlebt, das erlebt der erleuchtete Mensch in seinem Leben. Er ist aktiv, aber nicht mehr selbst der Handelnde. Seine Taten werden Geschehnisse. Er erfährt sich selbst und führt Dinge aus, die er gleichzeitig als nicht von ihm selbst getan erlebt; es scheint ihm, als ob sie lediglich durch ihn ausgeführt werden. Seine Anstrengungen werden mühelos, seine Arbeit wird zum Spiel, zu einer *leela*, einem Zeitvertreib Gottes. Kann es denn anders sein, wenn er sich selbst als der Tanz erlebt, den das Göttliche tanzt, als eine hohle Flöte, durch die Gottes Musik fließt?

5. DIE FRUCHT

Wenn die Stille also zum Tod des ICHs führt, dann wird Liebe geboren. Der erwachte, erleuchtete Mensch erfährt sich selbst als anders, aber nicht als abgeschieden von anderen Menschen und vom Rest der Schöpfung. Denn es gibt nur *einen* Tänzer und alle Schöpfung stellt nur *einen* Tanz dar. Er erlebt sie alle als seinen „Körper", als sein ICH-Selbst. Und so liebt er alle Menschen, so wie er sich selbst liebt. Nicht notwendigerweise trifft man ihn immer in dienender Funktion an. Er weiß, dass jeder, der begierig ist zu dienen, in Gefahr schwebt, wie so viele gut meinende Menschen zu werden, die überhaupt nicht religiös sind. Diese Menschen handeln aus einem Schuldgefühl heraus. Um sich selbst gut zu fühlen, müssen sie ständig in das Leben anderer eingreifen. Es ist durchaus möglich, dass du all deine Güter hingibst, um damit die Armen zu speisen und dein Körper sich dabei verzehrt – und du doch keine Liebe in dir hast. Du kannst der Welt am besten dienen, indem du als ICH verschwindest. Denn dann wirst du zum Werkzeug, zum Fahrzeug des Göttlichen. Dein Dienen wird sich ganz spontan von selbst einstellen, aber nur, wenn das Göttliche die Anlage dazu in dir erweckt. Dieses Göttliche könnte natürlich auch den Weg in dir öffnen, dass du plötzlich anfängst zu singen oder dich in die Wüste zurückziehst. Es kann bewirken, dass die ganze Welt durch deine Lieder bereichert wird oder aber auch durch dein Schweigen. Alles ist besser als dass sie durch deine Art des eigenmächtigen Dienens Schaden erleidet. („Entschuldige", sagte der Affe, als er den protestierenden Fisch auf einem Baumast ablegte, „ich habe dich doch nur vor dem Ertrinken retten wollen." Dienen kann auch töten!)

Jede Tätigkeit, sei es eine dienende, sei es das Schweigen oder das Singen, wird dich völlig absorbieren, denn dein ICH wird dir nicht länger im Wege stehen und du wirst jeder Aktivität das Geschenk deines ganzen Seins machen. Und dies ist Religion in höchster Form. Nicht das Sitzen in Einsamkeit, nicht das lange Beten, nicht die Kirchgänge, sondern nur das volle Eintreten in das Leben. Denn dann entspringt jede deiner Handlungen der Stille, einem still gewordenen ICH. Und jede deiner Handlungen ist nun selbst Meditation geworden.

Heutzutage besteht die Gefahr, dass christliches Handeln mehr aus dem „Gespräch" und „Reflexion" hervorgeht als aus der Stille. Das Christentum droht also eine Religion des Sprechens und des Denkens zu werden. Von der Eucharistie spricht man als einer Feier (Zelebration), aber leider ist sie häufig zu einer Hirntätigkeit (Zerebration) verkommen. Der Priester *spricht* zu den Menschen, die Menschen *sprechen* zurück zu ihm oder zueinander, und der Priester und die Gläubigen *sprechen* gemeinsam zu Gott. Wenn wir die Religion wieder zu einer Zelebration, einer Feier machen würden, dann müssten wir dabei *das Denken* und *das Sprechen* vermindern und stattdessen *das Schweigen*, *die Stille* und *den Tanz* fördern. (Ein Guru, der von einem Schüler gefragt wurde, wie er es geschafft hätte, Gottes Nähe zu erreichen, antwortete ihm: „Indem ich mein Herz weiß gemacht habe durch schweigende Meditation, und nicht, indem ich Papier schwarz gemacht habe durch religiöse Schriften." Und auch nicht, können wir hinzufügen, indem wir die Luft dicht und stickig machen durch Konversation über Spiritualität.)

17. DER LESER

Nachdem ich an diesem Beispiel gezeigt habe, was Tony als Autor leistete, gebe ich Ihnen nun einige Kostproben von dem, was er gerne las. Ich habe bereits seine drei Lieblingsautoren genannt und werde jetzt einige repräsentative Passagen von diesen dreien auswählen. Es sind Textstellen, die Tony bei verschiedenen Gelegenheiten im Gespräch mit mir kommentiert hat und die für ihn eine große Bedeutung besaßen. Wenn das, was ein Mensch liest, eine Vorstellung davon vermitteln kann, was für eine Art Mensch er ist, dann kann uns diese kurze Anthologie helfen, Tony besser zu verstehen.

Die Schriften Krishnamurtis beinhalten insofern eine intellektuelle Rechtfertigung, als sie seine ganze Lebensführung widerspiegeln. Schon als Kind hatten ihn die damaligen Führer der theosophischen Gesellschaft dazu auserwählt, als zukünftiger Messias eine neue Ära spirituellen Erwachens auf unserem Planeten einzuläuten. Sie setzten ihn an die Spitze des „Ordens vom Stern" und legten die Führung der spirituellen Erneuerung zu Beginn des 19. Jahrhunderts in seine Hände. Gerade als sich dieser Traum verwirklichen sollte, distanzierte er sich öffentlich von allen Ehren und erklärte, ein Mensch wie jeder andere zu sein und zog sich in demütige Abgeschiedenheit zurück. Erst viel später führte ihn seine eigene Intuition über die Essenz des Seins wieder hinaus in die Welt, an die er sein privilegiertes Verständnis der Dinge weitergab. Nun also einige Textauszüge von Krishnamurti:

„Aufmerksamkeit ist nicht dasselbe wie Konzentration. Konzentration bedeutet, etwas auszuschließen; Aufmerksamkeit, die eine umfassende Wahrnehmung darstellt, schließt nichts aus. Ich habe immer den Eindruck, dass die meisten von uns sich vieler Dinge gar nicht bewusst sind, sie nicht wahrnehmen – nicht nur das, worüber wir gerade sprechen, sondern auch unsere Umgebung, die Farben um uns herum, die Menschen, die Form der Bäume, die Wolken, die Bewegung des Wassers. Vielleicht ist das so, weil wir ständig so sehr mit uns selbst beschäftigt sind, mit unseren kleinen Alltagsproblemen, mit unseren eigenen Ideen, unseren Vergnügungen, Zielen und Vorhaben, dass wir uns vieler Dinge objektiv gesehen gar nicht gewahr werden. Und doch sprechen wir sehr viel über Wahrnehmung und Bewusstsein. Vor einiger Zeit machte ich in Indien einmal eine Reise mit dem Auto. Ein Chauffeur fuhr den Wagen und ich saß neben ihm. Mit uns fuhren noch drei weitere Herren, die sehr eindringlich das Thema Wahrnehmung diskutierten und mir dabei Fragen über dieses Thema stellten. Unglücklicherweise konzentrierte sich der Fahrer nicht auf seine Tätigkeit, ließ sich ablenken und überfuhr eine Ziege. Die drei

Herren aber fuhren fort, das Thema Bewusstsein und Wahrnehmung zu disku-
tieren – und hatten dabei gar nicht gemerkt, dass wir gerade eine Ziege über-
fahren hatten. Als wir diesen Mangel an Aufmerksamkeit zur Sprache brach-
ten, war die Überraschung bei ihnen groß, da sie sich doch gerade solche
Mühe gegeben hatten, sich ihrer Aufmerksamkeit bewusst zu werden."

„Den meisten von uns geht es doch genauso. Wir sind uns weder dessen be-
wusst, was sich in unserer äußeren, noch was sich in unserer inneren Welt ab-
spielt. Wenn du die Schönheit eines Vogels, einer Fliege, eines Blattes oder ei-
nes Menschen in all seiner Komplexität verstehen willst, dann musst du deine
ganze Aufmerksamkeit darauf richten – und das ist Wahrnehmung. Du kannst
deine Aufmerksamkeit nur auf etwas richten, wenn dir etwas wichtig ist, wenn
du dich für etwas interessierst, was wiederum bedeutet, dass hinter deinem
Wunsch etwas zu verstehen auch dein ganzes Gefühl, deine Liebe steht – denn
nur dann investierst du Herz und Sinn."

„Mit der Wahrnehmung verhält es sich so, als wenn du mit einer Schlange
im selben Zimmer leben würdest; du beobachtest jede ihrer Bewegungen, und
du bist sehr, sehr aufmerksam und achtest auf jedes kleinste Geräusch, das sie
macht. Dieser Status von Wahrnehmung ist totale Energie; und in diesem per-
fekten Kontakt zur Wirklichkeit offenbaren sich alle Teile deines Seins gleich-
zeitig."

„Du bist niemals wirklich allein, weil du immer angefüllt bist mit all den Er-
innerungen, all den Konditionierungen, all dem vielen Geschwätz der letzten
Tage; dein Geist ist nie ganz klar und gereinigt von all dem Müll, der sich dort
angesammelt hat. Um allein zu sein, musst du die Vergangenheit in dir sterben
lassen. Und wenn du allein bist, völlig allein, zu keiner Familie gehörend, zu
keiner Nation, zu keiner Kultur, keinem besonderen Kontinent, dann bekommst
du das Gefühl dafür, ein Außenseiter zu sein. Erst der Mensch, der auf diese
Weise völlig auf sich allein gestellt ist, ist in seiner Art unschuldig und es ist
diese Unschuld, die den Geist von allem Leid befreit."

„Immer tragen wir diese Last mit uns herum, die zusammengesetzt ist aus
dem, was tausende von Menschen gesagt haben und den Erinnerungen an all
das Pech und Unglück, was uns im Leben widerfahren ist. Allein zu sein be-
deutet auch, diese ganzen Hypotheken zu überwinden und hinter uns zu lassen.
Dann ist der Geist auf sich allein gestellt, nicht nur unschuldig, sondern auch
jung – nicht im Hinblick auf Zeit oder Alter – sondern jung, unschuldig und
lebendig, egal wie alt er wirklich ist – und nur solch ein Geist kann tatsächlich
sehen, was die Wahrheit ist und was Worte nicht ausdrücken können.
In dieser Einsamkeit wirst du die Notwendigkeit verstehen lernen, mit dir
selbst auszukommen, so, wie du bist – und nicht wie du deiner Meinung nach
sein solltest oder wie du früher gewesen bist. Sieh zu, dass du dich selber be-

*trachten kannst, ohne zu erzittern, aber auch ohne falsche Bescheidenheit, oh-
ne Furcht, ohne Rechtfertigung, ohne Verurteilung – lebe mit dir selbst, so,
wie du tatsächlich bist!"*

Es ist kein Wunder, dass Tony den Schriftsteller Alan Watts mochte.
Theologe, Bohemien, Christ, Buddhist, eine Synthese zwischen Osten und
Westen, ein unermüdlicher Redner und ein unerschöpflicher Geschichtenerzähler voller Witz und Leben, voller Tiefe und Überraschung. Tony eröffnete
mir die Welt seiner Bücher und wir sprachen häufig darüber. Vor kurzem
habe ich noch ein Set mit Tonkassetten von den letzten Vorträgen erstanden,
die Watts vor seinem Tod hielt. Auch Tony hatte sich für die Bänder interessiert und ich hatte versprochen, sie ihm zu schicken, aber das gelang nicht
mehr rechtzeitig. Hier ist eine Stelle aus einem früheren Buch von Alan Watts
mit dem suggestiven Titel: *Die Weisheit des ungesicherten Lebens*:

*Wenn der Grad meines Glücks, diesen Moment zu erleben, hauptsächlich
davon bestimmt wird, wie sehr es mir gelingt, in glücklichen Erinnerungen
und Erwartungen zu schwelgen, werde ich nur in geringem Maße meine Gegenwart bewusst leben. Ich werde auch dann die Gegenwart nur zu einem ge-
ringen Teil bewusst erleben, wenn die guten Dinge, die ich mir gewünscht und
erträumt habe, tatsächlich eintreten. Denn ich habe längst eine Gewohnheit
entwickelt, nur zurück oder in die Zukunft zu schauen, was es mir aber selbst
fast unmöglich macht, mit beiden Beinen im Hier und Jetzt zu stehen. Ich muss
mich doch fragen, ob ich tatsächlich in der realen Welt lebe, wenn es mir meine Aufmerksamkeit auf Vergangenheit und Zukunft schwer macht, die Gegenwart voll zu erleben.*

*Es ist doch so, dass die Zukunft solange ziemlich bedeutungslos und unwich-
tig ist, bis sie früher oder später zur Gegenwart wird. Sich auf eine Zukunft
vorzubereiten, die gar nicht eintreten wird, ist kaum absurder als für eine Zukunft zu planen, die, wenn sie denn eintritt, mich abwesend finden wird, mein
Gesicht abgewendet und über die Schulter nach hinten blickend, anstatt der
Gegenwart ins Gesicht schauend.*

*In der Phantasiewelt seiner eigenen Erwartungen zu leben, statt in der Ge-
genwart, scheint mir das spezielle Problem von Geschäftsleuten zu sein, die
ihren Lebenssinn darin sehen, viel Geld zu verdienen. Sehr viele reiche Menschen verstehen meiner Erfahrung nach mehr davon, wie man Geld verdient
und Geld spart, als davon, es sinnvoll einzusetzen und zu genießen. Sie gehen
am wahren Leben vorbei, weil sie sich ständig nur darauf vorbereiten, irgendwann einmal zu leben. Anstatt ihren Lebensunterhalt zu verdienen, sind
sie vielmehr damit beschäftigt, ihren Verdienst zu verdienen – und wenn es an
der Zeit wäre, auszuruhen und sich zu entspannen, dann stellen sie fest, dass*

sie diese Fähigkeit verloren haben. Wie viele erfolgreiche Menschen sind voller Angst vor Langeweile und fühlen sich miserabel, wenn der Moment ihrer Pensionierung droht, und so bleiben sie an ihrem Arbeitsplatz häufig nur, um zu verhindern, dass ein jüngerer Mensch ihren Platz einnimmt.

Hier also haben wir ein menschliches Problem: Für jede Steigerung des Bewusstseins, des Gewahrwerdens müssen wir einen Preis bezahlen. Wir können nicht erwarten, dass unsere Fähigkeit, Freuden und Glück wahrzunehmen und zu genießen, gesteigert werden kann, ohne gleichzeitig auch die Sensitivität für Schmerzen zu erhöhen. Indem wir die Vergangenheit lebendig erhalten, können wir unsere Erfahrung einsetzen, um die Zukunft zu planen. Unsere Fähigkeit jedoch, nach Wohlergehen zu streben, wird neutralisiert und oft genug auch ins Gegenteil verkehrt durch die Fähigkeit, sich vor Schmerzen zu fürchten und die Angst vor dem Unbekannten ins Unermessliche zu steigern. Darüber hinaus gibt uns, wie wir gesehen haben, ein höheres Gewahrsein dessen, was in der Vergangenheit passiert ist und was in der Zukunft alles passieren könnte, ein entsprechend schwaches Empfinden für die Gegenwart. Mit anderen Worten: Wir scheinen immer an einen Punkt zu kommen, wo die Vorteile eines bewussten Lebens im Hier und Jetzt durch Nachteile zunichte gemacht werden und wo extreme Sensitivität uns daran hindert, uns dem Leben anzupassen.

Unter solchen Umständen fühlen wir uns ständig im Konflikt mit unserem Körper und der Welt um uns herum und schließlich wird es zum Trost, sich vorzustellen, dass wir in dieser Welt der Gegensätze und der Widersprüche nur als „Fremde und Pilger" unterwegs sind. Unsere Wünsche und Bedürfnisse sind nämlich längst weit von allem entfernt, was diese reale Welt uns je anbieten kann und es mag uns scheinen, als ob unsere Natur gar nicht von dieser Welt sein kann. Wir denken dann, dass speziell unsere Herzen nicht für die Endlichkeit, sondern nur für die Unendlichkeit, die Ewigkeit geschaffen seien. Die Unlust und die Unzufriedenheit unserer Seele erleben wir dann als das Zeichen und das Siegel des Göttlichen.

*

Auf Bertrand Russell kam ich durch die Mathematik. Die drei dicken Bände der *Prinzipia Mathematica* studierte ich aufmerksam. In diesem Werk bemüht sich der Autor, durch die Sprache der Symbole zu beweisen, dass Mathematik im formellen Sinn nichts anderes als reine Logik ist. Ich genoss damals seine berühmte Definition, dass „ Mathematik die Wissenschaft ist, bei der wir gar nicht wissen, worüber wir überhaupt sprechen, und wir uns außerdem nicht darum kümmern, ob das, was wir sagen, überhaupt wahr ist". Vielen Menschen, Tony eingeschlossen, erzählte ich damals von meiner Entdeckung des Russell´schen Paradoxes, des „Set of all sets", das seinerzeit deckung des Russell´schen Paradoxes, des „Set of all sets", das seinerzeit in mathematischen Kreisen zu großem Aufruhr führte und das Russell selbst auf populäre Art und Weise folgendermaßen beschrieb: In einem kleinen Dorf, in dem es nur einen Friseur gab, rasierte der Friseur alle Männer, die sich nicht selbst rasierten. Niemand trug einen Bart. Wer also rasiert den Friseur? Wenn er sich selbst rasieren würde, dann kann er dies nach unserem Gesetz gar nicht, weil er selbst der Friseur ist. Und der Friseur rasiert nun mal nicht diejenigen, die sich selbst rasieren. Wenn er sich aber nicht selbst rasiert, dann muss er sich selbst rasieren, denn der Friseur rasiert diejenigen, die sich nicht selbst rasieren. Wenn es sich hierbei also nicht um einen Zungenbrecher handelt, dann ist es ein Hirnbrecher mit schwerwiegenden Konsequenzen für die Theorie und die philosophischen Fundamente der Mathematik.

Tony liebte es, Bertrand Russell zu zitieren. Bereits in *Sadhana I* berichtete er uns von dem „Liberalen Dekalog" mit seinen zehn Prinzipien der intellektuellen Redlichkeit und geistigen Gesundheit, die perfekt zu Tonys eigenen Gedankengängen passten. Hier möchte ich nur zitieren, was eine andere Seite von ihm offenbart, und dieses Zitat findet sich in den Schriften Russels, die mich persönlich besonders berührten. Ich zitiere aus dem Prolog seiner Autobiographie:

„Drei einfache, doch übermächtige Leidenschaften haben mein Leben bestimmt: das Verlangen nach Liebe, der Drang nach Erkenntnis und ein unerträgliches Mitgefühl für die Leiden der Menschheit. Gleich heftigen Sturmwinden haben mich diese Leidenschaften bald hier-, bald dorthin geweht in einem launenhaften Zickzackkurs über ein Weltmeer von Qual hinweg bin zum letzten Rand der Verzweiflung. Nach Liebe trachtete ich, einmal, weil sie Verzückung erzeugt, eine Verzückung so gewaltig, daß ich oft mein ganzes, mir noch bevorstehendes Leben hingegeben haben würde für ein paar Stunden dieses Überschwangs. Zum anderen habe ich nach Liebe getrachtet, weil sie von der Einsamkeit erlöst, jener entsetzlichen Einsamkeit, in der ein einzelnes erschauerndes Bewußtsein über den Saum der Welt hinabblickt in den kalten, leblosen, unauslotbaren Abgrund. Und letztens habe ich nach Liebe getrachtet, weil ich in der liebenden Vereinigung, in mystisch verkleinertem Abbild, die Vorahnung des Himmels erschaute, wie er in der Vorstellung der Heiligen und Dichter lebt. Danach habe ich gesucht und, wiewohl es zu schön erscheinen mag für ein Menschenleben: ich habe es – am Ende – gefunden.

Mit gleicher Leidenschaft habe ich nach Erkenntnis gestrebt. Ich wollte das Herz der Menschen ergründen. Ich wollte begreifen, warum die Sterne scheinen. Ich habe die Kraft zu erfassen gesucht, durch die nach den Pythagoräern die Zahl den Strom des Seins beherrscht. Ein wenig davon, wenn auch nicht viel, ist mir gelungen.

Liebe und Erkenntnis, soweit sie erreichbar waren, führten empor in himmlische Höhen. Doch stets brachte mich das Mitleid wieder zur Erde zurück. Widerhall von Schmerzensgeschrei erfüllt mein Herz: Verhungernde Kinder, gefolterte Opfer von Unterdrückern, hilflose alte Menschen, ihren Kindern zur verhassten Bürde geworden – die ganze Welt der Verlassenheit, der Armut, des Leids, all das macht ein hohnvolles Zerrbild aus dem, was Menschenleben eigentlich sein soll. Es verlangt mich danach, das Übel zu verringern, allein ich vermag es nicht und so leide auch ich. So war mein Leben. Ich habe es lebenswert gefunden, und ich würde es mit Freuden noch einmal leben, wenn sich mir die Möglichkeit dazu böte."

18. ROLLENSPIELE

Zurück nach Lonavla. Nachdem ich Tony in den verschiedenen Rollen gezeigt habe, die er während seines Lebens gespielt hat, möchte ich die Aufmerksamkeit nun wieder auf das letzte „Renewal" in Lonavla lenken. In diesen Tagen kam eine spezielle und für Tony typische Rolle an ihm zum Vorschein. Tony war niemals langweilig, aber fünfzehn Tage lang ein exklusives Programm zu bieten, sind eine enorme Herausforderung sowohl für den Sprecher als auch für die Geduld der Zuhörer. Tony dachte sich deshalb immer neue Methoden aus, um die Gruppensitzungen etwas aufzulockern, ohne dabei aber Abstriche an der Intensität zu machen. Sein Haupthilfsmittel dabei waren die Rollenspiele (*role-playing*).

Und darin war er ein wahrer Meister. Er konnte ein Rollenspiel ein bis zwei Stunden lang durchhalten, ohne auch nur für einen Moment in seiner Aufmerksamkeit nachzulassen. Die Vorgehensweise war einfach und immer dieselbe. Er übernahm eine spezielle Rolle und spielte diesen Part – üblicherweise den eines Priesters oder einer Ordensschwester mit einem konkreten Problem – indem er sich einen fiktiven Namen zulegte und sich dann an irgendeinen Mann oder eine Frau in der Gruppe wandte und in Bezug auf diese Situation um Rat fragte. Immer begann er seine Rollenspiele, indem er sich an eine Ordensschwester in der Gruppe wandte, die Tina hieß. Wenn er also begann: „Tina, ich bin ein alter Priester; mein Name ist Frank, ich ...", dann wussten wir, dass ein neues Rollenspiel begonnen hatte. Die ganze Gruppe war sofort hellwach, hörte zu und war gespannt. Denn wir waren nicht einfach nur passive Zuhörer, sondern in jedem Moment konnte jeder von uns zu einem aktiven Mitspieler werden. Die Spielregeln waren einfach. Tina konnte Tony (oder Frank oder wie auch immer er sich nannte) beraten, solange sie dies für angemessen hielt, und konnte ihn dann an irgend jemanden in der Gruppe weiterreichen, wenn sie nicht mehr weitermachen wollte. Wenn sie aber nicht abgeben wollte (was häufig passierte, und was auch der Anlass dafür war, dass Tony sie am letzten Tag deshalb kräftig aufzog), dann konnte sich jeder aus der Gruppe einmischen und die Rolle des Beraters aufnehmen - und so das Rollenspiel von Person zu Person weitergeben. Und dann kam plötzlich der Wendepunkt. Tony wechselte ohne vorherige Ankündigung die Rollen und sagte zum Beispiel: „Tina, jetzt bist du Frank und ich spiele Tina; du führst Franks Problem weiter aus und ich werde dich beraten." Und hierbei wurde wieder die ganze Gruppe einbezogen. Wir saßen im Kreis, so dass jeder das Gesicht des anderen beobachten, Reaktionen miterleben und sich auf die eigene Intervention vorbereiten konnte. Es gab Überraschungen, Einsichten, Lachen, Pathos, Schweigen und auch Tränen – aber nie einen langweiligen Moment. Tonys Rollenspiele waren gleichzeitig Unterhaltung vom Feinsten – und zugleich eine außergewöhnliche und intensive Lebensschule.

Tony verfügte über ein bemerkenswertes, spontanes Reaktionsvermögen, das er ganz nach Belieben einsetzte, um mit jeder unserer Antworten auf sein Problem die Komplexität und Verwicklung noch weiter zu steigern. Nach einigen Runden der gegenseitigen Beratung hatte sich die Situation noch verschlimmert und schien nun fast unlösbar zu sein. An diesem Punkt pflegte er dann die Rollen zu tauschen und präsentierte uns unter Einsatz seines Repertoires an Talent und Witz eine Lösung des Problems, die allen ganz natürlich und offensichtlich vorkam. Nie wurde ich es müde, als Zuschauer oder aktiver Rollenspieler bei einer solch guten Vorstellung dabei zu sein. Leider kann ich hier auf dem Papier nicht reproduzieren, was ich damals hautnah erlebte; aber ich werde von den verschiedenen Rollen berichten, die er spielte, von den Problemen, die er auszuwählen und vorzutragen pflegte und einige Notizen zu dem Weg wiedergeben, den die Diskussion jeweils nahm. Schon in der Auswahl seiner Themen und Charakteren liegt eine gewisse Bedeutung, und die Lösungsvorschläge und Einsichten, die wir in diesen langen Sitzungen gewannen, können sich sicherlich als hilfreich erweisen.

Eine wichtige Warnung: Schon allein die Tatsache, dass Tony die Methode des Rollenspiels wählte, um mit bestimmten Fragen umzugehen, weist darauf hin, dass es sich dabei nicht um stromlinienförmige, einfache Probleme handelte, die sich geradezu angeboten hätten, mit einem vorfabrizierten und übersichtlichen, klaren Lösungsansatz aus der Welt geschafft zu werden. Es ging vielmehr um Situationen, die ausführlicher beschrieben werden mussten, um Gemütszustände, die man erst einmal verstehen musste, um verschiedenste Lösungsansätze, die vorgeschlagen werden wollten, ohne dass es dafür eine Radikallösung gegeben hätte – alles in dem Wissen, dass jeder Mensch seine Lasten mit sich herumträgt in der Hoffnung, Erleichterung durch Weisheit und menschliche Wärme zu finden – oder jedenfalls durch Verständnis und Begleitung, wenn sich keine offensichtliche Lösung bietet. Das Lernziel bestand für uns darin, Bewältigungsstrategien für Situationen in unserem eigenen Leben zu finden, die schließlich auf die eine oder andere Art und Weise tatsächlich auftreten könnten. Rollenspiele sind demzufolge kein Unterricht in Logik, sondern eine Lebensschule.

Und noch eine Warnung: Tonys Auswahl an Themen mag vielleicht begrenzt und einseitig erscheinen. Aber dafür gibt es eine Erklärung. Alle in dieser Gruppe waren alt bewährte Sadhana-Studenten. Damit will ich andeuten, dass die meisten unserer offensichtlichen, generell persönlichen, aber auch universellen Probleme schon früher ausführlich behandelt und besprochen worden waren. Deshalb erscheinen sie nicht mehr in der folgenden Aufzählung. Andererseits sind die Themen, die wir hier vorlegen, noch interessanter, denn sie sind von Tony, nachdem er sich lange mit ihnen beschäftigt hatte, sorgfältig ausgewählt worden, weil sie genereller und aktueller Natur waren. Sie beweisen also auch Tonys Mut und seine Ehrlichkeit, einige Konfliktsituationen ans Tageslicht zu bringen, die normalerweise verschwiegen, verborgen und in offiziellen Zirkeln übertüncht werden. Ich glaube, dass dies einer der größten Dienste ist, die Tony der Kirche während seines Lebens erwiesen hat: Er nahm als „Insider" respektvoll wahr, dass es gewisse Probleme gibt, die mit unserer speziellen Lebensweise im Rahmen der Institutionen zu tun haben, denen wir dienen, und besaß eine sensible Bereitwilligkeit, über diese Probleme mit Menschen, die sich darüber genauso viele Gedanken machten wie er selbst, offen zu sprechen. Nach diesen einleitenden Worten werde ich jetzt einige der Rollenspiele beschreiben, die wir in Lonavla durchführten.

*

„Tina, ich bin ein alter Priester, schon über siebzig, und mein Name ist Frank. Also, ernsthafte Probleme habe ich eigentlich nicht. Ich habe ein langes Leben als Priester verbracht und hoffe, dass ich entsprechend auch in Gottes Büchern stehe. Aber siehst du, mein Problem ist, dass ich mich auf einmal so nutzlos fühle. Ich bin nichts mehr wert. Nichts, was ich früher einmal gerne tat, kann ich noch machen. Tatsache ist, dass ich mir und anderen eine Last geworden bin; ja, die Menschen sind nett zu mir und beschäftigen sich mit mir, begrüßen mich mit Respekt, wenn sie mir begegnen, aber in Bezug auf die wirklich wichtigen Dinge des Lebens ignorieren sie mich. Und da fühle ich mich sehr allein. Außerdem finde ich mich selbst nicht nur unnütz, sondern auch noch unattraktiv. Damit meine ich physisch unattraktiv: Mein Gesicht ist bedeckt mit Runzeln und Falten, oft muss ich husten und ich merke selbst, dass es für Menschen nicht mehr angenehm ist, in meiner Nähe zu sein. Darüber habe ich eine Menge Selbstrespekt eingebüßt. Ich fühle mich in demselben Moment, indem ich dies ausspreche, erniedrigt. Ja, ich könnte sogar sagen, dass ich mich selbst hasse – also wenigstens kann ich mich selbst nicht ausstehen. Die Folge davon ist eine ständige Depression, die mich, wie ich fürchte, bis an mein Grab begleiten wird. Und doch. Da ich gehört habe, dass du ein Händchen dafür hast, Menschen zu helfen, die sich nicht wohlfühlen, komme ich jetzt zu dir. Eigentlich ist es ein letzter Ausweg, den ich auch nur mit einer gehörigen Portion Zweifel und Zögern beschreite. Was meinst du, kannst du etwas für mich tun?"

Tina versuchte ihr Bestes. Und das taten wir alle. Aber bei jedem Versuch, ihn aufzuheitern, versank der alte Frank tiefer und tiefer in seinem Elend. Wenn jemand ihm sagte: „Erinnere dich doch mal an alles Gute, das du anderen in deinem Leben getan hast", dann antwortete er: „Das macht es doch nur noch schmerzhafter für mich, weil ich das alles nicht mehr machen kann!" Und als jemand ihn freundlich aufforderte, über die Belohnung im Himmel nachzudenken, da lächelte er nur traurig und sagte: „Wenn ich das mache, dann brauche ich eure Beratung auch nicht mehr!" Der Fall war hoffnungslos. Als Tony nach dem Rollenwechsel diesen Part übernahm, da stimmte er zwar zu, dass es zu spät war, um in dieser Situation noch Heilung zu bringen, aber er nutze die Gelegenheit um zu zeigen, dass es diese „o.k.-Haltung" zum Leben war, die diesen Menschen eigentlich ruiniert hatte. Er hatte sein Leben mit der Arbeit identifiziert, seine Person mit seinen Erfolgen. Er hatte sich gut gefühlt, solange er etwas tun und bewerkstelligen konnte und damit etwas darstellte. Als es mit der Arbeit ein Ende hatte – da war auch sein Leben vorbei. Solange er für die Menschen etwas leisten konnte, begegneten ihm die Menschen nach seiner Einschätzung mit Achtung – und deshalb hatte er auch Achtung vor sich selbst. Da war wieder diese fatale Falle, sich dem Urteil anderer zu unterwerfen, sich von der Zustimmung und dem Lob anderer abhängig zu machen, anstatt davon unabhängig zu werden und dem eigenen Urteil und der Selbstanerkennung zu folgen. Meine Person und mein Leben bleiben für mich wertvoll, ob mit oder ohne Arbeitsleistung, ob die anderen dem zustimmen oder nicht. Die Aufgabe ist also, so schnell wie möglich dieser „o.k.-Falle" zu entrinnen und den Fokus im Leben neu zu justieren, bevor es zu spät ist!

*

„Tina, ich bin ein Jesuiten-Provinzial. Ich weiß, dass ich meine Arbeit gut mache und ich bin sowohl in meiner Provinz als auch in Rom gut angesehen. Ich kann so, wie ich jetzt lebe, bis zum Ende meiner Dienstzeit fröhlich weiter machen – aber da gibt es einen Punkt, der mir Sorgen bereitet. Siehst du, Tina, es macht mir nichts aus, dir jetzt davon zu erzählen, weil du diskret bist und weil ich weiß, dass du es niemandem weitererzählst. Und dann gibt es ja auch noch die Schweigepflicht des Beraters und so weiter, und deshalb fühle ich mich sicher bei dir und habe keine Scheu, dir von meinem Problem zu berichten. Andererseits muss ich es einfach jemandem gestehen, weil ich Hilfe brauche und ich denke, du bist die geeignetste Person, um mir in dieser Situation zu helfen. Also, das Problem ist, Tina, ich bin ein Agnostiker. Ich bin erleichtert zu sehen, dass du jetzt nicht schockiert zusammenzuckst, sicherlich hast du schon andere Menschen aus geistlichen Berufen erlebt, die in einem mehr oder weniger großen Ausmaß schwere Probleme mit ihrem Glauben hatten. Ich selbst habe auch einige davon in meiner Herde. Es ist also nichts Neues oder Außergewöhnliches. Das Problem ist, ich selbst fühle mich eigentlich gar nicht so unwohl in meiner Situation, und es verursacht mir keine Probleme in meinem eigenen Leben. Es ist ja auch nicht so, dass ich die Existenz Gottes leugnete oder die Göttlichkeit Christi – es ist einfach nur so, dass ich nicht weiß, ob das so ist - ob er existiert. Und so denke ich weiter, dass ich es mir selbst schuldig bin, aufrichtig und ehrlich zu mir zu sein und mich nicht zu zwingen, etwas zu glauben, an das ich im Grunde nicht glaube. Es ist eine Art respektvollen Zweifelns – und eine konsequente Einschränkung meines Urteilsvermögens. Ich wiederhole, dass ich mich dabei dennoch im Frieden mit mir selbst fühle. Mein Konflikt hat mit meiner Arbeit zu tun. Ich bin nun mal Provinzial und von daher kommt diese gewisse Unruhe, dass ich als Agnostiker Haupt eines religiösen Ordens bin. Ich erzähle dir noch ein Beispiel: Also, da habe ich einen meiner Priester, der keine Messe mehr lesen will. Ich habe dir schon einmal davon berichtet und du weißt ja auch selbst gut genug, dass es immer schon einige Männer gab, die ihre Zweifel in Bezug auf religiösen Glauben und Praxis hatten. Jetzt aber haben die Autoritäten in Rom Wind davon bekommen und haben mich als Provinzial aufgefordert, diesen Priester zu überzeugen, dass er wieder die Messe lesen soll, um einen Skandal unter den Gläubigen zu vermeiden. Aber jetzt sag´ mir mal: Wie kann ich ihn denn wohl davon überzeugen, dass er weiter die Messe lesen soll, wenn ich selbst nicht mehr an die Eucharistie glaube? Aber auch das ist noch nicht einmal genau mein Problem. Was ich von dir wissen möchte und wo ich auch deine konkrete Beratung und Richtungsweisung brauche, ist die Frage: Soll ich als Provinzial zurücktreten, oder nicht? Du musst wissen, dass ich leicht in meinen früheren Arbeitsbereich zurückkehren könnte. Ich habe in einer Schule Chemieunterricht erteilt und ich diese Arbeit weiterführen, ohne dass ich oder jemand anders ein religiöses Problem damit hätte. Auch wenn ich in Rom darum bitten würde, von meiner Arbeit als Provinzial abgelöst zu werden, bräuchte ich denen nicht den wahren Grund anzugeben. Ich weiß sehr gut, wie ich Sachverhalte verpacken muss, um zu bekommen, was ich möchte, ohne dass sie in Rom die wahren Gründe erfahren. Ich kann also leicht aus meinem öffentlichen Amt ausscheiden und könnte zu meinem Status als normaler Priester zurückkehren. Die Frage ist nur – soll ich das?"

Das Beratungsgespräch, das die ganze Gruppe untereinander führte, brachte eine ganze Anzahl wichtiger Punkte zutage. Die Frage war ja nicht rein akademisch. Glaubenskrisen sind immer ein wichtiges Thema unter uns, und wenn man diese Probleme ignoriert, macht man alles nur noch schlimmer. Radikale Lösungen sind meistens keine Lösungen. Wir lesen doch heutzutage Bücher von seriösen katholischen Theologen mit höchst kirchlicher Zustimmung und Imprimatur, in denen Dinge gesagt werden, die man in unseren Studentagen noch als häretisch bezeichnet hat. Es gibt natürlich Grenzen, deren Überschreitung nicht toleriert werden kann. Aber es gibt ein weites Gebiet, wo ehrlicher Zweifel und authentische Selbstverpflichtung als Kompromiss koexistieren können. Wir können einem Zweifler besser helfen, wenn wir Verständnis für seinen Zustand aufbringen, als wenn wir Druck ausüben. Der Zweifler sollte in seinem Umgang mit anderen große Klugheit walten lassen und seine Zweifel nicht auf andere übertragen. Allerdings sollte er nie seine rigiden Ansichten Menschen aufzwingen, die nicht so rigide denken.

Einige unserer Gruppenmitglieder haben diesem agnostischen Provinzial nahegelegt, nicht nur seine Arbeit niederzulegen, sondern auch seine Priesterschaft, wenn er sich selbst gegenüber ehrlich sein wollte. Andere waren der gegenteiligen Ansicht: Er könnte eine größere Hilfe für Menschen in ähnlichen Krisen sein, wenn er in seiner Position bliebe.

Hier intervenierte Tony: Dem Provinzial könnte die Einsicht helfen, dass die Bibel, die Eucharistie und die ganze Lehre eine Richtungsweisung, ein Hinweis auf eine verborgene Wahrheit sind, wenn sie auch im Moment für ihn nicht Glaubenswahrheiten darstellten. Er wäre gut beraten, wenn er die Botschaften dieser Traditionen nicht außer acht ließe, auch wenn er sich im Moment selbst nicht durch die Fesseln des Gehorsams an diese Zeichen gebunden fühle. Skeptizismus ist genauso schlimm wie Dogmatismus. Wer die Weisheit aller früheren Jahrhunderte ignoriert, tut dies auf eigene Gefahr und zum eigenen Schaden. Andererseits kann ein ehrlicher Zweifel Gott wohlgefälliger sein, als ein aufgezwungener Glaube. Lassen wir dem Povinzial Zeit und raten wir ihm, diese Frage offen zu lassen und seinen eigenen Weg Schritt für Schritt zu beschreiten, in Demut und mit behutsamer Achtsamkeit. Und, hier möchte ich eine Warnung anschließen: Wenn jetzt jemand mit dem Argument einer persönlichen religiösen, „proselytischen" Erfahrung zu dir käme, was im Klartext heißen soll, dass er seine eigene religiöse Erfahrung einbringt, um dir damit seine Ansichten aufzuzwingen, dann schalte einfach ab. Sein Erlebnis, seine Erfahrung gehört ihm, und nicht dir; er kann nach allem, was du weißt, auch einem Irrtum unterlegen sein und da gibt es für euch beide keinen Ausweg. Achte und schätze deine eigenen Ansichten und Erfahrungen. Aber dränge sie niemals anderen auf. Und halte dich selbst nicht für besser als irgendjemanden anders, nur weil dein Credo länger ist als das der anderen.

*

„Tina, ich bin ein Geistlicher, der in der Sozialarbeit engagiert ist – und das seit vielen Jahren. Plötzlich kam der Trend mit dieser "Option für die Armen" auf und ich hatte das Gefühl, dies schärfe mein Gewissen und ich bemerkte plötzlich etwas, das ich eigentlich längst wusste: Ganz in der Nähe unseres Klosters existiert ein Slum, in dem eine Menge wirklich armer Menschen wohnt. Ich wagte mich dorthin, und mein Interesse an den Menschen wuchs, als ich merkte, dass ich etwas für sie tun konnte. Sie hatten kein fließendes Wasser und sie mussten über einen halben Kilometer zur nächsten Wasserstelle laufen. Ich habe ihnen also geholfen, sich zu organisieren, und wir brachten dieses Problem bis zur Kreisverwaltung. Schließlich hatten wir Erfolg und bauten eine Wasserleitung bis in ihren Stadtteil, was natürlich eine große Erleichterung für die Menschen darstellte. Danach hatte ich jedoch das Gefühl als seien sie mir für meinen Einsatz nicht dankbar genug. Natürlich ist das nicht so schlimm, denn von uns wird ja erwartet, dass wir für Gottes Lohn arbeiten – und Er weiß es. Aber es ging noch weiter: Ich habe organisiert, dass zweimal pro Woche ein Krankenwagen mit einem Arzt und einer Krankenschwester in den Slum kommt und ihnen medizinische Hilfe anbietet und weiteres dieser Art. Und jetzt kommen wir zum eigentlichen Punkt: In der letzten Zeit habe ich eine Art spiritueller Erfahrung gemacht. Gut, ich weiß nicht, ob wir es genau so nennen sollen, aber da gibt es doch so einen Verrückten, Tony de Mello, vielleicht hast du von ihm gehört. Bei ihm habe ich einen von diesen Workshops oder wie auch immer man es nennen mag mitgemacht, und dadurch habe ich für mich entdeckt, dass doch tatsächlich alles, was existiert, sehr vergänglich ist. Ja, vergänglich, vorübergehend, wandelbar. Und nun bin ich auf einmal wieder an der gleichen Stelle wie vorhin, aber jetzt denke ich, dass ja auch die Probleme dieser Menschen sehr vorübergehend und nicht von Dauer sind – warum also soll ich mich weiter so um sie kümmern? Ich gehe zwar immer noch zu ihnen, aber doch nicht mehr mit demselben Engagement und Interesse wie vorher. Die Wasserleitung funktioniert nicht mehr und jetzt müssen sie wieder wie früher zur Wasserstelle laufen – und ich weiß nur, nochmal mache ich diese ganze Arbeit nicht und ich lege mich auch nicht mehr so für sie ins Zeug. Kurz, ich habe zwar den Frieden meiner Seele, aber sie haben kein fließendes Wasser mehr. Und dann geht mir noch diese Idee im Kopf herum, dass ich anderen erst helfen kann, wenn ich zuvor selbst wachse. Um andere zu befreien, muss ich mich zuerst selbst befreien und daran arbeiten. Ist das nicht in Ordnung? Und da geht mir noch mehr im Kopf herum. Einige dieser Sozialarbeiter richten doch mehr Schaden als Nutzen an. Sie verfolgen ihre eigenen Interessen und benutzen die Armen für ihr eigenes Fortkommen. Ich bin sicher, dass dies manchmal tatsächlich so ist – wenn auch nicht in meinem Fall jetzt. Alles in allem aber habe ich das Interesse an dieser Arbeit verloren und ich denke jetzt darüber nach, das ganze Projekt aufzugeben. Um ehrlich zu sein, die echte Motivation dafür habe ich eigentlich nie gehabt, was mir aber erst durch meine spirituelle Erfahrung klar geworden ist. Andererseits fühle ich natürlich eine Art Schuldbewusstsein, wenn ich diese Menschen jetzt sich selbst überlasse. Auch habe ich Angst davor, was meine Kollegen wohl über mich sagen werden. Eigentlich weiß ich nicht genau, was jetzt wirklich Sache ist und was ich tun soll. Kannst du mir helfen?"

Ich gehe direkt zu Tonys Reaktion über. Wenn jemand befürchtet, durch die Teilnahme am Sadhana sein Interesse daran verlieren zu können, für die Armen tätig zu werden, dann soll er kommen und sich selbst ein Bild machen! Die Tatsache, dass etliche Sozialarbeiter sehr gezögert haben, an einem Sadhana-Kurs teilzunehmen und dazu das vorsätzliche Schlechtmachen und Verleumden der Sadhana-Bewegung, die einige dieser Menschen in die Welt gesetzt haben, die selbst aber niemals daran teilgenommen haben, können hier genau zeigen, warum gerade Sozialarbeiter diese Workshops dringend bräuchten. In was für einer Arbeit auch immer wir unseren Inhalt finden, wir alle haben es bitter nötig, unsere wahren Motive, Beweggründe und Engagements einer Prüfung zu unterziehen und diese Motive zu reinigen. Und vielleicht gilt dies besonders für Sozialarbeiter, weil sie eine gewisse Macht ausüben und in einigen Fällen viele Menschen beeinflussen. Arbeit für die Armen wird ja manchmal aus einem Schuldgefühl heraus geleistet, aus Machtgier, aufgrund von Druck von Kollegen, aus Anpassung an gerade vorherrschende gedankliche Trends oder Ziele, aber auch als Kompensation eines Minderwertigkeitsgefühls oder als Ausweg aus einer langen, rein intellektuellen Ausbildung. All diese Beweggründe sollten, wo sie tatsächlich existieren, durchdacht, analysiert und gereinigt werden, bevor man die Menschen wirklich auf die Armen loslässt. Wo dies nicht geschieht, da kann ein Sozialarbeiter wirklich mehr Schaden als Nutzen anrichten, da er verborgen und unbewusst seine eigenen Interessen verfolgt, aber dafür genau die Menschen benutzt, denen er vorgibt, helfen zu wollen. Ich zögere nicht zu sagen, dass das Sadhana die beste Vorbereitung für die Arbeit mit den Unterprivilegierten und Armen ist. Es hilft dem Sozialarbeiter, sich über seine eigenen, undifferenzierten Motive klar zu werden und es gibt ihm anschließend eine größere persönliche Freiheit, von der aus er auch anderen Menschen Freiheit vermitteln zu kann. Und nun kommen wir kurz zu der Frage, ob alles Leiden wirklich vorübergehend und deshalb eigentlich nicht unserer Aufmerksamkeit wert ist. Das ist reine Theorie und wir müssen hier lernen, auf Tatsachen zu reagieren und nicht auf Theorien. Wenn du siehst, dass ein Kind leidet, und du weißt, dass du in der Lage bist und die Macht hast, diesem Leiden ein Ende zu setzen, indem du dem Kind eine Spritze gibst, wirst du das mit der Ausrede verweigern, auch sein Leiden sei vergänglich und vorübergehend? Wenn du Zeuge wirst, wie eine alte Dame die Treppe herunterfällt, wirst du nicht instinktiv sofort zugreifen und ihren Fall zu verhindern suchen – jedenfalls eher, als darüber zu philosophieren, dass auch ihr Fall und seine Folgen von vorübergehender Natur sind und sowieso alles vorübergeht? Folge deinen Instinkten und nicht deinem Denken. Das große Problem mit solchen Menschen ist, dass sie sich ihrer christlichen Vision oder ihrem buddhistischen Traum oder ihrem marxistischen Plan selbst in den Weg stellen. Sie sehen nicht mehr die Armen, sondern ihre eigenen Pläne und starten Aktivitäten, um ihre Konzepte zu verwirklichen. Lasst uns auf jeden Fall weitermachen, uns für die Armen und Unterprivilegierten einzusetzen und lasst uns diese Arbeit verrichten, weil wir in freier Entscheidung und als freie Menschen dafür eintreten, und nicht aus sonstigen Gründen, wie verborgenen Bedürfnissen oder geheimen Zwängen.

*

„Tina, ich bin eine indische Ordensschwester aus einem ziemlich konservativen Orden und das bringt natürlich einige Probleme mit sich, wie du verstehen wirst. Speziell für diejenigen unter uns, die eigentlich lieber den modernen Trends Raum geben möchten und mehr auf die Menschen zugingen, ist es schwierig. Wir haben darüber lange Zeit in unserem Orden gesprochen, einige waren für und einige gegen Veränderungen, und andere Ordensgemeinschaften hatten zu dieser Zeit bereits solche eingeleitet, die uns aber nicht erlaubt wurden. Jetzt fühle ich mich beschämt, wenn Ordensschwestern aus verschiedenen Orden zum Beispiel bei Exerzitien oder Seminaren zusammenkommen, und einige von ihnen statt der Ordenstracht Saris tragen – und zwar keinen Uniform-Sari, sondern irgendeinen Sari (jedenfalls einige von ihnen) und davon wiederum einige von sehr schöner Machart. Ich merkte, dass ich eifersüchtig wurde und dann auch wütend auf meine eigene Oberin, die uns nicht erlauben wollte, auch Saris zu tragen. Schließlich kamen die

Äbtissinnen all unserer Ordensgemeinschaften zusammen und gelangten nach langer Diskussion zu dem Ergebnis, unseren Orden in Rom zu befragen, ob es uns erlaubt sei, in Indien Saris zu tragen. Jetzt stell dir vor, sie haben das abgelehnt und wir müssen unseren alten Habit weiter tragen. Du siehst selbst, was das für alte Kleidungsstücke sind. Und jetzt lach bitte nicht, denn ich finde das gar nicht witzig. Jedenfalls bin ich sehr sauer auf Rom aus diesem und auch aus anderen Gründen. Sind wir denn nicht *eine* indische Kirche? Gibt es denn nicht so etwas wie eine Inkulturation? Was wissen die in Rom denn schon von unseren Bedürfnissen hier? Und außerdem finde ich es ärgerlich, dass die Männer tun können, was sie wollen. Schau dir doch diese Jesuiten an. Sie ziehen an, was immer ihnen in den Sinn kommt, während wir armen Frauen uns nach anderen Menschen richten müssen, die wir nicht einmal kennen. Und um alles noch schlimmer zu machen, haben sie uns jetzt auch noch verboten, miteinander über dieses Thema zu sprechen. Ich schäme mich schrecklich, dass ich darüber gerade mit dir sprechen muss, und du einen so wunderbaren blauen Sari mit Kreuzen an der Naht trägst. Aber ich hoffe, dass wenigstens du mich verstehen kannst und für mein Anliegen Verständnis aufbringst. (Tony hatte bei diesem Rollenspiel eine weibliche Stimme und Gestik angenommen, während er sprach, und es war schwierig, ihm mit ernstem Gesicht zuzuhören und ihn zu beobachten. Diese Schauspielerei war immer Teil der Show.)

Die Angelegenheit der Saris war schnell bearbeitet. Der Ordensschwester wurde gesagt: Du hast die Wahl; entweder du hältst dich an die Anweisungen und vergisst deinen Protest, oder du ziehst einen Sari an und trägst die Konsequenzen. Fälle deine Entscheidung, aber hör auf zu jammern. Die Frage der Inkulturation ließ sich Tony nicht entgehen. Er liebte Indien sehr und hat dies in vielen, konkreten Fällen unter Beweis gestellt. So hatte er zum Beispiel entschieden, für seine Maxi-Sadhanas nur Priester und Ordensschwestern zuzulassen, die auch in Indien lebten und arbeiteten (mit nur wenigen Ausnahmen). Diese Praxis behielt er in den letzten Jahren trotz der vielen Anmeldungen bei, die er aus dem Ausland erhielt. Wie ich schon an anderer Stelle beschrieben habe, wollte Tony dies nicht unter dem zu engen Aspekt eines Patriotismus betrachtet wissen, und er nahm auch in jedem Fall sehr konkret Stellung dazu: „Wenn du denkst wie ein Inder oder ein Europäer oder ein Amerikaner, dann hast du eigentlich schon aufgehört zu denken; denn dann denkst du nur aus der Ecke deiner Konditionierung heraus, und das ist nicht dein wahres Selbst!" Für Tony bestand die Konditionierung vor allem aus Zufällen und er verlor damit nicht viel Zeit. Unter diese Zufälle des Lebens fiel seiner Meinung nach auch die Zugehörigkeit eines Menschen zu der jeweiligen Kultur. Er bezog sich dabei nicht auf Kunst und Wissen, sondern auf Kultur als Erbe, das für ihn aus nichts anderem als einer weiteren Konditionierung bestand, die transzendiert werden müsste.

*

„Tina, ich bin ein Gemeindepriester in einer ziemlich konservativen Gemeinde. Und, zugegebener Maßen, durch mein Alter und meine Tradition selbst auch mehr auf der konservativen Seite. Ich kam vor vielen Jahren als Missionar nach Indien. Ich bin immer noch ein Fremder, obwohl ich Indien als mein Land lieben und schätzen gelernt habe. Lange Jahre habe ich hart daran gearbeitet und mein bestes gegeben mit dem Ziel, die Menschen zu Christen zu machen und sie zu taufen. Ja, du kennst die Geschichte, es waren meist arme Menschen einer niederen Kaste, und ich half ihnen auf diesem Wege mit Geschenken und Geld, dass ich von Katholiken aus Europa und Amerika bekam. Und deshalb waren sie mir dankbar und wurden schließlich Christen, einerseits mir zu Gefallen, aber auch, um noch mehr Hilfe zu bekommen. Ich weiß, dass andere sie als „Reis-Christen" oder „Brot-und-Butter-Christen" bezeichnen, was wirklich negativ ist. Denn schließlich sind sie doch Christen, und das ist doch das Einzige, was zählt, nicht wahr? Gott hat seine eigenen Methoden, Menschen zu sich zu rufen. Auch wenn eine Generation aus selbstsüchtigen Motiven heraus zu Christen wird, so kann doch die nächste Generation schon wahre Christen hervorbringen – und wer handelt schließlich stets aus reinen Motiven heraus? So war ich also mit meiner Missionarstätigkeit ganz glücklich und registrierte die zunehmende Anzahl meiner Konvertiten mit Stolz. Fröhlich schickte ich einmal im Jahr meine Statistik nach Rom und erntete Glückwünsche für meinen Einsatz und meine apostolische Arbeit. Aber dann kam auf einmal diese neue Theorie des vatikanischen Konzils – und das hat mich doch sehr verärgert. Weißt du, ich hatte all meine Anstrengung und auch meine Selbstrechtfertigung auf dem Dogma aufgebaut, dass es außerhalb der Kirche kein Heil gäbe. Gott hat zwar Seine eigene Art und Weise, Barmherzigkeit und Gnade zu zeigen, aber im Grunde ist doch die christliche Taufe der beste Weg zum Himmel. Und nun kommt das Konzil und sagt mit vielen Worten, dass sogar ein Atheist in den Himmel kommen kann! Wie stehe ich plötzlich da? Was ist der Wert meiner Lebensarbeit? Habe ich mich denn mein ganzes Leben lang selbst zum Narren gemacht? Dazu kommt noch, dass jetzt diese jungen Priester, Eingeborene aus diesem Land, unsere jahrelange Arbeit als spirituellen Kolonialismus bezeichnen und sogar wünschen, dass wir fremden, ausländischen Missionare Indien verlassen und nach Hause gehen. Ich bin verwirrt und, offen gestanden, auch sehr verärgert. Mit großem Schmerz und Frustration muss ich außerdem mit ansehen, wie einige Gruppen von ‚alten' Katholiken meiner Gemeinde die neu dazugekommenen Konvertiten aus niederen Kasten ablehnen. Sie beklagen sich über eine ‚Verwässerung der Glaubensstandards'. Ich persönlich ärgere mich einfach über all dieses Gerede von der Ökumene, dass Hindus mit ihrem Hinduismus und Moslems mit ihrem Islam gleichermaßen gerettet werden können. Ich sehe es als meine Gewissenpflicht an, all dem zu widerstehen und zurückzukehren zur Reinheit des Glaubens. Ich selbst gehe nicht auf diese neuartigen Gebetstreffen zusammen mit Hindus und Moslems, und ich erlaube auch meinen Gemeindeangehörigen nicht, dorthin zu gehen. Schließlich ist es doch unsere Aufgabe, den heiligen Kreuzzug gegen die Feinde des Evangeliums zu predigen, oder etwa nicht?"

An dieses Rollenspiel erinnere ich mich noch sehr genau, denn ich habe einen speziellen, ganz aktiven Teil darin gespielt. Zwar war ich dabei Tonys Schlagfertigkeit nicht gewachsen, aber ich war doch inspiriert und guter Dinge und habe ihm oft Paroli bieten können. Als er nach vielen Wortgefechten sagte: „Ich tue dies aus meiner Pflicht als guter Katholik heraus.", erwiderte ich ihm: „Darin bist du kein guter Katholik, nicht mal ein guter Christ; was du hier darstellst, ist ein guter Moslem, der allen Ungläubigen den ‚Heiligen Krieg' erklärt!" Tony parierte diese Attacke, indem er leicht beleidigt dreinblickte und dann die Frage stellte: „Bezeichne mich, wie immer du willst, aber was soll ich denn machen?" Worauf meine schnelle Antwort war: „Wenn du ehrlich bist ... lass dich bei nächster Gelegenheit beschneiden!" Die Gruppe brach in Lachen aus – und das war das Ende dieses Rollenspiels.

*

„Tina, ich bin Jesuit und Priester und ich habe ein delikates Problem, von dem ich hoffe, dass du, als Frau und dazu noch als sehr intelligente und sehr sensible Frau, in der Lage sein wirst, mich zu verstehen. Außerdem brauche ich deinen Rat und etwas Führung. Ich bin nämlich mit mir selbst im Zweifel und leide sehr darunter. Ach ja, mein Name ist Johannes und ich möchte, dass du mich nur beim Vornamen nennst. Das Problem ist, Tina, dass ich seit vielen Jahren eine tiefe Freundschaft zu einer Ordensschwester unterhalte, zu Jane. Ich liebe sie und sie liebt mich – alles natürlich in ganz reiner und platonischer Form, und alles absolut wohlanständig, ohne Körperchemie, wenn du weißt, was ich meine. Das geht jetzt schon eine ganze Weile so, und sie war bei weitem meine beste Freundin, ganz anders als alle anderen Frauen, die ich kannte, und dessen war sie sich auch bewusst. Sie antwortete gleichermaßen mit tiefer Liebe zu mir; ich war einfach ihr Mann und sie wusste es und liebte niemand anderen so wie mich. Aber dann, Tina, wurde Jane vor einigen Jahren in eine andere Stadt versetzt. Du weißt ja, wie es mit euch Ordensschwestern so zugeht. All eure Orden haben Klöster kreuz und quer in Indien und ihr werdet ohne Angabe von Gründen und ohne große Vorankündigung von einem zum anderen versetzt. Jane landete also in einer völlig anderen Ecke dieses riesigen Landes und ich blieb natürlich, wo ich war. Wir schrieben einander und ihre Briefe zeigten und zeigen immer noch, wie sehr ihre Zuneigung zu mir intakt ist. Sie ist treu und hingebungsvoll, genauso wie es war, als sie noch hier lebte. Und sie geht natürlich davon aus, dass auch ich immer noch genauso fühle. Und hier beginnt das Problem, Tina, und ich hoffe, du verstehst das. Es ist nicht, dass ich sie nicht mehr lieben würde, ich bin mir dessen sicher und bestätige ihr auch meine Gefühle in jedem meiner Briefe. Aber es ist so, du hast es vielleicht auch schon erraten, dass eine andere Frau in mein Leben getreten ist und dass sich die Dinge für mich verändern. Diese neue Seelenfreundin ist eine Ordensschwester aus einem anderen Orden, sie heißt Maria. Wir wurden langsam zu Freunden und ich sah auch kein Problem darin, da ich immer noch Jane als Freundin vorzog und davon ausging, dass alles immer so bleiben würde. Aber es blieb nicht dabei und ich möchte mir jetzt nicht eingestehen, was längst offensichtlich und mittlerweile eine Tatsache ist, die ich nicht mehr leugnen kann. Ich liebe Maria jetzt mehr als früher Jane. Jetzt hoffe ich, dass du diesem Gefühlswirrwarr bei mir folgen kannst. Ich fühle mich schuldig, weil ich Jane weniger liebe und wünsche, dass es nicht so wäre – aber ich kann mir nicht helfen. Ich habe immer die Tugenden der Loyalität, der Treue und der Umgangsformen eines Gentlemans sehr geschätzt ... und jetzt siehst du mich in der Situation, dass ich die erste Frau, die ich in meinem Leben wirklich geliebt habe, verrate – während sie mich weiterhin verehrt. Du kannst dir vielleicht vorstellen, welche Gefühle ich mir selbst gegenüber hege. Mein Selbstrespekt ist in Fetzen. Natürlich habe ich Jane noch nicht von Maria erzählt, und ich habe auch Maria nicht von Jane berichtet. Siehst du, wie sehr ich mich verstrickt habe? Ich schreibe weiterhin Jane Briefe, aber jeder ist eigentlich eine Tortur für mich, weil der Brief vor vorgetäuschten Gefühlen und verborgenen Tatsachen nur so wimmelt. Wie lange kann ich das denn noch weitermachen? Soll ich Maria aufgeben? Soll ich Jane aufgeben? Und wenn ich jetzt Maria den Vorzug geben würde, welche Garantie habe ich denn, dass mir nach dieser Erfahrung mit Jane nicht eines Tages dasselbe auch mit Maria passiert? Ist es dann nicht besser, wenn ich beide aufgebe? Aber das würde ja bedeuten, beide zu verletzen, wohingegen ich bei der ersten Lösung nur eine verletzte. Mein größtes Problem ist, dass ich keiner von beiden weh tun will. Und doch habe ich

Angst davor, dass ich, je mehr Zeit vergeht, noch mehr beiden Frauen Unrecht tue. Du bist eine Frau, kannst du mir in dieser Verwirrung nicht ein Licht aufzeigen?"

Das war bei weitem das längste und schönste Rollenspiel, das wir in diesen Tagen durchführten. Die ganze Gruppe nahm daran teil und es dauerte über zwei Stunden. Da unsere Gruppe aus Männern und Frauen bestand und dies im ungefähren Verhältnis von fünfzig zu fünfzig, war der Ablauf dieses Rollenspiels tief bewegend und außergewöhnlich durch seinen Takt, durch die Achtsamkeit, die Nachdenklichkeit und die Sensibilität, mit der die Menschen miteinander umgingen. Tony spielte nacheinander die Rolle von Johannes und auch die Rollen von Jane und Maria. Jedes Mal brachte er neue Perspektiven und Aspekte dieses intimen Gewebes von Gefühlen, von Liebe und Freundschaft in's Spiel. Ohne eines der Probleme tatsächlich zu lösen, wurde viel Licht in das affektive Leben von Menschen in geistlichen Berufen gebracht. Mit all seinem Gewinn, aber auch den damit verbundenen Gefahren, der Erfüllung, aber auch der Einsamkeit, die dieses Leben mit sich bringt. Wir alle hatten an dem Tag viel dazuzulernen!

*

„Tina, ich bin eine Ordensschwester, die in unserem Orden dafür verantwortlich ist, neue Mitglieder zu werben. Wir arbeiten im Team und gehen meistens von Schule zu Schule und von Dorf zu Dorf und versuchen, jungen Mädchen unsere Art zu leben vorzustellen und sie dafür zu interessieren, eventuell mal ein Noviziat bei uns zu beginnen. Aber es wird schwerer und schwerer, Berufungen zu erkennen und spürbar zu machen. Noch schwieriger ist es aber für mich, meinen eigenen Standpunkt dabei zu finden. Weißt du, ich habe angefangen mich zu fragen, wie berechtigt meine Arbeit eigentlich ist. Das bedeutet nicht, dass ich meine eigene Berufung in Frage stelle, da fühle ich mich ganz sicher und es wäre ja auch ziemlich spät, um meinem Leben jetzt noch eine andere Richtung geben zu wollen. Aber ich frage mich selbst, bin ich wirklich glücklich damit? Sind die Ordensschwestern, die ich kenne, wirklich alle in ihrem religiösen Leben am rechten Platz – und zufrieden mit ihrem Dasein? Offiziell sagen das natürlich alle und alle lächeln, wenn Fotos von uns für die Werbezeitschriften gemacht werden. Und wenn du mich fragst, dann sind wir natürlich auch in Bezug auf den Glauben in der bestmöglichen Position, die man in dieser Welt einnehmen kann, wenn man gleichzeitig den Blick auf die nächste Welt wirft. Und das ist ja auch alles gut. Na ja, du bist selbst Ordensschwester und wirst mich deshalb verstehen.

Denn wenn ich jetzt all diese Missverständnisse, diese Eifersüchteleien und kleinen Vergehen und untreuen Handlungen betrachte, die unseren Gelübden nicht entsprechen; wenn ich mir den Frust anschaue, der in vielen unserer Klöster herrscht, welches Recht habe ich dann noch, hinaus zu gehen und jungen Mädchen davon so positiv zu erzählen, mit der Absicht, sie zu überzeugen, ihr Leben bei uns zu verbringen? Ich weiß selbst von dem Fall einer Ordensschwester, die einer ihrer jüngeren Schwestern abgeraten hat, ins Kloster zu gehen. Und da ich weiß, was diese Ordensschwester alles mitgemacht hat, kann ich sie dafür nicht verurteilen. Natürlich ist das Leben als verheiratete Frau auch nicht das Paradies, aber da geht auch niemand hin und betreibt Werbung, damit die Menschen heiraten, während wir dies sehr wohl tun, um die Menschen zu einem religiösen Leben einzuladen. Und jetzt verstehen sie, warum ich mich damit so unwohl fühle. Sollten wir die anderen Menschen nicht besser ihren eigenen Wünschen und Bedürfnissen folgen lassen? Und wenn niemand mehr bei uns Mitglied werden will, sollten wir das nicht eher als ein Zeichen dafür verstehen, dass wir den Typus des religiösen Lebens, den wir zur Zeit noch an den Tag legen, verändern und neue Lebensformen finden müssen, mit denen wir unsere Gelübde und unsere Weihe mit den Bedürfnissen dieser neuen Welt, die uns umgibt, in Einklang bringen? Früher gab es ja viele, die sich dazu berufen fühlten, ins Kloster zu gehen, ohne dass jemand dahinter stand und sie drängte. Denn damals war unsere Art zu leben eine Antwort auf die Bedürfnisse der Jugend in der Gesellschaft. Ist es jetzt nicht an der Zeit, dass wir die Bedürfnisse der Gesellschaft neu definieren und dementsprechend ein religiöses Leben konzipieren, dass diesem neuen Volk Gottes behagt?"

Die Frage war natürlich sehr ernst und ohne Zweifel wäre sie der Anlass einer langen und fruchtbaren Diskussion gewesen. Unglücklicherweise war dieses Rollenspiel zu nah am Ende der Sitzung und es gab leider weder das Beratungsgespräch noch Rückmeldungen. Und deshalb will ich hier auch keine erfinden.

*

„Tina, ich bin Judas und du bist Gottvater. Ich komme zu Dir und will meine Belohnung. Ja, schau mich ruhig überrascht an. Meine Belohnung. Schließlich habe ich doch meine Arbeit für Dich wirklich gut gemacht, nicht wahr? Natürlich hätte auch jeder andere sie machen können, da stimme ich Dir zu, aber Du hast nun mal mich dafür auserwählt und deshalb habe ich es sorgfältig gemacht. Ja, es war die Aufgabe, die Du mir zugedacht hattest. Ohne sie wäre Dein ganzer Plan geplatzt. Keine Erlösung für die Menschheit

- und keine Ehre für Dich. Es war ein ganz schön unangenehmer Job, das kann ich Dir sagen, aber genau deshalb denke ich auch, dass mir ein dementsprechend großes Wohlwollen und eine Belohnung zustehen. Jeder ist doch bereit, auf der Bühne den König zu spielen und niemand will die Rolle des Schurken. Aber ohne die Rolle des Bösewichts kann das Theaterstück nicht laufen. Ohne mich gäbe es keine Passion, und ohne Passion gäbe es kein Happyend für Deine Erlösungsgeschichte, denn das ist der Name, den wir Deinem Stück hier unten auf Erden nun geben. Ja sicher, ich weiß, dass ich ja schon eine Bezahlung erhalten habe, jeder weiß über diese dreißig Silberlinge Bescheid. Aber was ich jetzt möchte, ist mein mir zustehender Platz hier im Paradies, um meine Pensionierung zu genießen, zusammen mit all den anderen Akteuren dieses Stückes. Jeder von uns hat seine Rolle gespielt und am Ende ist ja auch alles gut ausgegangen, nicht wahr? Du hast mich damals gebraucht und ich habe das meine beigetragen, um Dir zu gehorchen. Und jetzt bitte Petrus, er soll das Tor aufmachen und mich hereinlassen. Ich erinnere mich noch gut an diesen Petrus, netter Kerl, und er hat ja schließlich auch einige der dunkleren Rollen in dem Theaterstück gespielt, und trotz alledem hast Du ihn jetzt als Manager für diesen Teil der Show eingesetzt. Nur ein Wort von Dir, und all die alten Akteure, Kollegen und Freunde werden wieder beisammen sein. Ich weiß, dass Dir gar nichts anderes übrig bleibt, als dazu Deine Zustimmung zu geben, und ich danke Dir schon mal dafür. Und wenn Du noch mal jemanden brauchen solltest, für was für eine Rolle auch immer, Du weißt, dass ich immer für Dich da bin. Braucht jemand hier im Himmel einen guten Buchhalter?"

Das war Tonys Lieblingsrollenspiel. Ich war mehrere Male dabei, wie wir es gespielt haben. Es ging ihm dabei darum, die Rolle offenzulegen, die die äußeren Umstände und die Konditionierung in unserem Leben jeweils spielen. Er wollte zeigen, dass das, was wir tun, in hohem Maße aus den Rahmenbedingungen folgt, in denen wir leben. An dieser Stelle erzählte er gerne eine Geschichte, die er einmal in Spanien gehört hatte. Die Karwoche ist Touristenzeit in Andalusien; mit all den Prozessionen, den Skulpturen, all den Gesängen und Ausstellungen. Teil der jährlichen Feiern in einem bestimmten andalusischen Dorf ist ein spezieller Akt des Dankes an Pontius Pilatus. Die Beweisführung dafür ist fehlerfrei. Ohne Pontius Pilatus gäbe es keine Passion. Ohne Passion gäbe es keine Karwoche. Ohne Karwoche gäbe es keinen Tourismus. Und ohne Tourismus gäbe es kein Einkommen für das Dorf. Das machte Pontius Pilatus also für dieses Dorf zum Wohltäter, dem jedes Jahr eine feierliche Dankesrede durch den Bürgermeister auf dem Marktplatz gewidmet wurde. Und so verdient auch er, jedenfalls nach Judas'

Einschätzung, einen Platz in der himmlischen Herrlichkeit – zusammen mit all den anderen Akteuren dieses göttlichen Theaterstücks.

Tonys Leser kennen alle seinen Lieblingsausspruch, den er an das Ende seines ersten Buches *Sadhana, a Way to God* (Deutsch: *Mit Leib und Seele meditieren*) setzte. Es ist ein Zitat aus einer mystischen Vision der Juliana von Norwich. In ihrer Schau lächelte ihr Christus am Kreuz zu und sagte dann zu ihr: „*And all thing shall be well; and all thing shall be well; and all manner of thing shall be well.*" („Und alles wird gut sein; und alles wird gut sein; und alle Dinge, die es gibt, werden gut sein!")

19. FREI UND UNBESCHWERT

Als Tony mich über meine Interviews mit Krishnamurti ausfragte, über die wir lange und ausführlich sprachen, da kamen wir immer wieder zu einem Thema zurück. Wir beide hielten es für besonders wichtig und es genossen es, gemeinsam darüber zu sprechen. Dabei handelte es sich eigentlich um gar nichts Neues, und wir hatten beide in Krishnamurtis Büchern schon einiges darüber gelesen, aber als lebendige Erfahrung bekam es immer wieder eine neue Aktualität und wir erinnerten uns gerne gegenseitig daran.

Krishnamurti hatte nämlich zu mir gesagt: „Wenn ich auf meinen langen, täglichen Spaziergängen ein bis zwei Stunden durch die Wälder laufe, dann kann es geschehen, dass in all dieser Zeit nicht ein einziger Gedanke in meinem Geist aktiv wird. Ja, ich weiß, Psychologen sagen, dass das nicht sein kann. Aber, ich kann nur sagen, es geschieht. Ich muss also ein Freak sein!" Er lächelte gewinnend, wenn er dieses Wort „Freak" aussprach (das im englischen so etwas wie einen „besonderen Typ" bezeichnet, der aus dem Rahmen fällt oder sich für etwas besonders begeistert). Er fragte mich auch, ob ich wüsste, was das Wort bedeutet (ich wurde dabei immer wieder eindringlich an eine Manie Krishnamurtis erinnert, immer erst durch eine Rückfrage festzustellen, ob man genau verstanden hatte, was er sagen wollte, bevor er weitersprach) und fuhr dann fort: „Eine ähnliche Erfahrung mache ich auch nachts. Ich schlafe gut und ich träume nie. Auch dabei sagen die Psychologen, dass das nicht möglich ist, aber bei mir ist es so." Und dann kam er zu dem Schlüsselpunkt: „Ich glaube, dass dies so ist, weil ich in jede Erfahrung vollkommen eintauche, und genauso steige ich auch aus jeder Erfahrung wieder heraus – sauber, und mit meinem ganzen Sein. Ich investiere mein ganzes Selbst in alles, was ich tue, und ... auch in das Ende von allem, was ich tue. Nichts verbindet sich wirklich mit meinem Denken und mit meinem Geist und vielleicht ist das der Grund, warum mein Geist rein bleibt." Er sagte damals nicht mehr darüber, aber ich hatte verstanden, dass er damit etwas von größter Bedeutung ausgedrückt hatte.

Tony, der diese Idee auf seine eigene Art und Weise lebte, kam in Lonavla mehrfach darauf zurück: Lebe jede Erfahrung in ihrer Fülle, so dass sie keine Spur, kein Überbleibsel in deinem Geist hinterlässt. Keine Reste, keinen Abfall, keine Erinnerung, ein abgeschlossenes Konto ohne Übertrag. Eine Reise ohne Gepäck. Kein Leben auf Kredit, sondern alles jedes Mal bar bezahlt. Tauche vollständig hinein und genauso vollständig wieder heraus. Sich einbringen und sich auch wieder herausziehen. Wieder das Bild vom

Lotus und dem Wasser, der Symphonie, die fließt, dem Fluss, der seinem Lauf folgt.

Was uns davon abhält, so zu leben (wo es doch die einzig wahre Lebensweise ist), sind Abhängigkeiten auf der einen und Angst auf der anderen Seite. Wir klammern uns genießerisch an eine Erfahrung und lassen sie in unserem Denken nicht mehr los, auch wenn die Erfahrung eigentlich längst hinter uns liegt. Oder wir haben solche Angst vor einem möglichen zukünftigen Geschehen, dass die Furcht uns ausfüllt, bevor überhaupt irgend etwas geschehen ist. Mit so einem belasteten Geist kann man nicht leben. Ein freier Geist hingegen erträgt keine Behinderungen. Ein freier Geist lebt die Momente des Lebens, von einem zum anderen, und das ist das Geheimnis, um das Leben in Fülle zu genießen.

Tony sprach nicht nur so, er lebte auch so, und das verlieh seinen Worten ihre spezielle Kraft. Ein Beispiel dafür gab er fast im Vorbeigehen an einem dieser Tage. Eines Tages während der Exerzitien offenbarte er uns etwas, wodurch sich für einen kleinen Moment der Schleier von seinen eigenen Erfahrungen auf diesem wichtigen Feld hob. Das Gelände in Lonavla ist sehr weitläufig und in zwei Teile geteilt: den alten Teil, wo die St.-Stanislaus-Villa steht und das Sadhana-Institut für mehrere Jahre residiert hatte und den neuen Teil, ein Grundstück, das aus dem alten durch eine Mauer abgetrennt wurde und auf dem die neuen Gebäude des Institutes errichtet wurden. Diese beide Areale gehen ineinander über und wir wechselten häufig von einer Seite auf die andere. In diesem Zusammenhang sagte Tony eines Tages zu der Gruppe: „Es ist eigenartig, was mir geschieht, aber ich habe es wieder und wieder erlebt. Ich gehe oft über das alte Sadhana Gelände, wo ich so lange Jahre gelebt und gearbeitet habe, in all der Intensität, die ihr kennen gelernt habt. Das ganze Gelände und jeder kleine Winkel darin sind für mich voll von Erinnerungen aller Art. Ich bin mir dessen voll bewusst und ich erinnere alles - und doch ist es eine eigentümliche Tatsache, dass ich, wann immer ich über dieses Gelände gehe, ob nun allein oder mit anderen, absolut nichts fühle, keine Emotionen, keine Anhaftungen, noch nicht einmal ein romantisches oder nostalgisches Gefühl. Einfach nichts. Und ich bin schließlich kein Stein, wie ihr wisst. Ich habe tiefe Gefühle. Aber nichts kommt in mir hoch, wenn ich über dieses Gelände gehe. Das liegt wahrscheinlich daran, dass ich diese Erfahrung in ihrer ganzen Fülle durchlebt habe und es keine Rückstände davon in mir gibt. Und das ist genau die Art und Weise, wie ich leben möchte."

Auf diese Weise lebte er wirklich. Er hinterließ eine Erbschaft, ein Signal davon in den letzten Worten, die er damals in Lonavla zu uns sprach, und die auch die letzten Worte dieses Buches sein sollen. Sie sind ein inspirierendes Lebewohl, ein intimer Abschied, eine prophetische Segnung am Ende der letzten Eucharistie, die wir miteinander als gemeinsamen Dank zueinander, zu Tony und zu Gott, feierten.

Es war der letzte Abend an diesem letzten Tag des Renewals, der 13. April 1987, Montag der Karwoche. Die Eucharistie, die wir in derselben Halle und auf denselben Stühlen feierten, die Zeugen von so vielen intensiven und schönen Momenten in diesen wahrhaft gesegneten fünfzehn Tagen geworden waren, war fast vorbei. Wir verweilten in liebender Gemeinschaft und ohne Eile in dem tiefen Schweigen, dass das Herumgehen der Schale und des Kelches mit dem Leib und dem Blut Christi von Hand zu Hand begleitet und das uns zusammenhielt in der Umarmung Seiner Präsenz und Seiner Liebe. In diese heilige Stille hinein sprach Tony folgende Worte:

„Verändert euch nicht. Der Drang nach Veränderung ist der Feind der Liebe.

Meint nicht, euch selbst verändern zu müssen: Nehmt euch an und liebt euch so, wie ihr seid.

Verweigert euch auch dem Drang, andere ändern zu wollen: Liebt alle anderen so, wie sie sind.

Und verändert nicht die Welt: Sie ist in Gottes Hand, und Er weiß.

Wenn ihr euch so verhaltet ... dann werden Veränderungen auf wunderbare Weise von selbst eintreten – zu ihrer eigenen Zeit."

Dann machte er eine kleine Pause und setzte seine letzten Worte hinzu:

„GEBT EUCH DEM STROM DES LEBENS HIN ...
FREI UND UNBESCHWERT VON GEPÄCK!"

Er tat es!

Danksagungen und Bibliografie

Für die jeweiligen Abdruckgenehmigungen danken wir den folgenden Verlagen:

Das Zitat in Kapitel 11
ist aus dem Buch *Simply Sane* von Gerald May, Copyright 1977 Gerald May,
Seiten 14, 21 und 34,
Verlag Paulist Press, 997 MacArthur Boulevard Mahwah, N.J. 07430 USA

Das Zitat in Kapitel 16
erschien in der Zeitschrift *Concilium* 159 (September 1982)

Das Zitat in Kapitel 17
ist dem Buch *Freedom from the Known* von J. Krishnamurti , Seiten 31-32 sowie S. 69
Copyright 1969 Krishnamurti Foundation Trust Ltd. Brockwood Park, Bramdean, Hants SO24 OLQ, UK entnommen.

Das Zitat in Kapitel 17
ist aus dem Buch *The Wisdom of Unsecurity* von Alan W. Watts, Seiten 33-37
Copyright 1951 Verlag Vintage Books, Random House, New York

Das Zitat in Kapitel 17
ist aus dem Prolog der *Autobiography* von Bertrand Russel,
Verlag Allen and Unwin, 40 Museum Street, London WCIA ILU, UK

Deutsche Ausgaben der o.a. Zitatquellen ... :

May, Gerald   *Sehnsucht, Sucht und Gnade*, Claudius, ISBN 3-532-62147-9
Watts, Alan   *Weisheit des ungesicherten Lebens* 10. Auflage 2000,
                   O.W. Barth Verlag   ISBN 3-502-67628-3
Russel, Bertrand   *Mein Leben*. 1872-1914 Mit einem Nachwort von Golo Mann. 1967 Europa Verlag Zürich   Deutsch von Harry Kahn

... und weiterer im Text erwähnter Buchtitel:

Harris, Thomas A. *Ich bin o.k., Du bist o.k.* 1975 Rowohlt ISBN 3-499-16916-9
Massa, Willi   *Die Wolke des Nichtwissens* 1999 Herder Verlag
                   ISBN 3-451-26999-6
Meister Eckhart   *Deutsche Mystik*, 1996 Manesse im DTV ISBN 3-423-24064-4
De Mello, Anthony *Warum der Vogel singt*, 1984 Herder ISBN 3-451-04893-0
De Mello, Anthony *Mit Leib und Seele meditieren*, 1998 Herder
                   ISBN 3-451-05017-X

Buchempfehlungen

Dass Anthony de Mello nicht unumstritten war, war schon zu seinen Lebzeiten bekannt. Wer dieses Buch hier gelesen hat, der wird sich, sofern er der christlichen Religion nahe steht, an einigen Stellen schon seine Gedanken über die Vereinbarkeit von de Mellos Gedankengängen mit der christlichen Lehre gemacht haben. 1998, also zehn Jahre nach de Mellos Tod, gab die Katholische Kirche eine „Notification"; also eine Benachrichtigung oder Bekanntmachung heraus, die die katholischen Gläubigen vor den Schriften de Mellos warnte. Seitdem tragen die Bücher de Mellos einen entsprechenden Hinweis. Just zehn Jahre nach Anthony de Mellos Tod hatte aber auch Carlos G. Vallés die Evolution seiner Gedanken und Einstellungen zu Tony de Mello in einem Buch zusammengefasst, in dem er zu einer wichtigen Standortbestimmung und einer Neubewertung vieler Aspekte kommt.

Es mag für viele Leser der de Mello Bücher deshalb eine große Bereicherung sein, nicht nur viele zusätzliche biografische Details über den Menschen Anthony de Mello und seine Arbeit zu erfahren, sondern aus Gründen der intellektuellen Redlichkeit auch eine kritische Stimme anzuhören, die nicht den offiziellen Vatikanbehörden angehört. Speziell für katholische Christen wird in diesem Buch deutlich, warum die Kongregation für die Glaubenslehre sich von den Schriften de Mellos distanzierte – aber dies gilt gleichermaßen für alle Angehörigen christlicher Religionen.

NACHGEDANKEN ÜBER ANTHONY DE MELLO
Paperback, ca. 120 S.,   ISBN 3-9806468-4-X
€ 12,50

Dieses Buch vervollständigt, was Carlos Vallés in seinem ersten Buch über Anthony de Mello begonnen hat. In all den Jahren seit de Mellos Tod erschien nicht ein einziges Buch, das die Auseinandersetzung mit ihm und seinen Ideen fortsetzt.
„Deshalb führe ich jetzt diese Arbeit fort, indem ich in diesem Buch den lichten Seiten des Bildes von Anthony de Mello auch die Schatten hinzufüge, ohne die ein Gesamtbild wirklichkeitsfremd bleiben würde. Nicht allen Bewunderern Tonys hat dieses Buch gefallen. Ich halte es jedoch für wichtig, der Nachwelt offen mitzuteilen, was wir Zeitzeugen wissen und erlebt haben. „Gehe nicht, bevor du nicht alles gesagt hast, was du weißt ..." sagt der weise Abbé Pierre in seinem Buch „Testamento". Mit den NACHGEDANKEN habe ich meine Pflicht erfüllt." (Carlos Vallés) Spanischer Originaltitel: Diez años despues

Weitere Titel von Carlos G. Vallés im SANTIAGO VERLAG

MEINE FREUNDE, DIE SINNE
Das spirituelle Leben als Integration von Geist und Körper
Paperback, ca. 200 Seiten ISBN 3- 9806468-5-8 Preis € 17,50
Achten wir die fundamentale Rolle genug, die unser Körper, unser ganzer Organismus und unsere Sinne in unserem spirituellen Leben spielen?
Viele Gebete könnten anders klingen, viele unbeabsichtigte Härten gemildert werden, wenn wir lernen würden, unsere "materielle Existenz" in unser reiches, aber auch manchmal frustrierendes spirituelles Leben zu integrieren. Carlos Vallés zeigt uns hier einen weiten Horizont, ein festes Fundament und eine ausgewogene Einstellung in der totalen und ganzheitlichen Hingabe des Menschen an Gott.

LASS GOTT - GOTT SEIN
Spirituelles Wachstum durch die Weiterentwicklung der eigenen Gottesvorstellung
Paperback, ca. 200 Seiten ISBN 3-9806468-3-1 Preis € 17,50
"Sage mir, wie Du Dir Gott vorstellst - und ich sage Dir, wie Du lebst!" Unsere Vorstellungen von Gott begleiten uns durch unser ganzes Leben. Sie geben uns Kraft, je mehr sich unser Gottesbild an Seine unendliche, unauslotbare Wirklichkeit annähert. Andererseits verursachen unsere eigenen Gottesvorstellungen Angst, wenn wir dieses Bild durch menschliche Vorurteile und Festlegungen verdunkeln und beeinträchtigen. Pater Vallés schreibt dieses Buch aufgrund von Erfahrungen, die er in mehr als vierzig Jahren in Indien als christlicher Seelsorger in der täglichen Begegnung mit Hindus, Buddhisten und Naturreligionen gesammelt hat.

UND DER SCHMETTERLING SAGTE ...
Ökologische Meditationen
Paperback, ca. 200 Seiten ISBN 3-9806468-6-6 Preis € 17,50
"Auch ich als Autor erlaube mir, unter meinen eigenen Büchem meine Lieblinge zu haben. In diesem Buch sammle ich ökologische und spirituelle Erfahrungen von den Anden bis zum Himalaya, vom Zen Buddhismus bis zu den Traditionen der Aborigines in Australien." (Carlos G. Vallés)

Weitere Informationen, auch über **VIDEOFILME mit Vorträgen von Anthony de Mello** (in englischer Sprache), u.a. auch die in diesem Buch erwähnte Satelliten Konferenz , erhalten Sie auf unserer Website: www.santiagoverlag.de